칠십인역 시편
LXX

개역한글 병행본

모퉁이돌 칠십인역 번역위원회

칠십인역 시편

문광서원

발간사

모퉁이돌 선교회가 중국어로 뉴톰슨주석성경을 번역해야만 했던 일이 있었습니다. 그 일이 계기가 되어 여러 곳의 요청으로 북한어로 성경을 번역했고 남북한 병행성경 출판까지 이어졌습니다. 여기서 더 나아가 칠십인역(Septuagint) 한글역 시편을 번역하게 된 것은 하나님의 특별한 은혜이며 성경번역의 탁월한 학자인 장동수 박사와 모퉁이돌 칠십인역 번역위원회가 우리 곁에 있었기에 가능한 일이었습니다.

예수님께서도 보셨을 칠십인역에 대한 궁금증 때문이었을까요? 설교자로서 말씀에 대한 부족한 정보로 인한 아쉬움 때문이었을까요? 말씀을 배달하는 사람으로서 하나님의 말씀을 조금 더 입체적으로 알고자 하는 욕망 때문이었을까요? 칠십인역을 우리말로 읽고 싶은 마음이 점점 커졌습니다. 이제 시편이 나왔으니 구약의 나머지 책들도 계속 번역하여 출판할 계획입니다. 이 칠십인역 시편 한글역-개역한글 병행본을 통해 설교자들과 신학생들을 비롯한 예수님을 사랑하는 모든 이들이 하나님의 말씀을 풍성히 이해하는데 도움을 얻길 바랄 뿐입니다.

무익한 종 이 삭

칠십인역 소개

칠십인역의 탄생

칠십인역(영어 Septuagint, 라틴어/독일어 Septuaginta, 라틴식 숫자표기 LXX)은 히브리어로 기록된 구약성경을 헬라어로 옮긴 번역본입니다. 여기에는 구약정경 외에도 토비트, 집회서(벤시락의 지혜서), 마카비 1서 같은 책들의 번역과 처음부터 헬라어로 쓰인 솔로몬의 지혜서, 유디트, 마카비 2-4서 같은 글들도 함께 담겨 있습니다.

'칠십인역'이라는 이름은 어디서 왔을까요? 그 기원은 『아리스테아스의 편지』(*The Letter of Aristeas*, 주전 150-100년경 작성 추정)라는 고대 문헌에서 찾을 수 있습니다.

이 편지에는 흥미로운 이야기가 전해집니다. 세상의 모든 책을 자신의 왕실 도서관에 소장하고 싶어 했던 이집트 왕 프톨레마이오스 2세 필라델포스(주전 285-246년 재위)의 요청으로 예루살렘에서 유대인 장로 72명(이스라엘 지파에서 각 6명씩)이 파견되었다고 합니다. 이들은 알렉산드리아의 파로스 섬에서 72일 동안 유대인의 율법(아마도 모세 오경)을 헬라어로 번역했다는 것입니다. '72'가 구약의 70인 장로 전통에 따라 '70'으로 줄여 불리게 되면서, '칠십인역'이라는 이름이 생겨났습니다.

이 이야기에는 다소 전설적인 요소도 있지만, 주후 1세기 초 알렉산드리아 출신 유대인 철학자 필론의 증언과 1세기 후반 역사가 요세푸스의 기록이 이 편지의 신뢰성을 뒷받침해 줍니다. 2세기 기독교 변증가였던 순교자

저스틴과 이레니우스는 이사야서 7장 14절의 칠십인역 번역을 근거로 이단과 싸우면서, 이 번역이 오경뿐 아니라 구약 전체를 포함하며 하나님의 영감으로 이루어졌다고 주장하기도 했습니다. 『아리스테아스의 편지』에는 번역자들이 알렉산드리아 유대인 회중 앞에서 헬라어 번역본을 낭독하자 청중이 환호성을 질렀다는 장면도 기록되어 있습니다.

오경의 번역을 시작으로, 나머지 책들은 주후 1세기까지 여러 번역자에 의해 단계적으로 헬라어로 옮겨진 것으로 보입니다. 학계의 일반적인 견해는, 칠십인역이 히브리어와 헬라어 모두에 능통한 유대인들—아마도 알렉산드리아 지역의 디아스포라 유대인 랍비들—에 의해, 히브리어를 잊고 헬라어로 소통해야 했던 유대인들을 위해 번역되었다고 봅니다. 그러나 유대인을 위해 만들어진 칠십인역은 역설적으로 유대인 공동체 안에서 논란을 일으켰습니다. 히브리어 본문만을 고집하는 사람들의 반발에 직면한 것입니다. 이를 해결하기 위해 주후 2세기에 아퀼라(Aquila), 심마쿠스(Symmachus), 테오도티온(Teodotion) 같은 학자들이 개정작업을 진행했지만, 결국 유대인 공동체는 칠십인역을 더 이상 사용하지 않게 되었습니다.

구약성경을 신약성경에 배달하다

유대인들이 버린 칠십인역은 도리어 초대 그리스도인들의 성경이 되었습니다. 신약성경의 책들은 칠십인역의 헬라어와 별반 다르지 않은 헬라어로 기록되었으며, 이들 책에서 구약성경이 인용될 때 사도들과 신약의 기자들은 거의 예외 없이 칠십인역을 인용하였습니다. 칠십인역은 구약 말씀만 신약에 단순히 배달한 것이 아니었습니다. 신약의 언어와 신학, 심지어 신약성경의 배열 체계(오경-복음서, 역사서-사도행전, 지혜서-서신서, 예언서-요한계시록으로 대응되는 4대 구조)에까지 깊은 영향을 미쳤습니다.

그리스도인들 사이에서 칠십인역은 계속해서 연구되고 개정되었습니다. 3세기에는 오리게네스가 칠십인역과 앞서 언급한 세 개정판을 히브리어 본문 및 음역과 함께 여섯 단으로 배열한 헥사플라(Hexapla)를 편찬했습니다. 4세기에는 루키아노스((Lucian)와 헤시키우스(Hesychius)가 개정 작업을 진행했습니다.

교부들 가운데 히에로니무스 같은 이는 히브리어 본문을 더 중시했지만(이 때문에 아우구스티누스의 비판을 받기도 했습니다), 칠십인역 본문과 히브리어 본문을 각각 저본底本으로 두 개의 시편 라틴어 번역을 남겼습니다. 반면 아우구스티누스는 칠십인역을 본문으로 방대한 시편 주석 작업을 수행했으며, 유세비우스도 비슷한 작업을 했습니다. 특히 아우구스티누스는 히브리어 본문과 헬라어 번역본(칠십인역) 모두를 영감받은 하나님의 말씀으로 여겼습니다.

칠십인역의 광범위한 영향

칠십인역은 수 세기 동안 다른 자매 번역본들의 저본이 되었습니다. 구 라틴어, 콥트어, 에티오피아어, 고트어, 아르메니아어, 시리아어, 아랍어, 슬라브어 번역 등이 모두 칠십인역을 기초로 이루어졌습니다. 구약 본문 전승 과정에서도 칠십인역은 중요한 역할을 했습니다. 신구약과 외경을 포함하고 있는 주요 대문자(언셜체) 사본들—바티칸 사본(B, 4세기), 시내 사본(S, 4세기), 알렉산드리아 사본(A, 5세기) 등—의 구약 본문은 히브리어가 아닌 헬라어 본문, 즉 칠십인역입니다. 라틴어를 사용하게 된 서방교회에서는 히에로니무스의 불가타 성경 시대가 지속되었지만, 헬라어를 사용했던 그리스 정교회(동방정교회)는 칠십인역을 교회의 성경으로 여기며 오늘날까지 사용하고 있습니다.

칠십인역의 의의

작은 나라 유대의 히브리어 성경과 글들을 오늘날의 영어보다 더 강력한 세계공용어였던 헬라어로 번역함으로써, 칠십인역은 히브리어 성경을 세계 문학의 반열에 올려놓았습니다. 그리고 로마제국 전역에 하나님의 말씀과 예수 그리스도의 복음이 선포될 수 있는 길을 열었습니다. 칠십인역의 중요성은 아무리 강조해도 지나치지 않습니다.

칠십인역은 비록 번역본이지만, 영감받은 구약 말씀을 영감받은 신약성경에 전달함으로써 그리스도인의 성경이 되었습니다. 또한 칠십인역의 저본(마소라 모음 기호가 없는 히브리어 자음 사본으로 추정됩니다)은 현존하는 히브리어 사본보다 1,200년 이상 오래된 것이기에, 구약 본문을 복원하는 데 중요한 증거 자료가 되고 있습니다. 더욱이 칠십인역은 히브리어 본문에 포함되지 않았던 여러 문서(소위 외경)를 담고 있어, 신구약 정경을 이해하는 더 넓은 지평을 제공합니다.

칠십인역 연구의 부흥

종교개혁가들이 "원전으로 돌아가자"며 히브리어 본문을 강조하면서 칠십인역 연구는 한동안 소홀해졌습니다. 그러나 1947년을 기점으로 상황이 바뀌었습니다. 사해 주변 쿰란 지역에서 주전 2세기부터 주후 1세기까지 존재했던 것으로 추정되는 유대인 신앙공동체의 문서들이 대거 발견된 것입니다. 이른바 '사해 사본'(Dead Sea Scrolls, DSS)에는 공동체 문헌, 구약 히브리어 본문과 주석, 그리고 칠십인역 조각 사본들이 포함되어 있었고, 이로 인해 칠십인역에 대한 관심이 다시 높아졌습니다.

그 이유는 명확했습니다. 구약 성경의 히브리어 본문인 소위 마소라 본문(Masoretic Text, MT)의 현존하는 가장 오래된 사본은 주후 10세기의 것(알레

포 코덱스/레닌그라드 코덱스, 1008년)인 반면, 칠십인역은 비록 번역본이지만 그 히브리어 저본의 연대가 1,200년 이상 거슬러 올라가기 때문입니다. 더욱이 사해 사본의 히브리어 본문은 상당수 지점에서 기존 마소라 본문과 달리 칠십인역의 번역을 지지하는 내용을 담고 있었습니다.

칠십인역은 마소라 본문과 여러 면에서 차이가 있습니다. 책의 순서(MT는 오경-예언서-성문서의 3대 구조, LXX는 오경-역사서-성문서-예언서의 4부 구조)와 수록된 책의 수(LXX는 외경도 포함), 그리고 분량(LXX의 욥기와 예레미야서는 MT보다 각각 1/6, 1/8씩 짧고, 보충내용들이 들어간 LXX의 에스더서와 다니엘서는 MT보다 김)에서 상당한 차이를 보입니다. 그럼에도 칠십인역 번역자들의 저본에 대한 충실도는 높은 것으로 평가되고 있습니다. 그래서 오늘날 구약 본문 복원 작업에는, 히브리어 본문(MT), 사해 사본(DSS), 칠십인역(LXX)이 3대 주요자료로 사용됩니다.

세계적인 흐름과 한국어 칠십인역의 시작

20세기 후반부터 서방 학계에서는 칠십인역을 연구하는 학자들의 모임이 생겨나고 전문 학술지를 발간하며 다양한 저술이 출간되었습니다. 세계 최대 성서학회인 The Society of Biblical Literature에도 칠십인역 분과가 설치되어 운용된 지도 오래되었습니다. 한국에서도 칠십인역을 연구하는 학자들이 꾸준히 늘고 있습니다.

21세기 들어서는 영어(2007), 독일어(2009), 스페인어(2008), 이탈리아어(2012-2016), 프랑스어(1986-) 등의 개정역과 번역들이 나왔고, 심지어 기독교 인구가 현격히 적은 일본에서도 한 명의 번역자에 의하여 여러 낱권이 번역 출판되고 있습니다. 그러나 한국어 번역은 천주교 학자들이 내놓은 창세기가 유일합니다.

이런 상황에서 북한선교와 성경배달에 힘써온 모퉁이돌 선교회가 2,300년 전 프톨레마이오스 왕가처럼 칠십인역 한국어 번역사업을 기획하고 후원하게 된 것은 매우 뜻깊은 일입니다. 이번에 그 첫 열매로 시편을 한국교회에 선보이게 된 것을 기쁘게 생각합니다.

시편은 신약에 가장 많이 인용된 구약 책입니다. 독자 여러분께서 본 칠십인역 시편의 한글역-개역한글 병행본과 같이 기존 한글 번역본들과 나란히 놓고 병행하여 읽으신다면, 칠십인역에서 신약 성경이 시편을 어떻게 읽고 인용했는지를 더 분명히 알고, 하나님의 말씀을 입체적으로 이해하는 데 도움을 얻게 될 것입니다. 모퉁이돌 칠십인역 번역위원회는 이어서 신약에 두 번째로 많이 인용된 이사야서 번역에 착수할 예정입니다.

칠십인역에 대하여 더 알아보고 싶은 분들은 아래의 책들을 참고하시기 바랍니다.

그레고리 R. 래니어, 윌리암 A. 로스. 이민희 옮김. 『칠십인역 입문: 칠십인역의 정의, 역사적 배경, 기원, 번역과정, 가치, 권위』. 고양: 북오븐, 2024.

캐런 좁스, 모세 실바. 김구원 옮김. 『70인역성경으로의 초대』. 서울: 기독교문서선교회, 2007.

Gregory R. Lanier and William A. Ross, eds. *The Authority of the Septuagint: Biblical, Historical, and Theological Approaches*. Downers Grove: Inter Varsity Press, 2025(한글 번역판 출간 예정).

2025년 12월 30일

모퉁이돌 칠십인역 번역위원회

위원장 장동수

칠십인역(LXX)시편의 한글역-개역한글 병행본 안내

시편은 원래 유대인들의 시와 찬양과 기도였습니다. 그러나 예수 그리스도를 통하여 그리스도인들의 시와 찬송과 노래와 감사찬양과 기도가 되었습니다(골 3:16). 시편에는 하나님께 드리는 사람들의 찬송과 기도가 대부분이지만, 하나님께서 사람에게 하시는 말씀도 많이 담겨 있습니다. 시편 전체의 서문 격인 1편과 2편은 각각 율법(하나님의 말씀)과 메시아(크리스또)를 강조합니다. 그래서인지 시편에는 히브리어 알파벳 22자를 앞세워 8절씩 총 176절로 하나님의 말씀을 강조하는 119(118, LXX)편 같은 시들이 많고, 그 구성도 모세 오경을 닮아 다섯 권으로 되어있습니다. 그리고 시편은 처음에는 다윗(다비드)을 메시아로 그리다가 점점 미래의 이상적인 메시아(예수 그리스도)를 향하여 나아갑니다.

시편은 신약성경에 가장 많이 인용된 구약성경입니다. 칠십인역이 구약을 신약에 배달한 번역본이라면, 구약 중에서 시편이 가장 많이 배달된 셈입니다. 예수님을 비롯한 사도들과 다른 신약의 기자들도 시편을 많이 인용하였습니다. 칠십인역에서 구약 본문을 전적으로 인용한 히브리서는 시편 8, 40(39), 95(94), 110(109)편에 대한 강해라고 해도 지나치지 않습니다. 이런 점들로 미루어보면 시편은 초대교회 성도들이 가장 많이 암송하며 묵상하고 노래하던 구약 말씀이었을 것입니다.

본 시편 번역을 독해하기 위하여 다음 사항을 참고하기 바랍니다.

1. 내용은 동일하나, 히브리어(MT) 시편과 칠십인역(LXX) 시편의 장과 절이 다음과 같이 다름. 그리고 칠십인역에는 151편이 더 있음.

히브리어(MT) 시편	칠십인역(LXX) 시편
1-8	1-8
9-10	9
11-113	10-112
114-115	113
116:1-9	114
116:10-19	115
117-146	116-145
147:1-11	146
147:12-20	147
148-150	148-150
	151

2. 히브리어 시편 "셀라"의 칠십인역 번역인 "디아프살마"는 "간주間奏"로 번역하였음.

3. 칠십인역에는 히브리어보다 많은 수의 시편에 표제 어구들이 첨가되었음.

4. 인명/지명의 발음은 칠십인역과 신약 시대의 헬라어 발음으로 추정되는 체계를 따랐음. (참고. Philemon Zachariou, *Reading and Pronouncing*

Biblical Greek: Historical Pronunciation versus Erasmian. Eugene: Wipf and Stock, 2020; Chrys C. Caragounis, *The Development of Greek and the New Testament: Morphology, Syntax, Phonology, and Textual Transmission*. Grand Rapids: Baker Academic, 2007).

5. 칠십인역 번역자들의 저본底本(히브리어 본문)에 대한 충실도는 높은 편이지만, 시편 8:6; 23(22):1, 5; 95(94):6, 11; 110(109):3; 131(130):2 등 다수의 지점에서 우리가 전통적으로 알고 있는 내용과 상당히 다름. 본 한글 번역의 번역자들도 저본인 칠십인역 본문에 충실한 번역을 하려고 노력하였음.

6. 번역 저본(비평본): Rahlfs, Alfred and Robert Hanhart, eds. *Septuaginta*. Editio Altera. Stuttgart: Deutsche Bibelgesellschaft, 2006.

7. 약어

B: 바티칸 사본(Codex Vaticanus, 4세기)

S: 시내 사본(Codex Sinaiticus, 4세기)

A: 알렉산드리아 사본(Codex Alexandrinus, 5세기)

L: Lucian 개정역

2025년 12월 30일

모퉁이돌 칠십인역 번역위원회

위원장 장동수

제1권

1 복 받은 사람은 불경한 자들의
자문을 따라가지 않으며 죄인
들의 길에 서지 않으며 염병 같은
자들의 자리에 앉지 않는다
2 오히려 그의 뜻은 주의 율법에 있
기에 그의 율법을 주야로 묵상하
리라
3 그래서 그는 물길 곁에 심긴 나무
와 같으리라 그것이 자기 때에 자
기 열매를 내고 그 잎사귀가 떨어
지지 않으리니 그가 하는 일마다
다 잘 되리라
4 그렇지 않다 불경한 자들은 그렇
지 않아 오히려 바람이 지면에서
날려 보내는 먼지와도 같다
5 이러므로 일어나지 못하리라 불
경한 자들은 심판에서 죄인들도
의인들의 자문단에서
6 의인들의 길은 주께서 아시지만
불경한 자들의 길은 자멸할 것임
이라

1 복 있는 사람은 악인의 꾀를 좇
지 아니하며 죄인의 길에 서지
아니하며 오만한 자의 자리에 앉
지 아니하고
2 오직 여호와의 율법을 즐거워하
여 그 율법을 주야로 묵상하는 자
로다
3 저는 시냇가에 심은 나무가 시절
을 좇아 과실을 맺으며 그 잎사귀
가 마르지 아니함 같으니 그 행사
가 다 형통하리로다
4 악인은 그렇지 않음이여 오직 바
람에 나는 겨와 같도다
5 그러므로 악인이 심판을 견디지
못하며 죄인이 의인의 회중에 들
지 못하리로다
6 대저 의인의 길은 여호와께서
인정하시나 악인의 길은 망하리
로다

칠십인역

2 어찌하여 열방이 오만하게 굴
고 백성들이 헛것을 묵상하였
는가
2 땅의 왕들이 일어섰고 통치자들
이 일제히 모여들었다 주를 대적
하고 그의 크리스또•를 대적하여
(간주)
3 우리가 그들의 사슬을 끊어 버리
고 우리에게서 그들의 멍에를 벗
어던지자
4 하늘에 계신 이가 저들을 비웃
으시며 주께서 저들을 조롱하시
리라
5 그때 주께서 그의 진노 중에 저들
을 향하여 말씀하시고 그의 분노
중에 저들을 흔들어 놓으시리라
6 그러나 나는 그에 의해 왕으로 세
워졌다 그의 거룩한 산 시온에서
7 주께서 주의 칙령을 선포하시며
나에게 말씀하셨다 너는 내 아들
이다 내가 오늘 너를 낳았다
8 내게 구하라 그러면 내가 네게 주
리라 열방을 너의 유업으로 땅끝
까지 너의 소유로

개역한글

2 어찌하여 열방이 분노하며 민
족들이 허사를 경영하는고
2 세상의 군왕들이 나서며 관원들
이 서로 꾀하여 여호와와 그 기름
받은 자를 대적하며
3 우리가 그 맨 것을 끊고 그 결박
을 벗어 버리자 하도다
4 하늘에 계신 자가 웃으심이여 주
께서 저희를 비웃으시리로다
5 그 때에 분을 발하며 진노하사 저
희를 놀래어 이르시기를
6 내가 나의 왕을 내 거룩한 산 시
온에 세웠다 하시리로다
7 내가 영을 전하노라 여호와께서
내게 이르시되 너는 내 아들이라
오늘날 내가 너를 낳았도다
8 내게 구하라 내가 열방을 유업으
로 주리니 네 소유가 땅 끝까지
이르리로다

• 기름 부음 받은 자(히브리어: 메시아)

칠십인역

9 너는 철장으로 저들을 치고 토기
장이의 그릇처럼 저들을 부숴버
려라
10 그러니 이제 왕들아 너희는 깨
달아라 땅을 심판하는 모든 자는
훈육을 받아라
11 너희는 두려움으로 주를 섬기고
떨며 그를 즐거워하여라
12 너희는 교훈을 굳게 잡아라 주
께서 진노하사 너희가 의의 길에
서 망하지 않도록 그의 분노가 급
하게 타오를 때 복 받았다 그를
신뢰하는 이 모두

개역한글

9 네가 철장으로 저희를 깨뜨림이
여 질그릇같이 부수리라 하시도
다
10 그런즉 군왕들아 너희는 지혜를
얻으며 세상의 관원들아 교훈을
받을지어다
11 여호와를 경외함으로 섬기고 떨
며 즐거워할지어다
12 그 아들에게 입맞추라 그렇지
아니하면 진노하심으로 너희가
길에서 망하리니 그 진노가 급하
심이라 여호와를 의지하는 자는
다 복이 있도다

칠십인역

3 다비드에게 속한 시 그가 자기
아들 아벳살롬의 얼굴로부터
도망 다닐 때
2 주여 나를 괴롭히는 자들이 왜 이
리 많아졌습니까 많은 자들이 나
에게 맞서 일어섰습니다
3 많은 자들이 내 영혼에게 말합니
다 그의 하나님에게는 그를 위한
구원이 없다

(간주)

4 그러나 주여 당신은 나의 보호자

개역한글

다윗이 그 아들 압살롬을 피할 때에 지은 시

3 여호와여 나의 대적이 어찌 그
리 많은지요 일어나 나를 치는
자가 많소이다
2 많은 사람이 있어 나를 가리켜 말
하기를 저는 하나님께 도움을 얻
지 못한다 하나이다 (셀라)
3 여호와여 주는 나의 방패시요

칠십인역

나의 영광 나의 머리를 높이 드는
분이십니다
5 나의 목소리로 주를 향하여 내가
부르짖었더니 그의 거룩한 산에
서 나를 경청하셨다
(간주)
6 내가 잠자리에 들어 자고 일어났
으니 이는 주께서 나를 도우실 것
이기 때문이라
7 만인이 나를 둘러싸고 공격한대
도 나는 두려워하지 않으리라
8 일어나소서 주여 나를 구원하소
서 나의 하나님 당신께서는 나를
공연히 적대하는 모든 자를 쳐부
수셨고 죄인들의 이를 부수셨기
때문입니다
9 구원은 주의 것이니 당신의 백성
위에는 당신의 복이

개역한글

나의 영광이시요 나의 머리를 드
시는 자니이다
4 내가 나의 목소리로 여호와께 부
르짖으니 그 성산에서 응답하시
는도다 (셀라)
5 내가 누워 자고 깨었으니 여호와
께서 나를 붙드심이로다
6 천만 인이 나를 둘러치려 하여도
나는 두려워 아니하리이다
7 여호와여 일어나소서 나의 하나
님이여 나를 구원하소서 주께서
나의 모든 원수의 빰을 치시며 악
인의 이를 꺾으셨나이다
8 구원은 여호와께 있사오니 주의
복을 주의 백성에게 내리소서 (셀
라)

4 완성을 향하여 시편 가운데 다
비드에게 속한 노래
2 내가 부를 때 내 의의 하나님께서
나를 들어주셨다 당신께서 환난
중에 나를 넓은 곳으로 이끄셨으
니 나를 불쌍히 여기사 나의 기도

다윗의 시 영장으로 현악에 맞춘 노래

4 내 의의 하나님이여 내가 부
를 때에 응답하소서 곤란 중
에 나를 너그럽게 하셨사오니 나
를 긍휼히 여기사 나의 기도를
들으소서

를 들어주소서
3 인생들아 언제까지 너희가 우둔
하겠느냐 어찌하여 너희는 헛것
을 좋아하고 거짓을 좇아가느냐

(간주)

4 그러나 너희는 알아라 주께서 자
신의 경건한 자를 드높이셨음을
주께서 나를 들으시리라 내가 그
를 향하여 부르짖을 때
5 너희는 화가 나더라도 죄는 짓
지 말아라 너희 마음으로 말하더
라도 너희 잠자리에서는 반성하
여라

(간주)

6 너희는 의의 제사를 올려드리고
주를 소망하여라
7 많은 이가 말합니다 누가 우리에
게 좋은 것들을 보여줄까 당신의
얼굴의 빛이 우리 위에 나타났습
니다 주여
8 당신께서 나의 마음에 기쁨을 주
셨습니다 그들의 곡물과 포도주
와 기름이 풍성해졌을 때보다
9 나는 평안히 눕자마자 잠들리니
주여 오로지 당신께서 나를 소망
으로 살게 하셨기 때문입니다

2 인생들아 어느 때까지 나의 영
광을 변하여 욕되게 하며 허사를
좋아하고 궤휼을 구하겠는고 (셀
라)
3 여호와께서 자기를 위하여 경건
한 자를 택하신 줄 너희가 알지어
다 내가 부를 때에 여호와께서 들
으시리로다
4 너희는 떨며 범죄치 말지어다 자
리에 누워 심중에 말하고 잠잠할
지어다 (셀라)
5 의의 제사를 드리고 여호와를 의
뢰할지어다
6 여러 사람의 말이 우리에게 선을
보일 자 누구뇨 하오니 여호와여
주의 얼굴을 들어 우리에게 비취
소서
7 주께서 내 마음에 두신 기쁨은 저
희의 곡식과 새 포도주의 풍성할
때보다 더하니이다
8 내가 평안히 눕고 자기도 하리니
나를 안전히 거하게 하시는 이는
오직 여호와시니이다

칠십인역

5 완성을 향하여 상속하는 여자
를 위하여 다비드에게 속한 시
2 나의 말에 귀 기울여 주소서 주여
나의 부르짖음을 헤아려 주소서
3 나의 간구하는 소리를 유념하여
주소서 나의 왕 나의 하나님 내가
당신을 향하여 기도하겠습니다
주여
4 아침에 당신께서 내 음성을 들으
실 것입니다 아침에 내가 당신께
나아가 바라볼 것입니다
5 당신께서는 불법을 원하시는 하
나님이 아니시니 행악자는 당신
곁에 거할 수 없습니다
6 당신의 눈앞에서 무법자들은 견
뎌내지 못할 것입니다 당신께서
는 불법을 지어내는 자는 다 미워
하셨습니다
7 당신께서는 거짓을 말하는 자는
다 멸하실 것입니다 주께서는 피
흘리고 속이는 사람을 혐오하십
니다
8 그러나 나는 당신의 풍성한 인애
로 당신의 집으로 들어가겠습니
다 당신을 경외함으로 당신의 성
전을 향하여 경배할 것입니다

개역한글

다윗의 시 영장으로 관악에 맞춘 노래

5 여호와여 나의 말에 귀를 기울
이사 나의 심사를 통촉하소서
2 나의 왕 나의 하나님이여 나의 부
르짖는 소리를 들으소서 내가 주
께 기도하나이다
3 여호와여 아침에 주께서 나의 소
리를 들으시리니 아침에 내가 주
께 기도하고 바라리이다
4 주는 죄악을 기뻐하는 신이 아니
시니 악이 주와 함께 유하지 못
하며
5 오만한 자가 주의 목전에 서지 못
하리이다 주는 모든 행악자를 미
워하시며
6 거짓말하는 자를 멸하시리이다
여호와께서는 피 흘리기를 즐기
고 속이는 자를 싫어하시나이다
7 오직 나는 주의 풍성한 인자를 힘
입어 주의 집에 들어가 주를 경외
함으로 성전을 향하여 경배하리
이다

9 주여 나의 원수들로 인해 당신의
의로 나를 인도하소서 내 앞에서
당신의 길을 곧게 하소서
10 저들의 입에는 진실이 없고 저
들의 마음은 공허하며 저들의 목
구멍은 열린 무덤 저들의 혀로는
속임수를 지어내는 까닭입니다
11 저들을 심판하소서 하나님 저들
이 자기 꾀에 넘어지게 하시고 저
들의 무수한 불경으로 인하여 저
들을 쫓아내소서 저들이 당신을
거슬렀기 때문입니다 주여
12 그러나 당신을 소망하는 모든
이가 기뻐하게 하소서 그들은 영
원토록 즐거워하고 당신께서는
그들 가운데 거하실 것입니다 또
당신의 이름을 사랑하는 모든 이
가 당신을 자랑할 것입니다
13 당신께서는 의인을 복 주시기
때문입니다 주여 기뻐하심의 큰
방패로 하듯 우리에게 왕관을 씌
우셨습니다

8 여호와여 나의 원수들을 인하여
주의 의로 나를 인도하시고 주의
길을 내 목전에 곧게 하소서
9 저희 입에 신실함이 없고 저희 심
중이 심히 악하며 저희 목구멍은
열린 무덤 같고 저희 혀로는 아첨
하나이다
10 하나님이여 저희를 정죄하사 자
기 꾀에 빠지게 하시고 그 많은
허물로 인하여 저희를 쫓아내소
서 저희가 주를 배역함이니이다
11 오직 주에게 피하는 자는 다 기
뻐하며 주의 보호로 인하여 영영
히 기뻐 외치며 주의 이름을 사
랑하는 자들은 주를 즐거워하리
이다
12 여호와여 주는 의인에게 복을
주시고 방패로 함같이 은혜로 저
를 호위하시리이다

칠십인역

6 완성을 향하여 찬송시들 가운
데 여덟째를 위하여 다비드에
게 속한 시
2 주여 당신의 분노로 나를 책망하
지 마시고 당신의 진노로 나를 징
계하지 마소서
3 나를 불쌍히 여기소서 주여 내가
연약합니다 나를 치유하여 주소
서 주여 내 뼈가 떨립니다
4 내 영혼마저 심히 떨립니다 주여
당신께서는 언제까지입니까
5 돌이키소서 주여 내 영혼을 건지
소서 당신의 인애로 인하여 나를
구원하소서
6 죽음 가운데서는 당신을 기억하
는 자가 없기 때문입니다 그런데
아디스•에서 누가 당신께 감사찬
양하겠습니까
7 내 한숨에 내가 지쳤습니다 밤마
다 나의 침상을 씻어내며 나의 눈
물로 내 이불을 적실 것입니다
8 나의 눈이 분노로 떨렸습니다 내
모든 원수로 인해 나는 쇠약해졌
습니다

개역한글

다윗의 시 영장으로 현악 스미닛에 맞춘 노래시

6 여호와여 주의 분으로 나를 견
책하지 마옵시며 주의 진노로
나를 징계하지 마옵소서
2 여호와여 내가 수척하였사오니
긍휼히 여기소서 여호와여 나의
뼈가 떨리오니 나를 고치소서
3 나의 영혼도 심히 떨리나이다 여
호와여 어느 때까지니이까
4 여호와여 돌아와 나의 영혼을 건
지시며 주의 인자하심을 인하여
나를 구원하소서
5 사망 중에서는 주를 기억함이 없
사오니 음부에서 주께 감사할 자
누구리이까
6 내가 탄식함으로 곤핍하여 밤마
다 눈물로 내 침상을 띄우며 내
요를 적시나이다
7 내 눈이 근심을 인하여 쇠하며
내 모든 대적을 인하여 어두웠나
이다

• 하데스(저승 히브리어: 스올)

칠십인역

9 불법을 일삼는 자들은 다 내게서
떠나가라 주께서 나의 울부짖는
소리를 들으셨음이라
10 주께서 나의 간구를 들으셨고
주께서 나의 기도를 친히 받으셨
도다
11 내 모든 원수가 부끄러움 당하
고 심히 떨기를 돌아서서 한순간
에 심히 부끄러움 당하기를

7 다비드에게 속한 시 그가 예메
니의 아들 쿠시의 말로 인해 주
께 노래함
2 주여 나의 하나님 내가 당신을 소
망하였나이다 나를 쫓아오는 모
든 자에게서 나를 구원하시고 나
를 구출하소서
3 저가 사자같이 내 영혼을 채가지
않도록 속량할 이도 구원할 이도
없나이다
4 주여 나의 하나님 내가 이것을 행
하기라도 했다면 내 손에 불의가
있다면
5 나에게 악으로 갚는 자들에게 내
가 되갚기라도 했다면 그랬다면

개역한글

8 행악하는 너희는 다 나를 떠나
라 여호와께서 내 곡성을 들으셨
도다
9 여호와께서 내 간구를 들으셨음
이여 여호와께서 내 기도를 받으
시리로다
10 내 모든 원수가 부끄러움을 당
하고 심히 떪이여 홀연히 부끄러
워 물러가리로다

다윗의 식가욘 베냐민인 구시의 말에 대하여
여호와께 한 노래

7 여호와 내 하나님이여 주께 피
하오니 나를 쫓는 모든 자에게
서 나를 구하여 건지소서
2 건져낼 자 없으면 저희가 사자같
이 나를 찢고 뜯을까 하나이다
3 여호와 내 하나님이여 내가 이것
을 행하였거나 내 손에 죄악이 있
거나
4 화친한 자를 악으로 갚았거나 내
대적에게 무고히 빼앗았거든

칠십인역

나는 나의 원수들로 인하여 빈손
이 되어도 좋습니다
6 그랬다면 원수가 나의 영혼을 좇
아와 사로잡고 나의 생명을 땅에
처박아서 나의 영광을 티끌에 나
뒹굴게 하여도 좋습니다

(간주)

7 주여 당신의 진노로 일어나소서
내 원수들의 모든 지역에서 높이
들리소서 주여 나의 하나님 당신
께서 친히 명하신 칙령을 따라 일
어나소서
8 그리하면 백성의 무리가 당신을
둘러설 것입니다 이를 위하여 높
은 곳으로 돌아오소서
9 주께서는 백성을 판결하실 것입
니다 주여 나의 의를 따라 나를
판결하소서 또한 나의 순전함을
따라 나를
10 이제 죄인들의 악이 끝나게 하
시고 의인을 인도하소서 하나님
은 심장과 콩팥을 살피십니다
11 하나님에게서 오는 나의 도움은
의롭습니다 마음이 정직한 자들
을 구원하시는 분
12 하나님은 의로운 심판자 강하고

개역한글

5 원수로 나의 영혼을 쫓아 잡아 내
생명을 땅에 짓밟고 내 영광을 진
토에 떨어뜨리게 하소서 (셀라)
6 여호와여 진노로 일어나사 내 대
적들의 노를 막으시며 나를 위하
여 깨소서 주께서 심판을 명하셨
나이다
7 민족들의 집회로 주를 두르게 하
시고 그 위 높은 자리에 돌아오
소서
8 여호와께서 만민에게 심판을 행
하시오니 여호와여 나의 의와 내
게 있는 성실함을 따라 나를 판단
하소서
9 악인의 악을 끊고 의인을 세우소
서 의로우신 하나님이 사람의 심
장을 감찰하시나이다
10 나의 방패는 마음이 정직한 자
를 구원하시는 하나님께 있도다
11 하나님은 의로우신 재판장이심
이여 매일 분노하시는 하나님이
시로다

오래 참으사 날마다 진노하지는
않는 분이십니다
13 너희가 돌이키지 않으면 그는
벌써 자신의 칼을 가시며 자신의
활을 당겨 그것을 준비하셨다
14 그는 이렇게 죽음의 연장을 준
비하셨다 그는 자신의 화살을 불
타고 있는 자들을 향하여 만들어
두셨다
15 보라 저가 불의를 해산하였다
저가 고통을 잉태하여 불법을 낳
았다
16 저가 구덩이를 파고 더 깊이 팠
다 그리하여 자기가 파놓은 구덩
이에 빠질 것이다
17 저의 고통은 자기 머리로 돌아
오고 저의 불의는 자기 정수리에
내릴 것이다
18 나는 그의 의로우심을 따라 주
께 감사찬양하며 지극히 높으신
분 주의 이름을 찬송할 것입니다

8 완성을 향하여 포도즙틀을 위
하여 다비드에게 속한 시
2 주여 우리 주님 당신의 이름이 온

12 사람이 회개치 아니하면 저가
그 칼을 갈으심이여 그 활을 이미
당기어 예비하셨도다
13 죽일 기계를 또한 예비하심이여
그 만든 살은 화전이로다
14 악인이 죄악을 해산함이여 잔해
를 잉태하며 궤휼을 낳았도다
15 저가 웅덩이를 파 만듦이여 제
가 만든 함정에 빠졌도다
16 그 잔해는 자기 머리로 돌아오
고 그 포학은 자기 정수리에 내리
리로다
17 내가 여호와의 의를 따라 감사
함이여 지극히 높으신 여호와의
이름을 찬양하리로다

다윗의 시 영장으로 깃딧에 맞춘 노래

8 여호와 우리 주여 주의 이름이
온 땅에 어찌 그리 아름다운지

칠십인역

땅에 어찌 그리 경이로운지요 당
신의 위엄이 하늘들보다 드높습
니다
3 당신께서는 당신의 원수들 때문
에 어린아이와 젖먹이의 입에서
나오는 찬양을 온전하게 하셨습
니다 이는 원수와 복수하는 자를
멸하시기 위함입니다
4 하늘들과 당신의 손가락으로 만
드신 것들 당신께서 세우신 달과
별들을 내가 볼 것입니다
5 사람이 무엇이기에 당신께서 그
를 기억하시며 혹 인자가 무엇이
기에 당신께서 그를 돌보십니까
6 당신께서 그를 잠시 천사들보다
낮추시며 그에게 영광과 존귀로
왕관을 씌우셨습니다
7 또한 그를 당신 손으로 만드신 것
들 위에 세우사 모든 것을 그의
발아래에 두셨습니다
8 양떼와 모든 소 또한 들판의 짐승
들까지
9 하늘의 새들과 바다의 물고기들
바닷길에 다니는 것들
10 주여 우리 주님 당신의 이름이
온 땅에 어찌 그리 경이로운지요

개역한글

요 주의 영광을 하늘 위에 두셨나
이다
2 주의 대적을 인하여 어린아이와
젖먹이의 입으로 말미암아 권능
을 세우심이여 이는 원수와 보수
자로 잠잠케 하려 하심이니이다
3 주의 손가락으로 만드신 주의 하
늘과 주의 베풀어 두신 달과 별들
을 내가 보오니
4 사람이 무엇이관대 주께서 저를
생각하시며 인자가 무엇이관대
주께서 저를 권고하시나이까
5 저를 천사보다 조금 못하게 하시
고 영화와 존귀로 관을 씌우셨나
이다
6 주의 손으로 만드신 것을 다스리
게 하시고 만물을 그 발 아래 두
셨으니
7 곧 모든 우양과 들짐승이며
8 공중의 새와 바다의 어족과 해로
에 다니는 것이니이다
9 여호와 우리 주여 주의 이름이 온
땅에 어찌 그리 아름다운지요

9 완성을 향하여 아들의 비밀을
위하여 다비드에게 속한 시
2 당신께 감사찬양하렵니다 주여
내 마음을 다하여 당신의 경이로
운 모든 일을 낱낱이 진술하렵니
다
3 나는 당신을 기뻐하며 즐거워할
것입니다 당신의 이름을 찬송하
렵니다 지존자시여
4 나의 원수가 뒤로 돌아섰을 때 저
들은 당신의 얼굴로 인하여 쇠약
해지고 멸망하리니
5 당신께서 나의 판결과 나의 소송
을 행하여 주신 까닭입니다 당신
께서는 보좌에 앉아 의로 심판하
시는 분입니다
6 당신께서 열방을 꾸짖으시자 불
경한 자가 망하였습니다 당신께
서는 저들의 이름을 영원히 영원
무궁토록 지워버리셨습니다
7 원수의 칼들은 완전히 부러졌으
니 당신께서 성읍들을 멸망시키
셨습니다 저들의 흔적은 굉음과
함께 사라졌습니다
8 그러나 주는 영원토록 계셔서 심
판을 위하여 자신의 보좌를 예비

다윗의 시 영장으로 뭇랍벤에 맞춘 노래

9 내가 전심으로 여호와께 감사
하오며 주의 모든 기사를 전하
리이다
2 내가 주를 기뻐하고 즐거워하며
지극히 높으신 주의 이름을 찬송
하리니
3 내 원수들이 물러갈 때에 주의 앞
에서 넘어져 망함이니이다
4 주께서 나의 의와 송사를 변호하
셨으며 보좌에 앉으사 의롭게 심
판하셨나이다
5 열방을 책하시고 악인을 멸하시
며 저희 이름을 영영히 도말하셨
나이다
6 원수가 끊어져 영영히 멸망하였
사오니 주께서 무너뜨린 성읍들
을 기억할 수 없나이다
7 여호와께서 영영히 앉으심이여
심판을 위하여 보좌를 예비하셨
도다

칠십인역

하셨다
9 그리고 그는 세상을 의로 심판하
시며 백성을 올곧음으로 심판하
시리라
10 또 주는 궁핍한 자에게 피난처
이시며 환난 중에 적시의 도움이
되셨다
11 이러므로 당신의 이름을 아는
자들은 당신을 소망하게 하소서
당신을 찾는 자들을 버리지 않으
셨기 때문입니다 주여
12 너희는 시온에 계시는 주께 찬
송하여라 그의 행사를 열방에 선
포하여라
13 이는 피 흘림을 살피시는 분께
서 저들을 기억하사 궁핍한 자들
의 부르짖음을 잊지 않으셨기 때
문이다
14 나를 불쌍히 여기소서 주여 나
의 원수들에게 당한 나의 굴욕을
보소서 나를 죽음의 문에서 들어
올리는 분이시여
15 이러므로 내가 당신을 향한 모
든 찬양을 딸 시온의 문들에서 선
포하렵니다 내가 당신의 구원으
로 인해 즐거워할 것입니다

개역한글

8 공의로 세계를 심판하심이여 정
직으로 만민에게 판단을 행하시
리로다
9 여호와는 또 압제를 당하는 자의
산성이시요 환난 때의 산성이시
로다
10 여호와여 주의 이름을 아는 자
는 주를 의지하오리니 이는 주를
찾는 자들을 버리지 아니하심이
니이다
11 너희는 시온에 거하신 여호와를
찬송하며 그 행사를 백성 중에 선
포할지어다
12 피 흘림을 심문하시는 이가 저
희를 기억하심이여 가난한 자의
부르짖음을 잊지 아니하시도다
13 여호와여 나를 긍휼히 여기소서
나를 사망의 문에서 일으키시는
주여 미워하는 자에게 받는 나의
곤고를 보소서
14 그리하시면 내가 주의 찬송을 다
전할 것이요 딸 같은 시온의 문에
서 주의 구원을 기뻐하리이다

칠십인역

16 열방은 자기가 자초한 파멸의 도구에 처박히고 저들의 발은 자기들이 숨겨놓은 이 덫에 걸렸도다

17 주께서는 심판을 행하시는 분으로 알려지셨고 죄인은 자기 손으로 행한 일들에 걸렸도다

(간주의 노래)

18 죄인들은 아디스로 돌아갈지어다 하나님을 잊고 사는 모든 열방도 그리할지어다

19 이는 가난한 자가 완전히 잊히지 않고 궁핍한 자의 인내가 영원히 사라지지는 않기 때문이라

20 일어나소서 주여 사람이 이기지 못하게 하소서 당신 앞에서 열방이 심판받게 하소서

21 주여 저들 위에 입법자를 세우셔서 열방이 자신들은 사람일 뿐임을 알게 하소서

(간주)

22 주여 어찌하여 멀리 떨어져 계셔서 환난 중에 도우실 때에 외면하십니까

23 불경한 자가 교만하게 행하므로 가난한 자는 애가 탑니다 저들이 꾸민 계교에 그들이 걸려들고 있

개역한글

15 열방은 자기가 판 웅덩이에 빠짐이여 그 숨긴 그물에 자기 발이 걸렸도다

16 여호와께서 자기를 알게 하사 심판을 행하셨음이여 악인은 그 손으로 행한 일에 스스로 얽혔도다 (힉가욘 셀라)

17 악인이 음부로 돌아감이여 하나님을 잊어버린 모든 열방이 그리하리로다

18 궁핍한 자가 항상 잊어버림을 보지 아니함이여 가난한 자가 영영히 실망치 아니하리로다

19 여호와여 일어나사 인생으로 승리를 얻지 못하게 하시며 열방으로 주의 목전에 심판을 받게 하소서

20 여호와여 저희로 두렵게 하시며 열방으로 자기는 인생뿐인 줄 알게 하소서 (셀라)

10 여호와여 어찌하여 멀리 서시며 어찌하여 환난 때에 숨으시나이까

2 악한 자가 교만하여 가련한 자를 심히 군박하오니 저희로 자기의 베푼 꾀에 빠지게 하소서

칠십인역

습니다
24 이는 죄인이 자기 영혼의 욕망
을 스스로 부추기고 불의한 자가
자신은 복을 받았다고 여기기 때
문입니다
25 죄인은 주를 진노하시게 만들고
서 그가 자신의 노를 최고조로 내
서 찾아내지는 않을 것이라고 합
니다 이런 자 앞에는 하나님이 계
시지 않습니다
26 그자의 길들은 언제나 더럽혀지
고 당신의 판결은 그자 앞에서 지
워집니다 그자는 자기의 모든 원
수 위에 군림할 것입니다
27 그래서 그자는 자기 마음속으로
이렇게 말합니다 나는 결코 흔들
리지 않으리라 대대손손 아무런
저주도 없으리라
28 그자의 입에는 저주와 잔인함과
술수가 가득하고 그자의 혀 밑에
는 불행과 고통이 있습니다
29 그자는 부자들과 함께 숨어서
무죄한 자를 비밀리에 죽이기 위
하여 그의 두 눈으로 궁핍한 자를
살펴봅니다
30 그자는 사자같이 자기 굴에 몰

개역한글

3 악인은 그 마음의 소욕을 자랑하
며 탐리하는 자는 여호와를 배반
하여 멸시하나이다
4 악인은 그 교만한 얼굴로 말하기
를 여호와께서 이를 감찰치 아니
하신다 하며 그 모든 사상에 하나
님이 없다 하나이다
5 저의 길은 언제든지 견고하고 주
의 심판은 높아서 저의 안력이 미
치지 못하오며 저는 그 모든 대적
을 멸시하며
6 그 마음에 이르기를 나는 요동치
아니하며 대대로 환난을 당치 아
니하리라 하나이다
7 그 입에는 저주와 궤휼과 포학이
충만하며 혀 밑에는 잔해와 죄악
이 있나이다
8 저가 향촌 유벽한 곳에 앉으며 그
은밀한 곳에서 무죄한 자를 죽이
며 그 눈은 외로운 자를 엿보나이
다
9 사자가 그 굴혈에 엎드림같이

래 숨어서 가난한 자를 끌고 가기
위하여 잠복합니다 이는 그자가
가난한 자를 사로잡아 끌고 가기
위함입니다
31 그자의 덫에 그가 굴욕을 당할
것입니다 그자가 궁핍한 자들 위
에 군림할 때에 그는 허리가 굽어
져서 넘어질 것입니다
32 그자는 자기 마음속으로 말했습
니다 하나님은 잊어버렸어 자기
얼굴을 돌려서 영영 보지 않아
33 일어나소서 주여 하나님 당신의
손을 높이 드소서 궁핍한 자를 잊
지 마소서
34 어찌하여 불경한 자가 하나님을
진노하시게 합니까 그자가 자기
마음속으로 그는 찾아내지 않을
것이라고 말했기 때문입니다
35 당신께서는 살펴보십니다 당신
께서는 고통과 분노를 아시기 때
문입니다 그자들을 당신의 손으
로 넘겨받기 위함입니다 이러므
로 가난한 자가 당신께 내맡겨졌
습니다 당신은 여전히 고아를 돕
는 분이셨습니다
36 죄인과 악인의 팔을 꺾으소서

저가 은밀한 곳에 엎드려 가련한
자를 잡으려고 기다리며 자기 그
물을 끌어 가련한 자를 잡나이다
10 저가 구푸려 엎드리니 그 강포
로 인하여 외로운 자가 넘어지나
이다
11 저의 마음에 이르기를 하나님이
잊으셨고 그 얼굴을 가리우셨으
니 영원히 보지 아니하시리라 하
나이다
12 여호와여 일어나옵소서 하나님
이여 손을 드옵소서 가난한 자를
잊지 마옵소서
13 어찌하여 악인이 하나님을 멸시
하여 그 마음에 이르기를 주는 감
찰치 아니하리라 하나이까
14 주께서는 보셨나이다 잔해와 원
한을 감찰하시고 주의 손으로 갚
으려 하시오니 외로운 자가 주를
의지하나이다 주는 벌써부터 고
아를 도우시는 자니이다
15 악인의 팔을 꺾으소서 악한 자의

그자의 죄를 찾아내소서 더 이상
그것을 찾지 못할 정도로
37 주께서 영원히 영원무궁토록 왕
으로 다스리시니 열방아 너희는
그의 땅에서 자멸하리라
38 주께서 궁핍한 자들의 원함을
들어주셨도다 당신의 귀는 그들
마음의 소원에 기울였습니다
39 이는 당신께서 고아와 비천한
자를 위하여 판결하려 하심이니
그리하여 사람이 땅 위에서 더 이
상 교만하게 행하지 못하도록 하
기 위함입니다

악을 없기까지 찾으소서
16 여호와께서는 영원 무궁토록 왕
이시니 열방이 주의 땅에서 멸망
하였나이다
17 여호와여 주는 겸손한 자의 소
원을 들으셨으니 저희 마음을 예
비하시며 귀를 기울여 들으시고
18 고아와 압박당하는 자를 위하여
심판하사 세상에 속한 자로 다시
는 위협지 못하게 하시리이다

10 완성을 향하여 다비드에게 속한 시

주를 나는 신뢰하고 있거늘 어떻
게 너희는 내 영혼에게 참새같이
산으로 도망가라고 말하려는가
2 보라 죄인들이 활을 당기고 화살
을 화살통에 준비하고 어두운 곳
에서 마음이 의로운 자들을 쏘려
함이라
3 이는 저들이 당신께서 손수 만드
신 것들을 허물었음이라 그러나

다윗의 시 영장으로 한 노래

11 내가 여호와께 피하였거늘 너희가 내 영혼더러 새같이

네 산으로 도망하라 함은 어찜인
고
2 악인이 활을 당기고 살을 시위에
먹임이여 마음이 바른 자를 어두
운 데서 쏘려 하는도다
3 터가 무너지면 의인이 무엇을 할
꼬
4 여호와께서 그 성전에 계시니 여

의인은 무엇을 했는가
4 주께서는 자신의 성전에 계시고
주 그의 보좌는 하늘에 있도다 그
의 눈은 궁핍한 자를 바라보시고
그의 눈길은 인생들을 살피신다
5 주께서는 의로운 자와 불경한 자
를 살피신다 그러나 불의를 사랑
하는 자는 자기 영혼을 미워한다
6 그가 죄인들에게 덫을 비 내리듯
하시리니 불과 유황과 돌풍이 저
들의 잔의 몫이라
7 이는 주께서는 의로우셔서 의를
사랑하시고 그의 얼굴은 올바름
을 보시기 때문이다

호와의 보좌는 하늘에 있음이여
그 눈이 인생을 통촉하시고 그 안
목이 저희를 감찰하시도다
5 여호와는 의인을 감찰하시고 악
인과 강포함을 좋아하는 자를 마
음에 미워하시도다
6 악인에게 그물을 내려치시리니
불과 유황과 태우는 바람이 저희
잔의 소득이 되리로다
7 여호와는 의로우사 의로운 일을
좋아하시나니 정직한 자는 그 얼
굴을 뵈오리로다

11 완성을 향하여 여덟째를 위
하여 다비드에게 속한 시
2 나를 구원하소서 주여 경건한 자
가 없어졌고 인생들에게서 진실
함이 희박해졌기 때문입니다
3 저들은 각기 자기 이웃에게 헛것
을 말합니다 거짓된 입술들이 이
마음과 저 마음으로 말합니다
4 주께서 모든 거짓된 입술과 오만
한 혀를 진멸하시기를 원합니다

다윗의 시 영장으로 스미닛에 맞춘 노래

12 여호와여 도우소서 경건한
자가 끊어지며 충실한 자가
인생 중에 없어지도소이다
2 저희가 이웃에게 각기 거짓을 말
함이여 아첨하는 입술과 두 마음
으로 말하는도다
3 여호와께서 모든 아첨하는 입술
과 자랑하는 혀를 끊으시리니
4 저희가 말하기를 우리의 혀로 이

칠십인역

5 저들은 말합니다 우리의 혀를 크
게 하리라 우리의 입술은 우리
것이다 누가 우리의 주인이란 말
인가
6 가난한 자들의 비참함과 궁핍한
자들의 한숨 때문에 이제 내가 일
어서리라 주께서 말씀하신다 내
가 친히 구원을 세우리라 내가 그
것을 공개적으로 선포하리라
7 주의 말씀은 순전한 말씀 일곱 번
정련된 흙에서 불로 제련되어 연
단한 은
8 주여 당신께서 우리를 지키시며
이 세대로부터 또 영원토록 우리
를 보전하실 것입니다
9 불경한 자들이 사방에 다닐지라
도 당신께서는 자신의 높으심을
따라 인생들을 돌보아 주셨습니다

개역한글

길지라 우리 입술은 우리 것이니
우리를 주관할 자 누구리요 함이
로다
5 여호와의 말씀에 가련한 자의 눌
림과 궁핍한 자의 탄식을 인하여
내가 이제 일어나 저를 그 원하는
안전 지대에 두리라 하시도다
6 여호와의 말씀은 순결함이여 흙
도가니에 일곱 번 단련한 은 같
도다
7 여호와여 저희를 지키사 이 세대
로부터 영영토록 보존하시리이다
8 비루함이 인생 중에 높아지는 때
에 악인이 처처에 횡행하는도다

칠십인역

12 완성을 향하여 다비드에게
속한 시
2 언제까지입니까 주여 나를 영영
잊으시렵니까 언제까지 당신의
얼굴을 내게서 돌리시렵니까
3 언제까지 내 영혼에 궁리가 많으

개역한글

다윗의 시 영장으로 한 노래

13 여호와여 어느 때까지니이
까 나를 영영히 잊으시나이
까 주의 얼굴을 나에게서 언제까
지 숨기시겠나이까
2 내가 나의 영혼에 경영하고 종일

며 온종일 나의 마음속으로 슬퍼
해야 합니까 언제까지 나의 원수
가 내 위에 높아져 있겠습니까
4 나를 돌아보시고 들어주소서 주
여 나의 하나님 내가 죽음의 잠
을 자지 않도록 나의 눈을 밝혀
주소서
5 나의 원수가 나를 이겼다고 말하
지 못하게 하소서 내가 흔들리면
나를 압제하는 자들이 쾌재를 부
를 것입니다
6 그러나 나는 당신의 인애를 소망
하였습니다 나의 마음이 당신의
구원으로 인해 즐거워할 것입니
다 나에게 은혜를 베푸시는 주께
나는 노래하며 지존자 주의 이름
을 찬송할 것입니다

토록 마음에 근심하기를 어느 때
까지 하오며 내 원수가 나를 쳐
서 자긍하기를 어느 때까지 하리
이까
3 여호와 내 하나님이여 나를 생각
하사 응답하시고 나의 눈을 밝히
소서 두렵건대 내가 사망의 잠을
잘까 하오며
4 두렵건대 나의 원수가 이르기를
내가 저를 이기었다 할까 하오며
내가 요동될 때에 나의 대적들이
기뻐할까 하나이다
5 나는 오직 주의 인자하심을 의뢰
하였사오니 내 마음은 주의 구원
을 기뻐하리이다
6 내가 여호와를 찬송하리니 이는
나를 후대하심이로다

13 완성을 향하여 다비드에게 속한 시

어리석은 자는 자기 마음속으로
하나님은 없다고 말했다 저들은
삶의 방식에서 부패하고 혐오스
러워졌다 선한 것이라곤 행하는
자가 없고 하나도 없다

다윗의 시 영장으로 한 노래

14 어리석은 자는 그 마음에
이르기를 하나님이 없다 하
도다 저희는 부패하고 소행이 가
증하여 선을 행하는 자가 없도다
2 여호와께서 하늘에서 인생을 굽
어 살피사 지각이 있어 하나님을

칠십인역

2 주께서 하늘에서 인생들을 내려
다보셨다 혹시 총명하거나 하나
님을 찾는 이가 있는가를 알아보
려 하심이다
3 모두 하나같이 치우쳐서 쓸모없
이 되었고 선한 것이라곤 행하는
자가 없고 하나도 없다 [저들의
목구멍은 열린 무덤 저들의 혀로
는 늘 속인다 저들의 입술 아래에
는 독사의 독 저들의 입은 저주와
잔인함으로 가득하다 저들의 발
은 피 흘리는데 재빠르고 저들의
길에는 파멸과 비참함이 있어 저
들은 평강의 길을 알지 못하였다
저들의 눈앞에는 하나님을 두려
워함이 없다]•
4 불법을 저지르는 자들 모두 깨닫
지 않으려는가 내 백성을 밥 먹듯
이 삼키는 자들은 주를 부르지 않
았다
5 두려움이 없던 곳 거기서 저들은
두려움으로 겁먹었으니 하나님은
의로운 세대에 계시기 때문이다
6 너희가 가난한 자의 계획을 조롱

• A에는 생략. 비교. 롬 3:13–18

개역한글

찾는 자가 있는가 보려 하신즉
3 다 치우쳤으며 함께 더러운 자가
되고 선을 행하는 자가 없으니 하
나도 없도다

4 죄악을 행하는 자는 다 무지하뇨
저희가 떡 먹듯이 내 백성을 먹으
면서 여호와를 부르지 아니하는
도다
5 저희가 거기서 두려워하고 두려
워하였으니 하나님이 의인의 세
대에 계심이로다
6 너희가 가난한 자의 경영을 부끄
럽게 하나 오직 여호와는 그 피난
처가 되시도다

하였으니 주께서 그의 소망이신
까닭이라
7 누가 시온에서 이스라일에게 구원
을 베풀까 주께서 자기 백성의 포
로를 돌이키실 때 야꼽은 즐거워
하고 이스라일은 기뻐할지어다

7 이스라엘의 구원이 시온에서 나
오기를 원하도다 여호와께서 그
백성의 포로된 것을 돌이키실 때
에 야곱이 즐거워하고 이스라엘
이 기뻐하리로다

14 다비드에게 속한 시
주여 누가 당신의 장막에 머
물며 누가 당신의 거룩한 산에 거
합니까
2 흠 없이 행하고 의를 실천하며 그
마음으로는 참말을 하는 이
3 그의 혀로는 속이지 아니하며 자
기 이웃에게 악을 행하지 아니하
고 자기 친족에 대한 비방을 용납
하지 않는 이
4 그 앞에서 악을 행하는 자는 멸시
하나 주를 두려워하는 자들을 높
이는 이 그의 이웃에게 맹세하고
그것을 깨지 아니하는 이
5 이자를 받고 자기 돈을 빌려주지
아니하며 무고한 자를 대항하는
뇌물을 받지 아니하는 이 이것들
을 행하는 자는 영원히 흔들리지

다윗의 시
15 여호와여 주의 장막에 유할
자 누구오며 주의 성산에
거할 자 누구오니이까
2 정직하게 행하며 공의를 일삼으
며 그 마음에 진실을 말하며
3 그 혀로 참소치 아니하고 그 벗에
게 행악지 아니하며 그 이웃을 훼
방치 아니하며
4 그 눈은 망령된 자를 멸시하며 여
호와를 두려워하는 자를 존대하
며 그 마음에 서원한 것은 해로울
지라도 변치 아니하며
5 변리로 대금치 아니하며 뇌물을
받고 무죄한 자를 해치 아니하는
자니 이런 일을 행하는 자는 영영
히 요동치 아니하리이다

아니할 것입니다

15 다비드에게 속한 비문
나를 지켜주소서 주여 내가
당신을 소망하였기 때문입니다
2 나는 주께 말씀드렸습니다 당신
은 나의 주인이십니다 당신께서
는 나의 좋은 것들을 필요로 하지
않으시기 때문입니다
3 그의 땅에 있는 거룩한 자들에게
그는 자신의 모든 뜻을 그들 가운
데서 경이롭게 보이셨도다
4 저들의 질병이 많아졌고 그 후에
그들이 다급해졌다 나는 결단코
저들의 피 흘리는 회합에 함께 모
이지 않으며 저들의 이름을 내 입
술로 언급하지도 않으리라
5 주는 내 유업과 내 잔의 분깃이십
니다 당신께서는 내 유업을 내게
되돌려주시는 분입니다
6 측량줄이 가장 좋은 곳으로 내게
떨어졌습니다 정녕 나의 유업이
내게 가장 좋습니다
7 나를 깨우쳐 주신 주를 나는 찬양
할 것입니다 나아가 나의 콩팥이

다윗의 믹담

16 하나님이여 나를 보호하소
서 내가 주께 피하나이다
2 내가 여호와께 아뢰되 주는 나의
주시오니 주밖에는 나의 복이 없
다 하였나이다
3 땅에 있는 성도는 존귀한 자니
나의 모든 즐거움이 저희에게 있
도다
4 다른 신에게 예물을 드리는 자는
괴로움이 더할 것이라 나는 저희
가 드리는 피의 전제를 드리지 아
니하며 내 입술로 그 이름도 부르
지 아니하리로다
5 여호와는 나의 산업과 나의 잔의
소득이시니 나의 분깃을 지키시
나이다
6 내게 줄로 재어 준 구역은 아름다
운 곳에 있음이여 나의 기업이 실
로 아름답도다
7 나를 훈계하신 여호와를 송축할
지라 밤마다 내 심장이 나를 교훈
하도다

밤까지 나를 훈육하였습니다
8 항상 내 앞에 계신 주를 앞에서
뵙곤 하였습니다 그는 내가 흔들
리지 않도록 내 오른편에 계시기
때문입니다
9 이러므로 나의 심장은 기뻐하며
나의 혀도 즐거워하였고 나의 육
체 또한 안전하게 살 것입니다
10 당신께서 나의 영혼을 아디스에
버리지 않으시며 당신의 경건한
자로 멸망을 보게 하지 않으실 것
이기 때문입니다
11 당신께서 나에게 생명의 길들을
알려주셨고 당신의 얼굴과 함께
하는 기쁨으로 나를 충만하게 하
시리니 당신의 오른편에는 완전
한 즐거움이 있습니다

8 내가 여호와를 항상 내 앞에 모심
이여 그가 내 우편에 계시므로 내
가 요동치 아니하리로다
9 이러므로 내 마음이 기쁘고 내 영
광도 즐거워하며 내 육체도 안전
히 거하리니
10 이는 내 영혼을 음부에 버리지
아니하시며 주의 거룩한 자로 썩
지 않게 하실 것임이니이다
11 주께서 생명의 길로 내게 보이
시리니 주의 앞에는 기쁨이 충만
하고 주의 우편에는 영원한 즐거
움이 있나이다

16 다비드의 기도
주여 나의 의를 들어주소서
나의 간구에 유념해 주소서 거짓
된 입술이 아닌 나의 기도에 귀
기울이소서
2 당신의 얼굴에서 나에 대한 판결
이 나오게 하소서 나의 눈이 올바

다윗의 기도

17 여호와여 정직함을 들으소
서 나의 부르짖음에 주의하
소서 거짓되지 않은 입술에서 나
오는 내 기도에 귀를 기울이소서
2 나의 판단을 주 앞에서 내시며 주
의 눈은 공평함을 살피소서

칠십인역

름을 보게 하소서
3 당신께서 나의 심장을 시험하셨
고 밤에도 감찰하셨습니다 당신
께서 나를 불로 제련하셨으나 나
에게서 불의함이 발견되지 않았
습니다
4 나의 입으로 사람의 일들을 떠벌
리지 않도록 당신의 입술의 말씀
들로 인하여 내가 힘든 길을 고수
하였습니다
5 나의 발걸음을 당신의 길로 회복
시켜 주소서 그리하여 나의 발걸
음이 흔들리지 않게 하소서
6 하나님 당신께서 나를 경청하셨
으므로 내가 부르짖었습니다 당
신의 귀를 나에게 기울이소서 그
리고 나의 말을 들어주소서
7 당신의 인애를 놀랍게 베푸소서
당신의 오른손에 대항하는 자들
에게서 당신을 소망하는 자들을
구원하시는 분이여
8 나를 눈동자처럼 지켜주소서 당
신의 날개 그늘로 나를 덮어주
소서
9 나를 비참하게 만드는 불경한 자
들에게서 나의 원수들이 나의 영

개역한글

3 주께서 내 마음을 시험하시고 밤
에 나를 권고하시며 나를 감찰하
셨으나 흠을 찾지 못하셨으니 내
가 결심하고 입으로 범죄치 아니
하리이다
4 사람의 행사로 논하면 나는 주의
입술의 말씀을 좇아 스스로 삼가
서 강포한 자의 길에 행치 아니하
였사오며
5 나의 걸음이 주의 길을 굳게 지키
고 실족지 아니하였나이다
6 하나님이여 내게 응답하시겠는
고로 내가 불렀사오니 귀를 기울
여 내 말을 들으소서
7 주께 피하는 자를 그 일어나 치는
자에게서 오른손으로 구원하시
는 주여 주의 기이한 인자를 나타
내소서
8 나를 눈동자같이 지키시고 주의
날개 그늘 아래 감추사
9 나를 압제하는 악인과 나를 에워
싼 극한 원수에게서 벗어나게 하
소서

혼을 포위하였습니다
10 저들은 자기들의 인간성을 막아
버리고 저들의 입은 오만을 말하
였습니다
11 나를 내쫓던 자들이 이제 나를
둘러섰습니다 저들이 자기들의
눈을 땅에 내리깔고 있습니다
12 저들이 먹이를 노리는 사자같이
은밀한 곳에 숨어있는 새끼 사자
같이 나를 덮쳤습니다
13 일어나소서 주여 저들을 앞질러
오셔서 저들을 내치소서 나의 영
혼을 불경한 자들에게서 구출하
소서 당신의 칼로 당신의 손의 원
수들에게서
14 주여 땅에서 나오는 하찮은 것
들로 저들이 사는 동안 그것들을
나누어 주소서 저들의 배는 당신
의 숨겨진 것들로 채워졌습니다
저들은 아들들과 함께 배불리 먹
고 나머지는 자기의 어린 자식들
에게 남깁니다
15 그러나 나는 의 안에서 당신의
얼굴을 뵐 것입니다 당신의 영광
을 뵙는 것으로 나는 만족할 것입
니다

10 저희가 자기 기름에 잠겼으며
그 입으로 교만히 말하나이다
11 이제 우리의 걸어가는 것을 저
희가 에워싸며 주목하고 땅에 넘
어뜨리려 하나이다
12 저는 그 움킨 것을 찢으려 하는
사자 같으며 은밀한 곳에 엎드린
젊은 사자 같으니이다
13 여호와여 일어나 저를 대항하여
넘어뜨리시고 주의 칼로 악인에
게서 나의 영혼을 구원하소서
14 여호와여 금생에서 저희 분깃을
받은 세상 사람에게서 나를 주의
손으로 구하소서 그는 주의 재물
로 배를 채우심을 입고 자녀로 만
족하고 그 남은 산업을 그 어린아
이들에게 유전하는 자니이다
15 나는 의로운 중에 주의 얼굴을
보리니 깰 때에 주의 형상으로 만
족하리이다

칠십인역

17 완성을 향하여 주의 종 다비
드에게 속한 (시) 주께서 그
의 모든 원수의 손과 사울의 손에
서 그를 구출하신 날에 그가 주께
이 노랫말을 읊었다 2 그때 그가
말하였다
내가 당신을 사랑하겠습니다 주
여 나의 힘이시여
3 주는 나의 견고함 나의 피난처 나
의 구원자 나의 하나님은 나의 도
움이시니 내가 그를 소망하리라
또한 나의 보호자 나의 구원의 뿔
나의 지지자
4 내가 찬양하며 주를 부르리라 그
러면 나의 원수들에게서 나는 구
원되리라
5 죽음의 진통이 나를 포위하였고
불법의 급류가 나를 혼란하게 하
였다
6 아디스의 진통이 나를 둘러쌌고
죽음의 덫이 나를 기다렸다
7 내가 억압당할 때 나는 주를 불렀
고 나의 하나님을 향하여 부르짖
었다 그가 자신의 성전에서 나의
음성을 들으셨으니 그의 앞에서
나의 부르짖음이 그의 귀에 들어

개역한글

여호와의 종 다윗의 시 영장으로 한 노래 여호
와께서 다윗을 그 모든 원수와 사울의 손에서
구원하신 날에 다윗이 이 노래의 말로 여호와
께 아뢰어 가로되

18 나의 힘이 되신 여호와여
내가 주를 사랑하나이다
2 여호와는 나의 반석이시요 나의
요새시요 나를 건지시는 자시요
나의 하나님이시요 나의 피할 바
위시요 나의 방패시요 나의 구원
의 뿔이시요 나의 산성이시로다
3 내가 찬송받으실 여호와께 아뢰
리니 내 원수들에게서 구원을 얻
으리로다
4 사망의 줄이 나를 얽고 불의의 창
수가 나를 두렵게 하였으며
5 음부의 줄이 나를 두르고 사망의
올무가 내게 이르렀도다
6 내가 환난에서 여호와께 아뢰며
나의 하나님께 부르짖었더니 저
가 그 전에서 내 소리를 들으심이
여 그 앞에서 나의 부르짖음이 그
귀에 들렸도다

가리라
8 그러자 땅이 흔들리며 떨렸고 산
들의 기초가 혼란하고 흔들렸다
이는 하나님께서 저들에게 진노
하셨기 때문이다
9 그의 진노 중에 연기가 올라가고
그의 얼굴에서 불이 나왔다 그로
인해 숯이 점화되었다
10 그러자 그가 하늘을 기울이시고
내려오셨고 그의 발아래에는 어
두움이 있었다
11 또 그는 케룹들 위에 올라타고
날아다니셨다 그는 바람의 날개
에 올라 날아다니셨다
12 또 그는 어둠을 자신의 은신처로
삼으셨다 그의 사방에는 그의 장
막 공중의 구름 속에는 어두운 물
13 그의 앞의 광채에서 구름과 우
박과 불붙은 숯이 나왔다
14 또 주께서 하늘에서 천둥소리를
내셨으니 지존자께서 그의 음성
을 발하셨다
15 또 그가 화살을 보내셔서 저들
을 흩으셨고 번개를 많이 보내사
저들을 혼비백산하게 하셨다
16 또한 물들의 원천들이 보이고

7 이에 땅이 진동하고 산의 터도 요
동하였으니 그의 진노를 인함이
로다
8 그 코에서 연기가 오르고 입에서
불이 나와 사름이여 그 불에 숯이
피었도다
9 저가 또 하늘을 드리우시고 강림
하시니 그 발 아래는 어둑캄캄하
도다
10 그룹을 타고 날으심이여 바람
날개로 높이 뜨셨도다
11 저가 흑암으로 그 숨는 곳을 삼
으사 장막같이 자기를 두르게 하
심이여 곧 물의 흑암과 공중의 빽
빽한 구름으로 그리하시도다
12 그 앞에 광채로 인하여 빽빽한
구름이 지나며 우박과 숯불이 내
리도다
13 여호와께서 하늘에서 뇌성을 발
하시고 지존하신 자가 음성을 내
시며 우박과 숯불이 내리도다
14 그 살을 날려 저희를 흩으심이
여 많은 번개로 파하셨도다
15 이럴 때에 여호와의 꾸지람과

세상의 기초가 드러났으니 당신
의 꾸짖음 주여 당신의 진노의 숨
바람으로 인한 것입니다
17 그가 높은 곳에서 보내사 나를
받으셨다 그가 많은 물들 가운데
서 나를 끌어내셨다
18 그가 나의 힘센 원수들에게서
나를 미워하는 자들에게서 나를
구출하시리라 저들이 나보다 훨
씬 견고해졌기 때문이다
19 저들은 내 환난의 날에 나를 맞
섰으나 주께서 나의 버팀목이 되
셨다
20 그리고 그가 나를 넓은 곳으로
인도하셨다 그가 나를 구출하시
리니 이는 그가 나를 원하셨기 때
문이다 [그가 나의 힘센 원수들에
게서 나를 미워하는 자들에게서
나를 구출하시리라]•
21 그리고 주께서 나의 의로움을
따라 나에게 보상하시고 내 손의
정결함을 따라 나에게 보상하시
리라
22 이는 내가 주의 길들을 굳게 지

꾸짖음을 인하여 물밑이 드러나고
세상의 터가 나타났도다
16 저가 위에서 보내사 나를 취하
심이여 많은 물에서 나를 건져내
셨도다
17 나를 강한 원수와 미워하는 자
에게서 건지셨음이여 저희는 나
보다 힘센 연고로다
18 저희가 나의 재앙의 날에 내게
이르렀으나 여호와께서 나의 의
지가 되셨도다
19 나를 또 넓은 곳으로 인도하시
고 나를 기뻐하심으로 구원하셨
도다
20 여호와께서 내 의를 따라 상주
시며 내 손의 깨끗함을 좇아 갚으
셨으니

• S에는 생략.

키고 내 하나님에게서 불경하게
벗어나지 않았기 때문이다
23 이는 그의 모든 판결이 내 앞에
있고 나도 그의 율례를 내게서 멀
리하지 않았음이로다
24 그리고 나는 그에게 흠 없게 되
리라 또한 나는 불법에서 나를 지
키리라
25 그러면 주께서 나의 의로움을
따라 또한 그의 눈앞에서 내 손
의 정결함을 따라 내게 보상하시
리라
26 경건한 자에게는 당신께서 경건
하게 대하시며 순전한 사람에게
는 당신께서 순전하실 것입니다
27 당신께서는 택하신 자에게는 편
이 되시고 거스르는 자에게는 거
스르실 것입니다
28 이는 당신께서 겸손한 백성은
구원하시며 교만한 자의 눈은 낮
추실 것이기 때문입니다
29 내 등불을 밝히실 이는 당신이
시니 주여 나의 하나님 내 어둠을
밝히실 것입니다
30 나를 침입자의 무리에서 구출하
실 이는 당신이시므로 나의 하나

21 이는 내가 여호와의 도를 지키
고 악하게 내 하나님을 떠나지 아
니하였으며
22 그 모든 규례가 내 앞에 있고 내
게서 그 율례를 버리지 아니하였
음이로다
23 내가 또한 그 앞에 완전하여 나
의 죄악에서 스스로 지켰나니
24 그러므로 여호와께서 내 의를
따라 갚으시되 그 목전에 내 손의
깨끗한 대로 내게 갚으셨도다
25 자비한 자에게는 주의 자비하심
을 나타내시며 완전한 자에게는
주의 완전하심을 보이시며
26 깨끗한 자에게는 주의 깨끗하심
을 보이시며 사특한 자에게는 주
의 거스리심을 보이시리니
27 주께서 곤고한 백성은 구원하시
고 교만한 눈은 낮추시리이다
28 주께서 나의 등불을 켜심이여
여호와 내 하나님이 내 흑암을 밝
히시리이다
29 내가 주를 의뢰하고 적군에 달
리며 내 하나님을 의지하고 담을

님을 의지하여 내가 성벽을 뛰어
넘겠습니다
31 나의 하나님 그의 길은 흠이 없
고 주의 말씀은 불로 제련되었다
그는 자기를 소망하는 모든 자의
보호자이시다
32 주 외에 그 누가 하나님이시며
우리 하나님 외에 그 누가 하나님
이신가
33 하나님은 나를 능력으로 입혀주
시는 분 나의 길을 흠 없이 만드
신 분
34 나의 발을 사슴의 발같이 만드
시는 분 나를 높은 곳에 세우시
는 분
35 전쟁을 위하여 나의 손을 가르
치시는 분 당신께서 나의 팔을 청
동 활로 만드셨습니다
36 그리고 당신께서 내 구원의 보
호막이 되셨고 당신의 오른손은
나를 지지했습니다 그리고 당신
의 훈육은 나를 완전히 바로잡았
습니다 또한 당신의 훈육 그것이
나를 가르치리이다
37 당신께서는 내 아래 내 밟는 곳
을 넓히셔서 나의 발걸음이 약해

뛰어넘나이다
30 하나님의 도는 완전하고 여호와
의 말씀은 정미하니 저는 자기에
게 피하는 모든 자의 방패시로다
31 여호와 외에 누가 하나님이며
우리 하나님 외에 누가 반석이뇨
32 이 하나님이 힘으로 내게 띠 띠
우시며 내 길을 완전케 하시며
33 나의 발로 암사슴 발 같게 하시
며 나를 나의 높은 곳에 세우시며
34 내 손을 가르쳐 싸우게 하시니
내 팔이 놋 활을 당기도다
35 주께서 또 주의 구원하는 방패
를 내게 주시며 주의 오른손이 나
를 붙들고 주의 온유함이 나를 크
게 하셨나이다
36 내 걸음을 넓게 하셨고 나로 실
족지 않게 하셨나이다

지지 않게 하셨습니다
38 내가 내 원수들을 추격하여 저
들을 따라잡을 것입니다 그리고
저들이 망하기 전에는 돌아서지
않겠습니다
39 내가 저들을 심히 압박하리니
저들이 결코 서 있지 못하고 내
발아래 엎어질 것입니다
40 그리고 당신께서는 전쟁을 위하
여 나를 능력으로 입혀주시고 나
를 대적하는 모든 자를 내 아래
제압하셨습니다
41 또한 당신께서는 내가 내 원수
들의 목덜미를 움켜잡게 하셨고
나를 미워하는 자들을 진멸하셨
습니다
42 저들은 부르짖었으나 구원할 자
가 없었다 주께 향했으나 그는 저
들을 듣지 않으셨다
43 나는 바람 앞에 먼지같이 저들
을 진멸하며 저들을 길거리의 진
흙같이 가루로 만들 것이다
44 당신께서 나를 백성의 다툼에서
구출하시고 열방의 머리로 나를
세우실 것입니다 내가 알지 못하
던 백성이 나를 섬겼습니다

37 내가 내 원수를 따라 미치리니
저희가 망하기 전에는 돌이키지
아니하리이다
38 내가 저희를 쳐서 능히 일어나
지 못하게 하리니 저희가 내 발
아래 엎드러지리이다
39 대저 주께서 나로 전쟁케 하려
고 능력으로 내게 띠 띠우사 일어
나 나를 치는 자로 내게 굴복케
하셨나이다
40 주께서 또 내 원수들로 등을 내
게로 향하게 하시고 나로 나를 미
워하는 자를 끊어버리게 하셨나
이다
41 저희가 부르짖으나 구원할 자가
없었고 여호와께 부르짖어도 대
답지 아니하셨나이다
42 내가 저희를 바람 앞에 티끌같
이 부숴뜨리고 거리의 진흙같이
쏟아 버렸나이다
43 주께서 나를 백성의 다툼에서
건지시고 열방의 으뜸을 삼으셨
으니 내가 알지 못하는 백성이 나
를 섬기리이다
44 저희가 내 풍성을 들은 즉시로

칠십인역

45 소문을 듣고서 내게 순종하였습
니다 이방 자손이 내게 거짓말하
였습니다
46 이방 자손이 늙게 되자 자기들
의 길에서 절뚝거렸습니다
47 주께서 살아계시도다 송축 받으
실 나의 하나님 높임을 받으소서
내 구원의 하나님
48 하나님은 나의 원수를 갚아주시
는 분 백성들을 나에게 굴복시키
신 분
49 내 분노한 원수에게서 나를 구
출하신 분 당신께서 나에게 대적
하는 자들에게서 나를 높이시리
라 당신께서 불의의 사람에게서
나를 구출하시리라
50 이 때문에 주여 나는 열방 중에
서 당신께 감사찬양하고 당신의
이름을 찬송할 것입니다
51 자신의 왕에게 구원을 크게 베
푸시며 자신의 크리스또 다비드와
그의 후손에게 영원토록 인애를
행하시는 분

개역한글

내게 순복함이여 이방인들이 내
게 복종하리로다
45 이방인들이 쇠미하여 그 견고한
곳에서 떨며 나오리로다
46 여호와는 생존하시니 나의 반석
을 찬송하며 내 구원의 하나님을
높일지로다
47 이 하나님이 나를 위하여 보수
하시고 민족들로 내게 복종케 하
시도다
48 주께서 나를 내 원수들에게서
구조하시니 주께서 실로 나를 대
적하는 자의 위에 나를 드시고
나를 강포한 자에게서 건지시나
이다
49 여호와여 이러므로 내가 열방
중에서 주께 감사하며 주의 이름
을 찬송하리이다
50 여호와께서 그 왕에게 큰 구원
을 주시며 기름 부음받은 자에게
인자를 베푸심이여 영영토록 다
윗과 그 후손에게로다

18 완성을 향하여 다비드에게 속한 시

2 하늘들은 하나님의 영광을 말해
주고 창공은 그의 손의 행하심을
전파한다
3 낮은 낮에게 말을 뿜어내고 밤은
밤에게 지식을 선포한다
4 대화도 없고 언어도 없으니 그들
의 소리도 들리지 않는다
5 그들의 음성은 온 땅에 퍼져 나
갔다 또 그들의 말들은 세상의 끝
까지 해를 위하여 그가 그 장막을
세워두셨으니
6 그것은 마치 자기 신방에서 나오
는 신랑처럼 혹은 자기 길을 달리
는 거인처럼 즐거워하리라
7 하늘의 이 끝부터가 그 출발점 하
늘의 저 끝까지가 그 종착지 그
열기로부터 숨을 자가 없다
8 주의 율법은 흠이 없어서 영혼을
소생시키고 주의 증거는 신실하
여 어린아이를 지혜롭게 한다
9 주의 율례는 올곧아서 마음을 기
쁘게 하고 주의 계명은 빛나서 눈
을 밝게 한다
10 주를 경외함은 순수하여 영원토

다윗의 시 영장으로 한 노래

19 하늘이 하나님의 영광을 선포하고 궁창이 그 손으로

하신 일을 나타내는도다
2 날은 날에게 말하고 밤은 밤에게
지식을 전하니
3 언어가 없고 들리는 소리도 없
으나
4 그 소리가 온 땅에 통하고 그 말
씀이 세계 끝까지 이르도다 하나
님이 해를 위하여 하늘에 장막을
베푸셨도다
5 해는 그 방에서 나오는 신랑과 같
고 그 길을 달리기 기뻐하는 장사
같아서
6 하늘 이 끝에서 나와서 하늘 저
끝까지 운행함이여 그 온기에서
피하여 숨은 자 없도다
7 여호와의 율법은 완전하여 영혼
을 소성케 하고 여호와의 증거는
확실하여 우둔한 자로 지혜롭게
하며
8 여호와의 교훈은 정직하여 마음
을 기쁘게 하고 여호와의 계명은
순결하여 눈을 밝게 하도다
9 여호와를 경외하는 도는 정결하

록 계속될 것이다 주의 판결은 참
되어서 모두 의롭다고 인정된다
11 이것들은 금이나 많은 보석보다
사모할 만하고 꿀과 꿀송이보다
달콤하다
12 그래서 당신의 종이 이것들을
지킵니다 이것들을 지킴으로 그
상급이 큽니다
13 그 누가 허물을 깨닫겠나이까
나의 내밀한 허물에서 나를 정결
하게 하소서
14 당신의 종을 이방인에게서 지켜
주소서 저들이 나를 지배하지 않
으면 그때 나는 흠이 없을 것입니
다 그리고 나는 큰 죄에서 깨끗하
게 될 것입니다
15 또한 내 입의 말과 내 마음의 묵
상이 당신 앞에 항상 기쁨이 될
것입니다 주여 나의 돕는 자 나의
구속자시여

19 완성을 향하여 다비드에게 속한 시

2 환난의 날에 주께서 당신을 들어
주시기를 야곱의 하나님의 이름

여 영원까지 이르고 여호와의 규
례는 확실하여 다 의로우니
10 금 곧 많은 정금보다 더 사모할
것이며 꿀과 송이꿀보다 더 달
도다
11 또 주의 종이 이로 경계를 받고
이를 지킴으로 상이 크니이다
12 자기 허물을 능히 깨달을 자 누
구리요 나를 숨은 허물에서 벗어
나게 하소서
13 또 주의 종으로 고범죄를 짓지
말게 하사 그 죄가 나를 주장치
못하게 하소서 그리하시면 내가
정직하여 큰 죄과에서 벗어나겠
나이다
14 나의 반석이시요 나의 구속자이
신 여호와여 내 입의 말과 마음의
묵상이 주의 앞에 열납되기를 원
하나이다

다윗의 시 영장으로 한 노래

20 환난 날에 여호와께서 네게
응답하시고 야곱의 하나님
의 이름이 너를 높이 드시며

이 당신을 방어해 주시기를 바랍
니다
3 그가 성소에서 당신께 도움을 보
내시기를 시온에서 당신을 지지
해 주시기를
4 그가 당신의 모든 희생제물을
기억하시기를 당신의 번제를 기
름진 것으로 여겨주시기를 바랍
니다

(간주)

5 그가 당신의 마음을 따라 당신께
주시기를 당신의 계획마다 이루
어주시기를 바랍니다
6 우리는 당신의 구원을 매우 즐거
워하며 우리 하나님의 이름으로
창대하게 될 것입니다 주께서 당
신의 모든 간청을 이루어주시기
를 바랍니다
7 이제 주께서 자신의 크리스또를
구원하신 줄 내가 알았다 그가 친
히 자신의 하늘 성소에서 그를 경
청하시리라 그의 오른손의 구원
은 권능 가운데 있도다
8 어떤 이들은 병거로 또 다른 이들
은 말들로 그러나 우리는 우리 하
나님 주의 이름으로 창대하게 되

2 성소에서 너를 도와 주시고 시온
에서 너를 붙드시며
3 네 모든 소제를 기억하시며 네 번
제를 받으시기를 원하노라 (셀라)
4 네 마음의 소원대로 허락하시고
네 모든 도모를 이루시기를 원하
노라
5 우리가 너의 승리로 인하여 개가
를 부르며 우리 하나님의 이름으
로 우리 기를 세우리니 여호와께
서 네 모든 기도를 이루시기를 원
하노라
6 여호와께서 자기에게 속한 바 기
름 부음받은 자를 구원하시는 줄
이제 내가 아노니 그 오른손에 구
원하는 힘으로 그 거룩한 하늘에
서 저에게 응락하시리로다
7 혹은 병거 혹은 말을 의지하나 우
리는 여호와 우리 하나님의 이름
을 자랑하리로다

리라
9 저들은 발이 묶여 넘어졌지만 우
리는 일어나 똑바로 세워졌도다
10 주여 당신의 왕을 구원하소서
또 우리가 당신을 부르는 날에 우
리를 경청하소서

8 저희는 굽어 엎드러지고 우리는
일어나 바로 서도다
9 여호와여 구원하소서 우리가 부
를 때에 왕은 응락하소서

20 완성을 향하여 다비드에게
속한 시
2 주여 당신의 능력을 왕이 기뻐할
것이며 당신의 구원으로 인해 지
극히 즐거워할 것입니다
3 당신께서 그의 영혼의 원함을 그
에게 주셨고 그에게 그의 입술의
소원을 거절하지 않으셨습니다
(간주)
4 이는 당신께서 풍성한 복을 품고
그를 기다리셨으며 그의 머리 위
에 보석으로 된 왕관을 씌워 주셨
기 때문입니다
5 그가 당신께 생명을 요구하면 그
에게 주셨으니 영원히 길고 긴 날
들을 주셨습니다
6 당신의 구원으로 그의 영광이 커
졌으니 당신께서 그에게 영광과

다윗의 시 영장으로 한 노래

21 여호와여 왕이 주의 힘을 인
하여 기뻐하며 주의 구원을
인하여 크게 즐거워하리이다
2 그 마음의 소원을 주셨으며 그 입
술의 구함을 거절치 아니하셨나
이다 (셀라)
3 주의 아름다운 복으로 저를 영접
하시고 정금 면류관을 그 머리에
씌우셨나이다
4 저가 생명을 구하매 주께서 주셨
으니 곧 영영한 장수로소이다
5 주의 구원으로 그 영광을 크게
하시고 존귀와 위엄으로 저에게

칠십인역

위엄을 주실 것입니다
7 당신께서 그에게 영원토록 복을
주시리니 당신의 얼굴과 함께하
는 기쁨으로 그를 즐겁게 하실 것
입니다
8 왕이 주를 소망하리니 지존자의
인애로 그가 결코 흔들리지 않으
리라
9 당신의 모든 원수에게 당신의
손이 나타나고 당신의 오른손이
당신을 미워하는 모든 자를 찾으
소서
10 당신의 현현의 때에 당신께서
저들을 불가마처럼 만드실 것입
니다 주께서 그 진노 가운데 저들
을 혼란케 하시리니 불이 저들을
삼키리라
11 저들의 열매를 땅에서 끊으시리
라 저들의 씨도 인생들에게서
12 저들이 당신께 대항하여 악으로
돌아섰고 자기들이 결코 이루지
못할 음모를 꾸며낸 까닭입니다
13 당신께서 저들로 도주하게 하셨
으니 당신의 남은 자들로 저들을
맞이할 준비를 하실 것입니다
14 주여 당신의 능력 가운데 높임

개역한글

입히시나이다
6 저로 영영토록 지극한 복을 받게
하시며 주의 앞에서 기쁘고 즐겁
게 하시나이다
7 왕이 여호와를 의지하오니 지극
히 높으신 자의 인자함으로 요동
치 아니하리이다
8 네 손이 네 모든 원수를 발견함이
여 네 오른손이 너를 미워하는 자
를 발견하리로다
9 네가 노할 때에 저희로 풀무 같게
할 것이라 여호와께서 진노로 저
희를 삼키시리니 불이 저희를 소
멸하리로다
10 네가 저희 후손을 땅에서 멸함
이여 저희 자손을 인생 중에서 끊
으리로다
11 대저 저희는 너를 해하려 하여
계교를 품었으나 이루지 못하도
다
12 네가 저희로 돌아서게 함이여
그 얼굴을 향하여 활시위를 당기
리로다
13 여호와여 주의 능력으로 높임을
받으소서 우리가 주의 권능을 노
래하고 칭송하겠나이다

을 받으소서 우리가 당신의 권능
을 노래하고 찬송하리이다

21 완성을 향하여 여명의 도움
을 위하여 다비드에게 속한
시
2 하나님 나의 하나님 나에게 유념
하소서 어찌하여 나를 버리셨나
이까 내 허물의 말들은 내 구원에
서 멉니다
3 나의 하나님 내가 낮에 부르짖어
도 당신께서는 듣지 않으실 것이
며 밤에도 그럴 것입니다 그래도
내게 어리석음은 아닐 것입니다
4 그러나 당신은 거룩한 자들 가운
데 거하시며 이스라일의 찬미이
십니다
5 우리 조상들이 당신을 소망하였
습니다 그들은 소망하였고 당신
께서는 그들을 구출하셨습니다
6 당신을 향하여 그들은 부르짖었
고 구원을 받았습니다 그들이 당
신을 소망하였고 부끄러움을 당
하지 않았습니다
7 그러나 나는 벌레이지 사람이 아

다윗의 시 영장으로 아얠렛사할에 맞춘 노래

22 내 하나님이여 내 하나님이
여 어찌 나를 버리셨나이까
어찌 나를 멀리하여 돕지 아니하
옵시며 내 신음하는 소리를 듣지
아니하시나이까
2 내 하나님이여 내가 낮에도 부르
짖고 밤에도 잠잠치 아니하오나
응답지 아니하시나이다
3 이스라엘의 찬송 중에 거하시는
주여 주는 거룩하시니이다
4 우리 열조가 주께 의뢰하였고 의
뢰하였으므로 저희를 건지셨나
이다
5 저희가 주께 부르짖어 구원을 얻
고 주께 의뢰하여 수치를 당치 아
니하였나이다
6 나는 벌레요 사람이 아니라 사람

넙니다 사람의 비방거리요 백성
이 멸시하는 자입니다
8 나를 바라보는 이마다 나를 조롱
했습니다 저들이 입술로는 말하
였고 머리는 흔들어댔습니다
9 저가 주를 소망했으니 저를 구출
하게 해라 그가 저를 원하니 저를
구원하게 해라
10 당신께서 나를 배에서 꺼내신
분이시니 내 어머니의 품에서부
터 나의 소망이십니다
11 나는 모태에서 당신께 던져졌으
니 당신은 내 어머니의 태에서부
터 나의 하나님이십니다
12 환난이 가까우니 나를 멀리하지
마소서 도와주는 자가 없기 때문
입니다
13 수많은 송아지가 나를 둘러쌌
고 힘센 황소들이 나를 포위했습
니다
14 저들이 나를 향해 자기들의 입
을 벌렸습니다 마치 낚아채고 으
르렁거리는 사자처럼
15 물같이 나는 쏟아지고 나의 모
든 뼈는 흩어졌습니다 내 심장은
밀랍같이 되어 내 창자 가운데서

의 훼방거리요 백성의 조롱거리
니이다
7 나를 보는 자는 다 비웃으며 입
술을 비쭉이고 머리를 흔들며 말
하되
8 저가 여호와께 의탁하니 구원하
실 걸 저를 기뻐하시니 건지실 걸
하나이다
9 오직 주께서 나를 모태에서 나오
게 하시고 내 모친의 젖을 먹을
때에 의지하게 하셨나이다
10 내가 날 때부터 주께 맡긴 바 되
었고 모태에서 나올 때부터 주는
내 하나님이 되셨사오니
11 나를 멀리하지 마옵소서 환난이
가깝고 도울 자 없나이다
12 많은 황소가 나를 에워싸며 바
산의 힘센 소들이 나를 둘렀으며
13 내게 그 입을 벌림이 찢고 부르
짖는 사자 같으니이다
14 나는 물같이 쏟아졌으며 내 모
든 뼈는 어그러졌으며 내 마음은

녹아버렸습니다
16 내 힘은 토기 조각처럼 말라버
렸고 내 혀는 내 목구멍에 달라붙
었습니다 당신께서 나를 죽음의
먼지 속으로 끌어내리셨습니다
17 수많은 개가 나를 에워쌌고 악
행하는 무리가 나를 포위하였습
니다 저들이 나의 두 손과 발을
뚫었습니다
18 나는 내 모든 뼈를 세었으나 저
들은 나를 쳐다보고 관찰하였습
니다
19 저들은 내 옷을 자기들끼리 찢
어놓고 내 옷 조각을 가지려고 제
비를 던졌습니다
20 그러나 주여 당신께서는 나의
도움을 멀리 두지 마소서 나를 지
원하고자 유념하소서
21 칼로부터 나의 목숨을 구해주소
서 그리고 개의 손에서 나의 유일
한 것을
22 사자의 입에서 나를 구원하소서
또 코뿔소들의 뿔에서 내 굴욕을
23 당신의 이름을 내 형제들에게
이야기하렵니다 회중 가운데서
당신을 찬송하렵니다

촛밀 같아서 내 속에서 녹았으며
15 내 힘이 말라 질그릇 조각 같고
내 혀가 잇틀에 붙었나이다 주께
서 또 나를 사망의 진토에 두셨나
이다
16 개들이 나를 에워쌌으며 악한
무리가 나를 둘러 내 수족을 찔렀
나이다
17 내가 내 모든 뼈를 셀 수 있나이
다 저희가 나를 주목하여 보고
18 내 겉옷을 나누며 속옷을 제비
뽑나이다
19 여호와여 멀리하지 마옵소서 나
의 힘이시여 속히 나를 도우소서
20 내 영혼을 칼에서 건지시며 내
유일한 것을 개의 세력에서 구하
소서
21 나를 사자 입에서 구하소서 주
께서 내게 응락하시고 들소 뿔에
서 구원하셨나이다
22 내가 주의 이름을 형제에게 선
포하고 회중에서 주를 찬송하리
이다

24 주를 경외하는 자들아 그를 찬
양하여라 야곱의 모든 자손아 그
를 영화롭게 하여라 그를 경외하
여라 이스라일의 모든 자손아
25 이는 그가 가난한 자의 간구를
업신여기지도 싫어하지도 자기
얼굴을 내게서 돌리지도 않으셨
으며 그를 향하여 내가 부르짖을
때 그가 나를 들으셨음이라
26 큰 회중 가운데서 나의 찬미는
당신에게서 옵니다 그를 경외하
는 자들 앞에서 나의 서원을 갚을
것입니다
27 궁핍한 자들이 먹고 만족하며
그를 찾는 자들이 주를 찬양하고
그들의 마음이 영원무궁토록 살
것입니다
28 땅의 모든 끝이 주를 기억하여
돌아오고 열방의 모든 종족이 당
신 앞에 경배할 것입니다
29 이는 왕국이 주의 것이며 그가
친히 열방을 다스리심이라
30 땅의 풍요로운 자마다 먹고 경
배하였다 땅으로 내려가는 자마
다 그의 앞에 엎드릴 것이며 나의
영혼도 그를 향하여 사노라

23 여호와를 두려워하는 너희여 그
를 찬송할지어다 야곱의 모든 자
손이여 그에게 영광을 돌릴지어
다 너희 이스라엘 모든 자손이여
그를 경외할지어다
24 그는 곤고한 자의 곤고를 멸시
하거나 싫어하지 아니하시며 그
얼굴을 저에게서 숨기지 아니하
시고 부르짖을 때에 들으셨도다
25 대회 중에 나의 찬송은 주께로
서 온 것이니 주를 경외하는 자
앞에서 나의 서원을 갚으리이다
26 겸손한 자는 먹고 배부를 것이
며 여호와를 찾는 자는 그를 찬송
할 것이라 너희 마음은 영원히 살
지어다
27 땅의 모든 끝이 여호와를 기억
하고 돌아오며 열방의 모든 족속
이 주의 앞에 경배하리니
28 나라는 여호와의 것이요 여호와
는 열방의 주재심이로다
29 세상의 모든 풍비한 자가 먹고
경배할 것이요 진토에 내려가는
자 곧 자기 영혼을 살리지 못할
자도 다 그 앞에 절하리로다

칠십인역

31 또한 나의 후손이 그를 섬기리
라 오는 세대가 주께 알려지리라
32 또한 그들이 그의 의를 알릴 것
이라 후에 태어날 백성에게 주께
서 행하셨다고

22 다비드에게 속한 시
주께서 나를 목양하시니 나
는 아무것도 부족하지 않으리
2 그가 푸른 풀밭 거기에 나를 살게
하셨고 쉼의 물가에서 나를 먹이
셔서
3 내 영혼을 소생시키셨도다 그가
나를 의의 길들로 안내하셨으니
자신의 이름 때문이라
4 비록 내가 죽음의 그늘 가운데로
지나더라도 나는 해를 두려워 않
으리니 당신께서 나와 함께 계심
이라 당신의 지팡이와 당신의 막
대기 그것들이 나를 위로하였나
이다
5 당신께서 나를 괴롭히는 자들의
목전에서 내 앞에 식탁을 차려주
시고 내 머리를 기름으로 바르셨
으니 당신의 잔이 최고로 취하게

개역한글

30 후손이 그를 봉사할 것이요 대
대에 주를 전할 것이며
31 와서 그 공의를 장차 날 백성에
게 전함이여 주께서 이를 행하셨
다 할 것이로다

다윗의 시

23 여호와는 나의 목자시니 내
가 부족함이 없으리로다
2 그가 나를 푸른 초장에 누이시
며 쉴 만한 물가으로 인도하시는
도다
3 내 영혼을 소생시키시고 자기 이
름을 위하여 의의 길로 인도하시
는도다
4 내가 사망의 음침한 골짜기로 다
닐지라도 해를 두려워하지 않을
것은 주께서 나와 함께 하심이라
주의 지팡이와 막대기가 나를 안
위하시나이다
5 주께서 내 원수의 목전에서 내
게 상을 베푸시고 기름으로 내
머리에 바르셨으니 내 잔이 넘치
나이다

하였나이다
6 이렇게 당신의 인애가 내 생애 모
든 날 나를 따라오리니 내가 주의
집에 오래오래 살리로다

6 나의 평생에 선하심과 인자하심
이 정녕 나를 따르리니 내가 여호
와의 집에 영원히 거하리로다

23

다비드에게 속한 시 주간의
첫째 날(주일)의
주의 것이라 땅과 그 안의 모든
것이 세상과 그 안에 사는 모든
자도
2 그가 바다들 위에 그 기초를 놓
으셨고 강들 위에 그것을 준비하
셨다
3 누가 주의 산에 오르며 누가 그의
성소에 설 수 있을까
4 손이 깨끗하고 마음이 청결한 자
그의 영혼을 헛된 것에 걸지 아니
한 자 그 이웃에게 거짓으로 맹세
하지 아니한 자
5 이 사람이 주에게서 복을 그의 구
원자 하나님에게서 긍휼하심을
받을 것이다
6 이것이 그를 추구하며 야꼽의 하
나님의 얼굴을 추구하는 세대로
다

다윗의 시

24

땅과 거기 충만한 것과 세
계와 그 중에 거하는 자가
다 여호와의 것이로다
2 여호와께서 그 터를 바다 위에
세우심이여 강들 위에 건설하셨
도다
3 여호와의 산에 오를 자 누구며 그
거룩한 곳에 설 자가 누군고
4 곧 손이 깨끗하며 마음이 청결하
며 뜻을 허탄한 데 두지 아니하며
거짓 맹세치 아니하는 자로다
5 저는 여호와께 복을 받고 구원의
하나님께 의를 얻으리니
6 이는 여호와를 찾는 족속이요 야
곱의 하나님의 얼굴을 구하는 자
로다 (셀라)

(간주)
7 문들을 올려라 너희 통치자들아
위로 들려라 영원한 문들아 영광
의 왕이 들어가시리라
8 누가 이 영광의 왕이신가 강하고
능하신 주 전쟁에 능하신 주
9 문들을 올려라 너희 통치자들아
위로 들려라 영원한 문들아 영광
의 왕이 들어가시리라
10 누가 이 영광의 왕이신가 군대
들의 주 그가 영광의 왕이시다

7 문들아 너희 머리를 들지어다 영
원한 문들아 들릴지어다 영광의
왕이 들어가시리로다
8 영광의 왕이 뉘시뇨 강하고 능한
여호와시요 전쟁에 능한 여호와
시로다
9 문들아 너희 머리를 들지어다 영
원한 문들아 들릴지어다 영광의
왕이 들어가시리로다
10 영광의 왕이 뉘시뇨 만군의 여
호와께서 곧 영광의 왕이시로다
(셀라)

24

다비드에게 속한 시
당신을 향하여 주여 나의
영혼을 들었습니다 나의 하나님
2 당신을 신뢰하였으니 내가 부끄
러움 당하지 않게 하소서 내 원
수들이 나를 조롱하지 못하게 하
소서
3 참으로 당신을 기다리는 이 모두
결코 부끄러움 당하지 않게 하소
서 공연히 불법을 자행하는 자 모
두 부끄러움 당하게 하소서

다윗의 시

25

여호와여 나의 영혼이 주를
우러러 보나이다
2 나의 하나님이여 내가 주께 의지
하였사오니 나로 부끄럽지 않게
하시고 나의 원수로 나를 이기어
개가를 부르지 못하게 하소서
3 주를 바라는 자는 수치를 당하지
아니하려니와 무고히 속이는 자
는 수치를 당하리이다
4 여호와여 주의 도를 내게 보이시

칠십인역

4 당신의 도를 주여 나에게 알려주
소서 또 당신의 길을 나에게 가르
쳐주소서
5 나를 당신의 진리로 인도하시고
나를 가르쳐주소서 당신은 하나
님 나의 구원자이시기 때문입니
다 그래서 당신을 온종일 기다렸
습니다
6 당신의 연민의 정과 당신의 인애
를 기억하소서 주여 이것들은 영
원부터 있기 때문입니다
7 내 젊은 날의 죄와 내 무지함을
기억하지 마소서 당신의 인애를
따라 나를 기억하소서 당신께서
당신의 관대하심으로 주여
8 주는 선하시고 올곧으시니 그는
죄지은 자들을 그 도로 교훈하실
것이라
9 그는 온유한 자들을 공의로 안내
하시고 온유한 자들을 자신의 길
로 가르치실 것이라
10 주의 모든 길은 인애와 진리이
다 그의 언약과 그의 증거를 찾는
이들에게
11 당신의 이름을 위하여 주여 나
의 죄를 용서하실 것입니다 나는

개역한글

고 주의 길을 내게 가르치소서
5 주의 진리로 나를 지도하시고
교훈하소서 주는 내 구원의 하나
님이시니 내가 종일 주를 바라나
이다
6 여호와여 주의 긍휼하심과 인자
하심이 영원부터 있었사오니 주
여 이것을 기억하옵소서
7 여호와여 내 소시의 죄와 허물을
기억지 마시고 주의 인자하심을
따라 나를 기억하시되 주의 선하
심을 인하여 하옵소서
8 여호와는 선하시고 정직하시니
그러므로 그 도로 죄인을 교훈하
시리로다
9 온유한 자를 공의로 지도하심이
여 온유한 자에게 그 도를 가르치
시리로다
10 여호와의 모든 길은 그 언약과
증거를 지키는 자에게 인자와 진
리로다
11 여호와여 나의 죄악이 중대하오
니 주의 이름을 인하여 사하소서
12 여호와를 경외하는 자 누구뇨
그 택할 길을 저에게 가르치시리
로다

칠십인역

죄가 많은 까닭입니다
12 주를 경외하는 사람이 누구인가
그가 그 사람이 택한 도로 그를
교훈하시리라
13 그의 영혼은 좋은 것들 가운데
살게 될 것이며 그의 자손은 땅을
상속하리라
14 주께서는 그를 경외하는 자들
의 능력이 되시니 [주의 이름은
그를 경외하는 자들의 것]• 그의
언약이 그들에게 분명해지기 위
함이다
15 나의 눈이 언제나 주를 향함은
그가 덫에서 내 발을 빼내실 것이
기 때문이라
16 나를 살펴보시고 나를 불쌍히
여기소서 나는 혈혈단신에 가난
하기 때문입니다
17 내 마음의 환난이 더욱 커졌습
니다 나의 곤경에서 나를 꺼내주
소서
18 나의 굴욕과 나의 곤고를 보시
고 나의 모든 죄를 사하소서
19 나의 원수들을 보소서 저들의

개역한글

13 저의 영혼은 평안히 거하고 그
자손은 땅을 상속하리로다
14 여호와의 친밀함이 경외하는 자
에게 있음이여 그 언약을 저희에
게 보이시리로다
15 내 눈이 항상 여호와를 앙망함
은 내 발을 그물에서 벗어나게 하
실 것임이로다
16 주여 나는 외롭고 괴롭사오니
내게 돌이키사 나를 긍휼히 여기
소서
17 내 마음의 근심이 많사오니 나
를 곤난에서 끌어내소서
18 나의 곤고와 환난을 보시고 내
모든 죄를 사하소서
19 내 원수를 보소서 저희가 많고
나를 심히 미워함이니이다

• S에는 없음.

수가 불어났고 불의한 증오로 나
를 미워했기 때문입니다
20 나의 영혼을 지켜주시고 나를
구출하소서 내가 당신을 소망하
였으니 내가 부끄러움 당하지 않
게 하소서
21 무죄하고 올곧은 자들이 나와
함께합니다 내가 당신을 고대하
였기 때문입니다 주여
22 하나님 이스라일을 속량하소서
그의 모든 환난에서

20 내 영혼을 지켜 나를 구원하소
서 내가 주께 피하오니 수치를 당
치 말게 하소서
21 내가 주를 바라오니 성실과 정
직으로 나를 보호하소서
22 하나님이여 이스라엘을 그 모든
환난에서 구속하소서

다비드의 (시)
25 나를 판결하소서 주여 나는
무죄함 가운데 행하였고 주를 소
망하기에 결코 약해지지 않았기
때문입니다
2 나를 검증하소서 주여 나를 시험
해 보소서 내 콩팥과 내 심장을
불로 제련하소서
3 당신의 인애가 나의 눈앞에 있기
에 나는 당신의 진리 안에서 기뻐
하였습니다
4 허망한 모임에 함께 앉지 않았고
결코 범법자들과 함께 드나들지

다윗의 시
26 내가 나의 완전함에 행하였
사오며 요동치 아니하고 여
호와를 의지하였사오니 여호와
여 나를 판단하소서
2 여호와여 나를 살피시고 시험하
사 내 뜻과 내 마음을 단련하소서
3 주의 인자하심이 내 목전에 있나
이다 내가 주의 진리 중에 행하여
4 허망한 사람과 같이 앉지 아니하
였사오니 간사한 자와 동행치도
아니하리이다
5 내가 행악자의 집회를 미워하오

칠십인역

않았습니다
5 행악자들의 모임을 미워하였으
며 결코 불경한 자들과 함께 앉지
도 않겠습니다
6 나는 내 양손을 결백하게 씻고
당신의 제단을 두루 돌 것입니다
주여
7 이는 찬양 소리를 듣고 당신의
모든 기이한 일을 말하기 위함입
니다
8 주여 내가 당신의 집의 아름다움
과 당신의 영광스러운 장막이 있
는 곳을 사랑하였습니다
9 나의 영혼을 불경한 자들과 함께
또 나의 생명을 피 흘리는 자들과
함께 멸하지 마소서
10 저들의 손에는 불법이 저들의
오른손은 뇌물로 가득합니다
11 그러나 나는 나의 무죄함 가운
데 행하였으니 나를 속량하시고
나를 불쌍히 여기소서
12 내 발이 올곧게 섰기 때문입니
다 내가 회중들 가운데서 당신을
송축하겠습니다 주여

개역한글

니 악한 자와 같이 앉지 아니하리
이다
6 여호와여 내가 무죄하므로 손을
씻고 주의 단에 두루 다니며
7 감사의 소리를 들리고 주의 기이
한 모든 일을 이르리이다
8 여호와여 내가 주의 계신 집과
주의 영광이 거하는 곳을 사랑하
오니
9 내 영혼을 죄인과 함께 내 생명을
살인자와 함께 거두지 마소서
10 저희 손에 악특함이 있고 그 오
른손에 뇌물이 가득하오나
11 나는 나의 완전함에 행하오리
니 나를 구속하시고 긍휼히 여기
소서
12 내 발이 평탄한 데 섰사오니 회
중에서 여호와를 송축하리이다

26 다비드의 (시) 기름 부음 받
기 전에
주께서 나의 빛과 나의 구원자 내
가 누구를 두려워할까 주께서 내
생명의 보호자 내가 누구를 무서
워할까
2 해하려는 자들이 내 살을 먹으려
고 내게 가까이 왔을 때 나를 괴
롭히는 자들과 나의 원수들 저들
이 약해져서 넘어졌다
3 군대가 나를 대적하여 진을 친대
도 나의 마음은 두려워하지 않으
리 나를 대적하여 전쟁이 일어난
대도 나는 그 속에서도 소망하리
4 나는 주께 한 가지를 청했고 이것
을 추구하리라 내가 내 생애 모든
날에 주의 집에 사는 것 내가 주
의 기뻐하심을 보고 그의 성전을
살피는 것
5 나의 악한 날에 그가 나를 장막
안에 숨기셨기 때문이라 그의 장
막의 은밀한 곳에 나를 덮어주시
며 나를 반석 위에 높이 세우셨
도다
6 이제 보라 그가 내 머리를 내 원
수 위에 높이 세우셨도다 내가 그

다윗의 시

27 여호와는 나의 빛이요 나의
구원이시니 내가 누구를 두
려워하리요 여호와는 내 생명의
능력이시니 내가 누구를 무서워
하리요
2 나의 대적 나의 원수 된 행악자가
내 살을 먹으려고 내게로 왔다가
실족하여 넘어졌도다
3 군대가 나를 대적하여 진칠지라
도 내 마음이 두렵지 아니하며 전
쟁이 일어나 나를 치려 할지라도
내가 오히려 안연하리로다
4 내가 여호와께 청하였던 한 가지
일 곧 그것을 구하리니 곧 나로
내 생전에 여호와의 집에 거하여
여호와의 아름다움을 앙망하며
그 전에서 사모하게 하실 것이라
5 여호와께서 환난 날에 나를 그 초
막 속에 비밀히 지키시고 그 장막
은밀한 곳에 나를 숨기시며 바위
위에 높이 두시리로다
6 이제 내 머리가 나를 두른 내 원
수 위에 들리리니 내가 그 장막에
서 즐거운 제사를 드리겠고 노래
하여 여호와를 찬송하리로다

칠십인역

의 장막을 돌며 환호의 제사를 바
쳤도다 내가 주께 노래하고 찬송
하리라
7 들으소서 주여 부르짖는 내 목소
리를 나를 불쌍히 여기시고 나를
들으소서
8 당신께 나의 마음이 말했습니다
나의 얼굴이 찾았습니다 주여 나
는 당신의 얼굴을 찾겠습니다
9 당신의 얼굴을 내게서 돌리지 마
소서 당신의 종에게서 진노하여
돌아서지 마소서 나의 도움이 되
어 주소서 나를 저주하지 마소서
나를 버리지 마소서 하나님 나의
구원자시여
10 내 아버지와 내 어머니는 나를
버렸으나 주는 나를 맞아주셨기
때문입니다
11 주여 나를 당신의 길로 교훈하
시고 내 원수들 때문에 나를 곧은
길로 인도하소서
12 나를 괴롭히는 자들의 영혼에게
나를 넘겨주지 마소서 불의한 증
인들이 나를 대항하여 일어났고
불의가 스스로 거짓을 말했기 때
문입니다

개역한글

7 여호와여 내가 소리로 부르짖을
때에 들으시고 또한 나를 긍휼히
여기사 응답하소서
8 너희는 내 얼굴을 찾으라 하실 때
에 내 마음이 주께 말하되 여호와
여 내가 주의 얼굴을 찾으리이다
하였나이다
9 주의 얼굴을 내게서 숨기지 마시
고 주의 종을 노하여 버리지 마소
서 주는 나의 도움이 되셨나이다
나의 구원의 하나님이시여 나를
버리지 말고 떠나지 마옵소서
10 내 부모는 나를 버렸으나 여호
와는 나를 영접하시리이다
11 여호와여 주의 길로 나를 가르
치시고 내 원수를 인하여 평탄한
길로 인도하소서
12 내 생명을 내 대적의 뜻에 맡기
지 마소서 위증자와 악을 토하는
자가 일어나 나를 치려 함이니이
다

13 나는 살아있는 자들의 땅에서 주
의 선하심을 보리라고 믿습니다
14 너는 주를 기다려라 용기를 내
어라 그리고 너의 마음을 강하게
하여라 또 너는 주를 기다려라

13 내가 산 자의 땅에 있음이여 여
호와의 은혜 볼 것을 믿었도다
14 너는 여호와를 바랄지어다 강
하고 담대하며 여호와를 바랄지
어다

27 다비드의 (시)
당신을 향하여 주여 내가
부르짖었습니다 나의 하나님 내
게 침묵하지 마소서 내게 침묵하
지 마소서 그러면 나는 수렁에 빠
지는 자들과 같아질 것입니다
2 내 간구의 소리를 들으소서 내가
당신을 향해 간구할 때 내가 당
신의 성전을 향해 나의 두 손을
들 때
3 나의 영혼을 죄인들과 함께 끌어
내지 마소서 불의를 행하는 자들
과 함께 나를 멸하지 마소서 저들
은 그 이웃들과 더불어 화평을 말
하지만 저들의 마음속에는 악이
있습니다
4 저들에게 그 행위대로 주소서 저
들의 행실의 사악함을 따라 저들
의 양손의 행위를 따라 저들에게

다윗의 시
28 여호와여 내가 주께 부르짖
으오니 나의 반석이여 내게
귀를 막지 마소서 주께서 내게 잠
잠하시면 내가 무덤에 내려가는
자와 같을까 하나이다
2 내가 주의 성소를 향하여 나의 손
을 들고 주께 부르짖을 때에 나의
간구하는 소리를 들으소서
3 악인과 행악하는 자와 함께 나를
끌지 마옵소서 저희는 그 이웃에
게 화평을 말하나 그 마음에는 악
독이 있나이다
4 저희의 행사와 그 행위의 악한 대
로 갚으시며 저희 손의 지은 대로
갚아 그 마땅히 받을 것으로 보응
하소서

칠십인역

주소서 저들의 보응을 저들에게
갚아주소서
5 저들은 주의 행하심 곧 그 손의
행하심을 깨닫지 못했기 때문입
니다 당신께서는 저들을 허무시
고 저들을 결단코 재건하지 않으
실 것입니다
6 주는 송축 받으실 분이시니 그가
내 간구의 소리를 들으셨기 때문
이라
7 주는 나의 돕는 자 나의 보호자
내 마음이 그를 소망하여 내가 도
움을 얻었고 내 육체가 소생하였
으니 내가 내 의지로 그에게 감사
찬양하리라
8 주는 그의 백성의 힘이시며 그의
크리스또의 구원 활동의 수호자
이시라
9 당신의 백성을 구원하시고 당신
의 유업에 복 주소서 또 그들을
목양하시고 그들을 영원토록 높
이소서

개역한글

5 저희는 여호와의 행하신 일과 손
으로 지으신 것을 생각지 아니하
므로 여호와께서 저희를 파괴하
고 건설치 아니하시리로다
6 여호와를 찬송함이여 내 간구하
는 소리를 들으심이로다
7 여호와는 나의 힘과 나의 방패시
니 내 마음이 저를 의지하여 도움
을 얻었도다 그러므로 내 마음이
크게 기뻐하며 내 노래로 저를 찬
송하리로다
8 여호와는 저희의 힘이시요 그 기
름 부음받은 자의 구원의 산성이
시로다
9 주의 백성을 구원하시며 주의 산
업에 복을 주시고 또 저희의 목자
가 되사 영원토록 드십소서

28 다비드에게 속한 시 초막절
끝날의
주께 드려라 너희 하나님의 아들
들아 주께 드려라 어린 숫양들을
주께 드려라 영광과 존귀를
2 주께 드려라 그의 이름에 영광을
그의 거룩한 뜰에서 주께 경배하
여라
3 주의 음성이 물 위에 영광의 하나
님이 천둥소리를 내셨다 주께서
는 많은 물 위에
4 주의 음성이 강력 가운데 주의 음
성이 위엄 가운데 있도다
5 주의 음성이 백향목을 부수고 주
께서 리바논의 백향목을 부수시
리라
6 그가 그것들을 리바논의 송아지
같이 가루로 만드시리라 사랑받
은 자도 코뿔소들의 새끼같이
7 주의 음성이 화염을 가르고
8 주의 음성이 광야를 흔들며 주께
서 까디스 광야를 흔드시리라
9 주의 음성이 사슴들을 태어나게
하고 수풀을 드러내리라 그의 성
전에서는 모든 이가 영광이라 외
친다

다윗의 시

29 너희 권능 있는 자들아 영
광과 능력을 여호와께 돌리
고 돌릴지어다
2 여호와의 이름에 합당한 영광을
돌리며 거룩한 옷을 입고 여호와
께 경배할지어다
3 여호와의 소리가 물 위에 있도다
영광의 하나님이 뇌성을 발하시
니 여호와는 많은 물 위에 계시
도다
4 여호와의 소리가 힘있음이여 여
호와의 소리가 위엄차도다
5 여호와의 소리가 백향목을 꺾으
심이여 여호와께서 레바논 백향
목을 꺾어 부수시도다
6 그 나무를 송아지같이 뛰게 하심
이여 레바논과 시룐으로 들송아
지같이 뛰게 하시도다
7 여호와의 소리가 화염을 가르시
도다
8 여호와의 소리가 광야를 진동하
심이여 여호와께서 가데스 광야
를 진동하시도다
9 여호와의 소리가 암사슴으로 낙
태케 하시고 삼림을 말갛게 벗기

10 주께서 홍수를 안정시키시고 주
께서 친히 영원토록 왕으로 좌정
하시리라
11 주께서 그 백성에게 힘을 주시
리라 주께서 그 백성에게 화평으
로 복 주시리라

시니 그 전에서 모든 것이 말하기
를 영광이라 하도다
10 여호와께서 홍수 때에 좌정하셨
음이여 여호와께서 영영토록 왕
으로 좌정하시도다
11 여호와께서 자기 백성에게 힘을
주심이여 여호와께서 자기 백성
에게 평강의 복을 주시리로다

29 완성을 향하여• 헌당의 노
래 시 다비드에게 속한
2 나는 당신을 높일 것입니다 주여
이는 당신께서 나를 지지해 주신
까닭입니다 당신께서 내 원수들
이 나로 인하여 기뻐하지 못하게
하셨습니다
3 주여 나의 하나님 내가 당신을 향
하여 부르짖었더니 당신께서 나
를 치료해 주셨습니다
4 주여 당신께서 내 영혼을 아디스
에서 건지셨습니다 당신께서 구
덩이에 내려가는 자들 가운데서
나를 구원하셨습니다

다윗의 시 곧 성전 낙성가

30 여호와여 내가 주를 높일
것은 주께서 나를 끌어내
사 내 대적으로 나를 인하여 기뻐
하지 못하게 하심이니이다
2 여호와 내 하나님이여 내가 주께
부르짖으매 나를 고치셨나이다
3 여호와여 주께서 내 영혼을 음부
에서 끌어내어 나를 살리사 무덤
으로 내려가지 않게 하셨나이다

• S A에는 없음.

5 너희는 주께 찬송하여라 그의 거
룩한 자들아 그의 거룩하심을 기
억하며 감사찬양하여라
6 이는 그의 분노에는 진노가 있지
만 그의 뜻에는 생명이 있기 때문
이라 저녁에는 울음이 유숙하나
아침에는 즐거움이 오리라
7 그러나 나는 내가 형통할 때 말하
였다 나는 영원토록 결코 흔들리
지 않으리라
8 주여 당신의 뜻 안에서 나의 아름
다움에 능력을 허락하셨다가 당
신께서 당신의 얼굴을 돌리시니
나는 불안해졌습니다
9 당신을 향하여 주여 내가 부르짖
겠습니다 또 나의 하나님을 향하
여 간구하겠습니다
10 나의 피에 무슨 유익이 있겠습
니까 내가 멸망으로 내려간다면
먼지가 당신께 감사찬양하거나
그것이 당신의 진리를 선포할 수
있겠습니까
11 주께서 들으시고 나를 긍휼히
여기셨도다 주께서 나의 돕는 자
가 되셨도다
12 당신께서 나의 애통을 나에게

4 주의 성도들아 여호와를 찬송하
며 그 거룩한 이름에 감사할지어
다
5 그 노염은 잠깐이요 그 은총은 평
생이로다 저녁에는 울음이 기숙
할지라도 아침에는 기쁨이 오리
로다
6 내가 형통할 때에 말하기를 영영
히 요동치 아니하리라 하였도다
7 여호와께서 주의 은혜로 내 산을
굳게 세우셨더니 주의 얼굴을 가
리우시매 내가 근심하였나이다
8 여호와여 내가 주께 부르짖고 여
호와께 간구하기를
9 내가 무덤에 내려갈 때에 나의 피
가 무슨 유익이 있으리요 어찌 진
토가 주를 찬송하며 주의 진리를
선포하리이까
10 여호와여 들으시고 나를 긍휼히
여기소서 여호와여 나의 돕는 자
가 되소서 하였나이다
11 주께서 나의 슬픔을 변하여

춤으로 바꾸셨습니다 당신께서
나의 베옷을 찢고 나를 기쁨으로
입히셨습니다
13 나의 영광이 당신께 찬송하고
내가 결단코 망연자실해지지 않
으렵니다 주여 나의 하나님 내가
영원토록 당신께 감사찬양하겠
습니다

춤이 되게 하시며 나의 베옷을 벗
기고 기쁨으로 띠 띠우셨나이다
12 이는 잠잠치 아니하고 내 영광
으로 주를 찬송케 하심이니 여호
와 나의 하나님이여 내가 주께 영
영히 감사하리이다

30 완성을 향하여 다비드에게
속한 시 놀람의•
2 당신을 주여 내가 소망하였으니
나를 영원토록 부끄러움 당하지
않게 하소서 당신의 의로 나를 구
출하시고 나를 건지소서
3 당신의 귀를 나에게 기울이소서
속히 나를 건지소서 나의 보호자
하나님이 되소서 나를 구원하는
피난의 집이 되소서
4 이는 나의 힘과 나의 피난처가 당
신이시기 때문입니다 당신의 이
름을 위하여 당신께서 나를 인도
하시고 나를 양육하시리이다

다윗의 시 영장으로 한 노래

31 여호와여 내가 주께 피하오
니 나로 영원히 부끄럽게
마시고 주의 의로 나를 건지소서
2 내게 귀를 기울여 속히 건지시고
내게 견고한 바위와 구원하는 보
장이 되소서
3 주는 나의 반석과 산성이시니 그
러므로 주의 이름을 인하여 나를
인도하시고 지도하소서

• S에는 없음.

칠십인역

5 저들이 나에게 숨긴 이 덫에서 당
신께서 나를 빼내실 것입니다 당
신은 나의 보호자이시기 때문입
니다
6 내가 내 영을 당신의 손에 의탁하
리니 당신께서 나를 속량하셨습
니다 주여 진리의 하나님
7 당신께서는 헛것을 무의미하게
지키려는 자들을 미워하셨습니
다 그러나 나는 주를 소망하였습
니다
8 나는 당신의 인애로 인해 즐거워
하며 기뻐하렵니다 이는 당신께
서 나의 굴욕을 돌아보사 그 고난
에서 나의 영혼을 구원하셨기 때
문입니다
9 또한 당신께서 나를 원수의 손에
던지지 않으시고 나의 발을 넓은
곳에 세우셨습니다
10 나를 긍휼히 여기소서 주여 내
가 괴롭기 때문입니다 내 눈이 분
노로 떨렸습니다 나의 혼과 나의
배도
11 이는 내 생명이 고통으로 나의
연수가 한숨으로 쇠잔했기 때문
입니다 내 힘은 가난함으로 약해

개역한글

4 저희가 나를 위하여 비밀히 친 그
물에서 빼어 내소서 주는 나의 산
성이시니이다
5 내가 나의 영을 주의 손에 부탁하
나이다 진리의 하나님 여호와여
나를 구속하셨나이다
6 내가 허탄한 거짓을 숭상하는 자
를 미워하고 여호와를 의지하나
이다
7 내가 주의 인자하심을 기뻐하며
즐거워할 것은 주께서 나의 곤란
을 감찰하사 환난 중에 있는 내
영혼을 아셨고
8 나를 대적의 수중에 금고치 아니
하셨고 내 발을 넓은 곳에 세우셨
음이니이다
9 여호와여 내 고통을 인하여 나를
긍휼히 여기소서 내가 근심으로
눈과 혼과 몸이 쇠하였나이다
10 내 생명은 슬픔으로 보내며 나
의 해는 탄식으로 보냄이여 내 기
력이 나의 죄악으로 약하며 나의

졌고 내 뼈들은 흔들렸습니다
12 나는 내 모든 원수에게 비방거
리가 되었고 내 이웃들에게는 더
욱 그렇습니다 내 친지들에게는
두려움이요 밖에서 나를 보는 이
들은 내게서 도망갔습니다
13 나는 죽은 자처럼 마음에서 잊혔
으며 깨진 그릇처럼 되었습니다
14 이는 내가 주위에 사는 많은 이
들의 비방을 들었기 때문입니다
저들이 나를 대항하여 일제히 함
께 모여서 나의 영혼을 취하려고
모의하였습니다
15 그러나 나는 당신을 소망하였습
니다 주여 나는 말하였습니다 당
신은 나의 하나님이십니다
16 당신의 손안에 나의 시간이 있
습니다 내 원수들의 손에서 나를
박해하는 자들에게서 나를 구출
하소서
17 당신의 얼굴을 당신의 종에게
비추소서 당신의 인애로 나를 구
원하소서
18 주여 내가 당신을 불렀으니 나
를 부끄러움 당하지 않게 하소서
불경한 자들은 수치를 당하고 아

뼈가 쇠하도소이다
11 내가 모든 대적으로 말미암아
욕을 당하고 내 이웃에게서는 심
히 당하니 내 친구가 놀라고 길에
서 보는 자가 나를 피하였나이다
12 내가 잊어버린 바 됨이 사망한
자를 마음에 두지 아니함 같고 파
기와 같으니이다
13 내가 무리의 비방을 들으오며
사방에 두려움이 있나이다 저희
가 나를 치려 의논할 때에 내 생
명을 빼앗기로 꾀하였나이다
14 여호와여 그러하여도 나는 주께
의지하고 말하기를 주는 내 하나
님이시라 하였나이다
15 내 시대가 주의 손에 있사오니
내 원수와 핍박하는 자의 손에서
나를 건지소서
16 주의 얼굴을 주의 종에게 비취
시고 주의 인자하심으로 나를 구
원하소서
17 여호와여 내가 주를 불렀사오니
나로 부끄럽게 마시고 악인을 부
끄럽게 하사 음부에서 잠잠케 하
소서

디스로 내려가게 하소서
19 거짓된 입술들은 잠잠할지어다
교만과 멸시로 의인을 거슬러 불
법을 말하는 것들이로다
20 당신의 관대하심이 얼마나 풍성
한지요 주여 당신을 경외하는 자
들을 위하여 그것을 감추시고 당
신을 소망하는 자들을 위하여 베
푸셨습니다 인생들 앞에서
21 당신은 그들을 사람들의 소란으
로부터 당신의 얼굴 은밀한 곳에
숨기실 것입니다 당신은 그들을
혀들의 논쟁에서 장막으로 덮어
주실 것입니다
22 주는 송축 받으실 분이니 요새
화된 도시에서 그의 인애를 놀랍
도록 나타내셨음이라
23 그러나 내가 나의 놀람 중에 말
했습니다 내가 당신의 눈앞에서
내쳐졌습니다 이러므로 당신께서
내 간구의 소리를 들으셨습니다
내가 당신을 향하여 부르짖을 때
24 주를 사랑하여라 그의 모든 거룩
한 자들아 이는 주께서 진리를 구
하시며 심히 교만하게 행하는 자
들에게 되갚아 주시기 때문이라

18 교만하고 완악한 말로 무례히
의인을 치는 거짓 입술로 벙어리
되게 하소서
19 주를 두려워하는 자를 위하여
쌓아 두신 은혜 곧 인생 앞에서
주께 피하는 자를 위하여 베푸신
은혜가 어찌 그리 큰지요
20 주께서 저희를 주의 은밀한 곳
에 숨기사 사람의 꾀에서 벗어나
게 하시고 비밀히 장막에 감추사
구설의 다툼에서 면하게 하시리
이다
21 여호와를 찬송할지어다 견고한
성에서 그 기이한 인자를 내게 보
이셨음이로다
22 내가 경겁한 중에 말하기를 주
의 목전에서 끊어졌다 하였사오
나 내가 주께 부르짖을 때에 주께
서 나의 간구하는 소리를 들으셨
나이다
23 너희 모든 성도들아 여호와를
사랑하라 여호와께서 성실한 자
를 보호하시고 교만히 행하는 자
에게 엄중히 갚으시느니라

칠십인역

25 담대하여라 너희 마음을 강하
게 하여라 주를 소망하는 모든
자들아

31

다비드에게 속한 깨우침의
(시)

복되도다 불법이 용서받은 이들
과 죄악이 덮어진 이들은
2 복되도다 주께서 죄를 결코 따져
보지 아니하시고 그의 입에 속임
수가 없는 이는
3 내가 잠잠하였기에 온종일 부르
짖음으로 내 뼈들이 낡아졌습니다
4 당신의 손이 낮에도 밤에도 나를
누르시니 가시가 박혀서 나는 비
참하게 되었습니다

(간주)

5 내 죄를 내가 알렸습니다 또한 내
불법을 숨기지 않았습니다 내가
말했습니다 나를 거슬러 내 불법
을 주께 고백할 것입니다 그러자
당신께서 내 죄의 불경을 용서하
셨습니다

(간주)

6 이를 위하여 경건한 자마다 당신

개역한글

24 강하고 담대하라 여호와를 바라
는 너희들아

다윗의 마스길

32

허물의 사함을 얻고 그 죄
의 가리움을 받은 자는 복
이 있도다
2 마음에 간사가 없고 여호와께 정
죄를 당치 않은 자는 복이 있도다
3 내가 토설치 아니할 때에 종일 신
음하므로 내 뼈가 쇠하였도다
4 주의 손이 주야로 나를 누르시오
니 내 진액이 화하여 여름 가물에
마름같이 되었나이다 (셀라)
5 내가 이르기를 내 허물을 여호와
께 자복하리라 하고 주께 내 죄
를 아뢰고 내 죄악을 숨기지 아니
하였더니 곧 주께서 내 죄의 악을
사하셨나이다 (셀라)
6 이로 인하여 무릇 경건한 자는 주

께 적시에 기도할 것입니다 그러
면 큰물의 홍수가 나도 그에게는
미치지 않을 것입니다
7 당신은 나를 둘러싼 환난에서 나
의 피난처이십니다 나의 즐거움
이시여 나를 포위한 자들에게서
나를 속량하소서 (간주)
8 내가 너를 깨우치고 네가 가야 할
이 길로 너를 가르치겠다 내 눈을
네 위에 고정하겠다
9 너희는 깨달음이 없는 말과 노새
같이 되지 마라 네게 가까이 오지
않을 때 그들의 턱을 재갈과 굴레
로 제어하여라
10 죄인에게는 재앙이 많으나 주를
소망하는 자에게는 인애가 에워
싸리라
11 너희는 주를 기뻐하고 즐거워하
여라 의인들아 또한 자랑하여라
마음이 올곧은 모든 이들아

를 만날 기회를 타서 주께 기도할
지라 진실로 홍수가 범람할지라
도 저에게 미치지 못하리이다
7 주는 나의 은신처이오니 환난에
서 나를 보호하시고 구원의 노래
로 나를 에우시리이다 (셀라)
8 내가 너의 갈 길을 가르쳐 보이고
너를 주목하여 훈계하리로다
9 너희는 무지한 말이나 노새같이
되지 말지어다 그것들은 자갈과
굴레로 단속하지 아니하면 너희
에게 가까이 오지 아니하리로다
10 악인에게는 많은 슬픔이 있으나
여호와를 신뢰하는 자에게는 인
자하심이 두르리로다
11 너희 의인들아 여호와를 기뻐
하며 즐거워할지어다 마음이 정
직한 너희들아 다 즐거이 외칠지
어다

32 다비드에게 속한 (시)
주 안에서 즐거워하여라 의
인들아 찬양은 올곧은 자들에게
합당하다

33 너희 의인들아 여호와를 즐
거워하라 찬송은 정직한 자
의 마땅히 할 바로다
2 수금으로 여호와께 감사하고 열

칠십인역

2 너희는 주께 키타라로 감사찬양
하여라 열 줄 하프로 그를 찬송하
여라
3 새 노래로 그에게 노래하여라 큰
소리로 정교하게 찬송하여라
4 주의 말씀은 올곧고 그의 행하심
은 모두 믿음직스럽기 때문이다
5 그는• 긍휼과 공의를 사랑하신다
땅은 주의 인애로 충만하도다
6 주의 말씀으로 하늘들이 견고해
졌도다 그의 입의 기운으로 그 안
의 모든 천군도
7 그는 바다의 물들을 가죽부대같
이 모으시고 깊은 바다를 창고에
두신다
8 온 땅은 주를 경외할지어다 그리
고 세계에 거주하는 모든 자는 그
로 인하여 떨지어다
9 이는 그가 말씀하시자 그들이 생
겨났고 그가 명하시자 그들이 창
조되었기 때문이다
10 주께서 열방의 계획들을 흩으
신다 또한 백성의 생각들을 폐하
시고 통치자들의 계획들도 폐하

개역한글

줄 비파로 찬송할지어다
3 새 노래로 그를 노래하며 즐거운
소리로 공교히 연주할지어다
4 여호와의 말씀은 정직하며 그 행
사는 다 진실하시도다
5 저는 정의와 공의를 사랑하심이
여 세상에 여호와의 인자하심이
충만하도다
6 여호와의 말씀으로 하늘이 지음
이 되었으며 그 만상이 그 입 기
운으로 이루었도다
7 저가 바닷물을 모아 무더기같이
쌓으시며 깊은 물을 곳간에 두시
도다
8 온 땅은 여호와를 두려워하며 세
계의 모든 거민은 그를 경외할지
어다
9 저가 말씀하시매 이루었으며 명
하시매 견고히 섰도다
10 여호와께서 열방의 도모를 폐하
시며 민족들의 사상을 무효케 하
시도다

• A에는 "주님은".

신다
11 그러나 주의 계획은 영원하며
그의 마음의 생각들은 세세토록
있도다
12 복되도다 주께서 그의 하나님이
신 나라 그가 자신을 위하여 유업
으로 선택하신 백성
13 하늘에서 주께서 내려다보셨다
인생들을 모두 보셨다
14 그의 마련된 거처에서 그가 땅에
거하는 모든 자를 내려다보셨다
15 그들의 심장을 홀로 조성하신 분
그들의 행위를 다 헤아리시는 분
16 왕은 많은 군대로 구원받지 못
하고 거인은 자신의 넘치는 힘으
로 구원받지 못하리라
17 군마는 구원에는 거짓되니 그것
의 넘치는 힘으로도 구원받지 못
하리라
18 보라 주의 눈은 그를 경외하는
이들 위에 그의 인애를 소망하는
이들 위에 있도다
19 그들의 영혼을 죽음에서 구출하
시고 그들을 굶주림에서 먹이시
기 위함이라
20 우리의 영혼은 주를 고대하노라

11 여호와의 도모는 영영히 서고
그 심사는 대대에 이르리로다
12 여호와로 자기 하나님을 삼은
나라 곧 하나님의 기업으로 빼신
바 된 백성은 복이 있도다
13 여호와께서 하늘에서 감찰하사
모든 인생을 보심이여
14 곧 그 거하신 곳에서 세상의 모
든 거민을 하감하시도다
15 저는 일반의 마음을 지으시며
저희 모든 행사를 감찰하시는 자
로다
16 많은 군대로 구원 얻은 왕이 없
으며 용사가 힘이 커도 스스로 구
하지 못하는도다
17 구원함에 말은 헛것임이여 그
큰 힘으로 구하지 못하는도다
18 여호와는 그 경외하는 자 곧 그
인자하심을 바라는 자를 살피사
19 저희 영혼을 사망에서 건지시
며 저희를 기근시에 살게 하시는
도다
20 우리 영혼이 여호와를 바람이여
저는 우리의 도움과 방패시로다

칠십인역

그가 우리의 돕는 자와 보호자이
시기 때문이다
21 이는 우리 마음이 그의 안에서
기뻐할 것이며 또한 그의 거룩한
이름 안에서 우리가 소망하였기
때문이다
22 당신의 인애가 주여 우리 위에
있기를 바랍니다 우리가 당신을
소망한 것처럼

33

다비드에게 속한 (시)
그가 아비멜레크 앞에서 자
기 얼굴을 위장하자 저가 그를 놓
아주어 떠났을 때
2 나는 어느 때나 주를 송축하리라
그를 찬양함이 항상 내 입에 있으
리라
3 주 안에서 내 영혼이 칭찬받으리
니 온유한 자들은 듣고 기뻐할지
어다
4 너희는 나와 함께 주를 크게 찬양
하여라 우리 다 함께 그의 이름을
높이자
5 내가 주를 찾았더니 그가 나를 경
청하셨도다 그가 내 모든 나그넷

개역한글

21 우리 마음이 저를 즐거워함이
여 우리가 그 성호를 의지한 연
고로다
22 여호와여 우리가 주께 바라는
대로 주의 인자하심을 우리에게
베푸소서

다윗이 아비멜렉 앞에서 미친체 하다가 쫓겨나
서 지은 시

34

내가 여호와를 항상 송축함
이여 그를 송축함이 내 입
에 계속하리로다
2 내 영혼이 여호와로 자랑하리니
곤고한 자가 이를 듣고 기뻐하리
로다
3 나와 함께 여호와를 광대하시다
하며 함께 그 이름을 높이세
4 내가 여호와께 구하매 내게 응답
하시고 내 모든 두려움에서 나를
건지셨도다

길에서 나를 건져주셨도다
6 너희는 그에게 나아가 비춰을 받
아라 그러면 너희 얼굴이 결코 부
끄럽지 아니하리라
7 이 가난한 자가 부르짖자 주께서
그를 들으셨고 그의 모든 환난에
서 그를 구원하셨도다
8 주의 천사가 그를 경외하는 자
들 주위에 진을 치고 그들을 건
지리라
9 너희는 주께서 선하심을 맛보아
알지어다 복되도다 그를 소망하
는 이
10 너희는 주를 경외하여라 그의
거룩한 자들아 그를 경외하는 자
들에게는 부족함이 없기 때문이
다
11 부유한 자들은 가난해지고 굶주
리게 되나 주를 찾는 자들은 좋은
것에 아무 부족함이 없으리라
(간주)
12 오너라 자녀들아 나를 들어라
주의 두려우심을 내가 너희에게
가르치리라
13 누구인가 생명을 갈망하고 좋은
날 보기를 사모하는 사람이

5 저희가 주를 앙망하고 광채를 입
었으니 그 얼굴이 영영히 부끄럽
지 아니하리로다
6 이 곤고한 자가 부르짖으매 여호
와께서 들으시고 그 모든 환난에
서 구원하셨도다
7 여호와의 사자가 주를 경외하는
자를 둘러 진치고 저희를 건지시
는도다
8 너희는 여호와의 선하심을 맛보
아 알지어다 그에게 피하는 자는
복이 있도다
9 너희 성도들아 여호와를 경외하
라 저를 경외하는 자에게는 부족
함이 없도다
10 젊은 사자는 궁핍하여 주릴지라
도 여호와를 찾는 자는 모든 좋은
것에 부족함이 없으리로다
11 너희 소자들아 와서 내게 들으
라 내가 여호와를 경외함을 너희
에게 가르치리로다
12 생명을 사모하고 장수하여 복받
기를 원하는 사람이 누구뇨

칠십인역

14 네 혀를 악에서 멈추게 하고 네
입술로 속임수를 말하지 않도록
하여라
15 악에서 돌아서고 선을 행하여라
화평을 추구하고 그것을 좇아라
16 주의 눈은 의인들 위에 있고 그
의 귀는 그들의 간구로 향하신다
17 그러나 주의 얼굴은 악을 행하
는 자들 위에 있으니 저들의 기
억을 땅에서 없애버리시기 위함
이라
18 의인들이 부르짖자 주께서 그들
을 들으시고 그들을 그 모든 환난
에서 친히 건지셨도다
19 주께서 마음이 부서진 자들에게
가까이 계시고 영이 겸손한 자들
을 구원하시리라
20 의인들에게는 환난이 많으나 그
가 친히 그 모든 것에서 그들을
건지시리라
21 주께서 그들의 모든 뼈를 보호
하시고 그중에 하나도 부서지지
않게 하시리라
22 죄인들의 죽음은 참혹하고 의인
을 미워하는 자들은 죄를 짓게 될
것이다

개역한글

13 네 혀를 악에서 금하며 네 입술
을 궤사한 말에서 금할지어다
14 악을 버리고 선을 행하며 화평
을 찾아 따를지어다
15 여호와의 눈은 의인을 향하시고
그 귀는 저희 부르짖음에 기울이
시는도다
16 여호와의 얼굴은 행악하는 자를
대하사 저희의 자취를 땅에서 끊
으려 하시는도다
17 의인이 외치매 여호와께서 들으
시고 저희의 모든 환난에서 건지
셨도다
18 여호와는 마음이 상한 자에게
가까이 하시고 중심에 통회하는
자를 구원하시는도다
19 의인은 고난이 많으나 여호와
께서 그 모든 고난에서 건지시는
도다
20 그 모든 뼈를 보호하심이여 그
중에 하나도 꺾이지 아니하도다
21 악이 악인을 죽일 것이라 의인을
미워하는 자는 죄를 받으리로다

칠십인역

23 주께서 그 종들의 영혼을 친히
속량하시리니 그를 소망하는 모
든 이는 결코 죄를 짓지 않으리라

개역한글

22 여호와께서 그 종들의 영혼을
구속하시나니 저에게 피하는 자
는 다 죄를 받지 아니하리로다

34 다비드에게 속한 (시)
심판하소서 주여 나를 해하
려는 자들을 나와 전쟁하는 자들
과 전쟁하소서
2 무기와 방패를 취하시고 나를 돕
기 위해 일어나소서
3 칼을 뽑아 나를 추격하는 자들에
맞서 막아주소서 내 영혼에게 말
씀하소서 내가 너의 구원이다
4 내 목숨을 찾는 자들이 창피당하
고 굴욕당하게 하소서 나에게 해
를 도모하는 자들이 뒤로 물러가
수치를 당하게 하소서
5 저들이 바람 앞의 먼지 같게 하소
서 또 주의 천사가 저들을 몰아내
게 하소서
6 저들의 길이 어둡고 미끄럽게 하
소서 또 주의 천사가 저들을 추격
하게 하소서
7 이는 저들이 공연히 자기들의 멸
망의 덫을 나에게 숨겨놓고 까닭

다윗의 시

35 여호와여 나와 다투는 자와
다투시고 나와 싸우는 자와
싸우소서
2 방패와 손 방패를 잡으시고 일어
나 나를 도우소서
3 창을 빼사 나를 쫓는 자의 길을
막으시고 또 내 영혼에게 나는 네
구원이라 이르소서
4 내 생명을 찾는 자로 부끄러워 수
치를 당케 하시며 나를 상해하려
하는 자로 물러가 낭패케 하소서
5 저희로 바람 앞에 겨와 같게 하시
고 여호와의 사자로 몰아내소서
6 저희 길을 어둡고 미끄럽게 하시
고 여호와의 사자로 저희를 따르
게 하소서
7 저희가 무고히 나를 잡으려고 그
그물을 웅덩이에 숨기며 무고히
내 생명을 해하려고 함정을 팠사
오니

칠십인역

없이 내 영혼을 매도하였기 때문
입니다
8 저들이 알지 못하는 덫이 저들에
게 놓이게 하소서 저들이 숨겨놓
은 올가미가 저들을 덮치게 하소
서 그러면 바로 그 덫에 저들이
빠질 것입니다
9 그러나 내 영혼은 주로 인해 즐
거워하고 그의 구원을 만끽하리
이다
10 내 모든 뼈가 말할 것입니다 주
여 당신과 같은 이 누구입니까 가
난한 자를 그보다 강한 자들의 손
에서 그리고 가난하고 궁핍한 자
를 약탈하는 자들에게서 건져내
신 분이
11 불의한 증인들이 일어나서 내가
알지 못하는 것들을 내게 계속하
여 물었습니다
12 저들은 늘 나에게 선을 악으로
내 영혼에 황폐함으로 되갚았습
니다
13 그러나 나는 저들이 내게 어려
움을 줄 때면 베옷을 입고 금식하
며 내 영혼을 낮추곤 하였더니 내
기도가 내 품으로 다시 돌아올 것

개역한글

8 멸망으로 졸지에 저에게 임하게
하시며 그 숨긴 그물에 스스로 잡
히게 하시며 멸망 중에 떨어지게
하소서
9 내 영혼이 여호와를 즐거워함이
여 그 구원을 기뻐하리로다
10 내 모든 뼈가 이르기를 여호와
와 같은 자 누구리요 그는 가난한
자를 그보다 강한 자에게서 건지
시고 가난하고 궁핍한 자를 노략
하는 자에게서 건지시는 이라 하
리로다
11 불의한 증인이 일어나서 내가
알지 못하는 일로 내게 힐문하며
12 내게 선을 악으로 갚아 나의 영
혼을 외롭게 하나
13 나는 저희가 병들었을 때에 굵
은 베옷을 입으며 금식하여 내 영
혼을 괴롭게 하였더니 내 기도가
내 품으로 돌아왔도다

칠십인역

입니다
14 이웃처럼 우리 형제처럼 이렇게
나는 기뻐하곤 했습니다 애통하
며 슬퍼하는 이처럼 이렇게 나는
낮추곤 했습니다
15 그러나 저들은 나를 악의적으로
기뻐하며 함께 모였습니다 채찍
들이 내게 몰려들었으나 나는 알
지 못했습니다 저들은 흩어져서
뉘우침이 없었습니다
16 저들은 나를 시험하고 조롱으로
나를 조롱하고 나를 향하여 저들
의 이를 갈았습니다
17 주여 언제나 돌아보시겠습니까
저들의 악행에서 내 영혼을 사자
들에게서 나의 유일한 것을 회복
하소서
18 주여 많은 회중 가운데서 나는
당신께 감사찬양할 것입니다 수
많은 백성 가운데서 당신을 찬양
할 것입니다
19 불의하게 나를 대적하는 자들이
나로 인하여 쾌재를 부르지 못하
게 하소서 공연히 나를 미워하고
눈짓을 주고받는 자들입니다
20 저들이 나에게 화평한 것들을

개역한글

14 내가 나의 친구와 형제에게 행
함같이 저희에게 행하였으며 내
가 굽히고 슬퍼하기를 모친을 곡
함같이 하였도다
15 오직 내가 환난을 당하매 저희가
기뻐하여 서로 모임이여 비류가
나의 알지 못하는 중에 모여 나를
치며 찢기를 마지 아니하도다
16 저희는 연회에서 망령되이 조롱
하는 자같이 나를 향하여 그 이를
갈도다
17 주여 어느 때까지 관망하시리이
까 내 영혼을 저 멸망자에게서 구
원하시며 내 유일한 것을 사자들
에게서 건지소서
18 내가 대회 중에서 주께 감사하
며 많은 백성 중에서 주를 찬송하
리이다
19 무리하게 나의 원수 된 자로 나
를 인하여 기뻐하지 못하게 하시
며 무고히 나를 미워하는 자로 눈
짓하지 못하게 하소서
20 대저 저희는 화평을 말하지 아
니하고 평안히 땅에 거하는 자를
거짓말로 모해하며

칠십인역

말하고 있지만 분노하며 속임수
를 고안하고 있습니다
21 저들이 나를 향하여 저들의 입
을 크게 벌리고 말했습니다 꿀 좋
네 꿀 좋네 우리 눈이 보았어
22 당신께서 보셨습니다 주여 침묵
하지 마소서 주여 나를 멀리하지
마소서
23 일어나소서 주여 나의 재판을
주목하소서 나의 하나님 또 나의
주님 나의 소송을
24 당신의 의를 따라서 나를 판단
하소서 주여 나의 하나님 그리고
저들이 나 때문에 쾌재를 부르지
못하게 하소서
25 저들의 마음속으로 우리 영혼에
게 좋았어 좋았어 말하지 못하게
하소서 또 저들이 우리가 그를 삼
켰다고 말하지 못하게 하소서
26 나의 불행에 쾌재를 부르는 자
들이 한꺼번에 창피당하고 굴욕
당하게 하소서 나로 인하여 자랑
하는 자들이 창피함과 굴욕으로
옷 입게 하소서
27 나의 의를 바라는 이들이 즐거
워하고 기뻐하게 하소서 또한 그

개역한글

21 또 저희가 나를 향하여 입을 크
게 벌리고 하하 우리가 목도하였
다 하나이다
22 여호와여 주께서 이를 보셨사오
니 잠잠하지 마옵소서 주여 나를
멀리하지 마옵소서
23 나의 하나님 나의 주여 떨치고
깨셔서 나를 공판하시며 나의 송
사를 다스리소서
24 여호와 나의 하나님이여 주의
공의대로 나를 판단하사 저희로
나를 인하여 기뻐하지 못하게 하
소서
25 저희로 그 마음에 이르기를 아
하 소원 성취하였다 하지 못하게
하시며 우리가 저를 삼켰다 하지
못하게 하소서
26 나의 해를 기뻐하는 자들로 부
끄러워 낭패하게 하시며 나를 향
하여 자긍하는 자로 수치와 욕을
당케 하소서
27 나의 의를 즐거워하는 자로 기
꺼이 부르고 즐겁게 하시며 그 종
의 형통을 기뻐하시는 여호와는

의 종의 평강을 원하는 이들이 항
상 말하게 하소서 주께서 위대하
게 되소서
28 그러면 내 혀가 당신의 의를 읊
조릴 것입니다 온종일 당신의 찬
미를

35 완성을 향하여 주의 종• 다
비드에게 속한 (시)
2 무법자가 죄를 짓고자 스스로에
게 말한다 저의 목전에는 하나님
을 경외함이 없다
3 이는 그가 자기의 불법을 찾아내
어 미워할까봐 저가 그의 앞에서
속이기 때문이다
4 그 입의 말들은 불법과 속임수니
그는 선을 행함을 깨달으려는 뜻
이 없다
5 그는 자기 잠자리에서 불법을 고
안하고 선하지 않은 길마다 지지
하며 악한 것을 꺼리지 않는다
6 주여 당신의 인애는 하늘에 있고
당신의 진실은 구름에까지

광대하시다 하는 말을 저희로 항
상 하게 하소서
28 나의 혀가 주의 의를 말하며 종
일토록 주를 찬송하리이다

여호와의 종 다윗의 시 영장으로 한 노래

36 악인의 죄얼이 내 마음에
이르기를 그 목전에는 하나
님을 두려워함이 없다 하니
2 저가 스스로 자긍하기를 자기 죄
악이 드러나지 아니하고 미워함
을 받지도 아니하리라 함이로다
3 그 입의 말은 죄악과 궤휼이라 지
혜와 선행을 그쳤도다
4 저는 그 침상에서 죄악을 꾀하며
스스로 불선한 길에 서고 악을 싫
어하지 아니하는도다
5 여호와여 주의 인자하심이 하늘
에 있고 주의 성실하심이 공중에
사무쳤으며

• A에는 없음.

칠십인역

7 당신의 의는 하나님의 산들 같고
당신의 판결들은 크고 깊은 바다
같습니다 당신은 사람과 짐승을
구원하실 것입니다 주여
8 당신의 인애를 어찌 이리 풍성히
베푸시는지요 하나님 인생들이
당신의 날개 그늘을 소망할 것입
니다
9 그들은 당신의 집의 풍성함에 취
할 것입니다 당신께서 그들로 당
신의 즐거움의 강에서 마시게 하
실 것입니다
10 생명의 샘이 당신께 있으니 당
신의 빛 안에서 우리가 빛을 볼
것입니다
11 당신의 인애를 당신을 아는 자
들에게 당신의 의를 마음이 올곧
은 자들에게 다다르게 하소서
12 교만의 발이 내게 미치지 않게
하시고 죄인들의 손이 나를 흔들
지 않게 하소서
13 불법을 행하는 자들이 거기 넘
어졌습니다 저들이 쫓겨나서 아
예 일어날 수 없나이다

개역한글

6 주의 의는 하나님의 산들과 같고
주의 판단은 큰 바다와 일반이라
여호와여 주는 사람과 짐승을 보
호하시나이다
7 하나님이여 주의 인자하심이 어
찌 그리 보배로우신지요 인생이
주의 날개 그늘 아래 피하나이다
8 저희가 주의 집의 살진 것으로 풍
족할 것이라 주께서 주의 복락의
강수로 마시우시리이다
9 대저 생명의 원천이 주께 있사오
니 주의 광명 중에 우리가 광명을
보리이다
10 주를 아는 자에게 주의 인자하
심을 계속하시며 마음이 정직한
자에게 주의 의를 베푸소서
11 교만한 자의 발이 내게 미치지
못하게 하시며 악인의 손이 나를
쫓아내지 못하게 하소서
12 죄악을 행하는 자가 거기 넘어
졌으니 엎드러지고 다시 일어날
수 없으리이다

36 다비드의 (시)
너는 행악자들 때문에 조바
심 내지 마라 불법을 저지르는 자
들을 질투하지 마라
2 이는 저들이 풀과 같이 급속히 말
라버릴 것이며 어린싹처럼 급속
히 시들어 버릴 것이기 때문이다
3 주를 소망하며 선을 행하며 땅에
살아라 그러면 네가 그 풍성한 것
으로 양육되리라
4 너는 주를 기뻐하여라 그러면 그
가 네 마음의 요청한 것들을 네게
주시리라
5 주께 네 길을 알려드리고 그를 소
망하여라 그러면 그가 실행하시
리라
6 또 네 의를 빛처럼 드러내시리라
그리고 네 판결을 대낮처럼
7 너는 주께 순복하고 그에게 간청
하여라 자기 길에서 형통하는 자
때문에 조바심 내지 마라 무법을
저지르는 사람 때문에도
8 노를 멈추고 분을 버려라 악행에
이르기까지 조바심 내지 마라
9 이는 행악자들은 멸절될 것이나
주를 기다리는 이들 그들은 땅을

다윗의 시

37 행악자를 인하여 불평하여
하지 말며 불의를 행하는
자를 투기하지 말지어다
2 저희는 풀과 같이 속히 베임을 볼
것이며 푸른 채소같이 쇠잔할 것
임이로다
3 여호와를 의뢰하여 선을 행하라
땅에 거하여 그의 성실로 식물을
삼을지어다
4 또 여호와를 기뻐하라 저가 네 마
음의 소원을 이루어 주시리로다
5 너의 길을 여호와께 맡기라 저를
의지하면 저가 이루시고
6 네 의를 빛같이 나타내시며 네 공
의를 정오의 빛같이 하시리로다
7 여호와 앞에 잠잠하고 참아 기다
리라 자기 길이 형통하며 악한 꾀
를 이루는 자를 인하여 불평하여
말지어다
8 분을 그치고 노를 버리라 불평하
여 말라 행악에 치우칠 뿐이라
9 대저 행악하는 자는 끊어질 것이
나 여호와를 기대하는 자는 땅을
차지하리로다

칠십인역

유업으로 얻을 것이기 때문이다
10 또한 잠시 후면 죄인은 더 이상
존재하지 않으리니 네가 그의 자
리를 찾아보아도 발견하지 못할
것이다
11 그러나 온유한 자들은 땅을 유
업으로 얻으리니 그들이 화평을
풍성하게 누릴 것이다
12 죄인이 의인을 노려보고 그를
향하여 자기 이를 갈리라
13 그러나 주께서 저를 비웃으시리
니 그의 날이 닥칠 것을 내다보고
계시기 때문이라
14 죄인들이 칼을 빼어 들고 저들의
활을 당겼도다 이는 가난하고 궁
핍한 자를 넘어트리고 마음이 올
곧은 자들을 살해하기 위함이라
15 저들의 칼이 자기들의 심장을
찌르고 저들의 활들은 산산이 부
서질지어다
16 의인의 적은 것이 죄인들의 풍
성한 풍요보다 낫다
17 이는 죄인들의 팔은 부서질 것
이나 주께서 의인들을 지지하시
기 때문이다
18 주께서 흠 없는 이들의 길을 아

개역한글

10 잠시 후에 악인이 없어지리니
네가 그 곳을 자세히 살필지라도
없으리로다
11 오직 온유한 자는 땅을 차지하
며 풍부한 화평으로 즐기리로다
12 악인이 의인 치기를 꾀하고 향
하여 그 이를 가는도다
13 주께서 저를 웃으시리니 그 날
의 이름을 보심이로다
14 악인이 칼을 빼고 활을 당기어
가난하고 궁핍한 자를 엎드러뜨
리며 행위가 정직한 자를 죽이고
자 하나
15 그 칼은 자기의 마음을 찌르고
그 활은 부러지리로다
16 의인의 적은 소유가 많은 악인
의 풍부함보다 승하도다
17 악인의 팔은 부러지나 의인은
여호와께서 붙드시는도다
18 여호와께서 완전한 자의 날을 아
시니 저희 기업은 영원하리로다

시니 그들의 유업은 영원토록 있
으리라
19 그들은 악한 때에 부끄러움 당
하지 않을 것이며 기근의 날들에
배부르게 될 것이다
20 이는 죄인들은 자멸할 것이기
때문이다 그러나 주의 원수들은
저들이 영광을 얻고 높여지는 순
간에 모두 연기가 사라지듯 사라
졌다
21 죄인은 빌리고도 갚지 않으나
의인은 불쌍히 여기며 나눠 준다
22 이는 그를 축복하는 자들은 땅
을 유업으로 얻을 것이나 그를 저
주하는 자들은 멸절될 것이기 때
문이다
23 사람의 발걸음은 주로부터 인도
함을 받나니 그가 저의 길을 기뻐
하시리라
24 그는 넘어질지라도 망하지 아니
하리니 주께서 그의 손을 붙드심
이라
25 나는 어린 시절을 지나 이제 늙
었지만 버림당한 의인이나 식량
을 구걸하는 그의 자손을 보지 못
하였다

19 저희는 환난 때에 부끄럽지 아
니하며 기근의 날에도 풍족하려
니와
20 악인은 멸망하고 여호와의 원수
는 어린 양의 기름같이 타서 연기
되어 없어지리로다
21 악인은 꾸고 갚지 아니하나 의
인은 은혜를 베풀고 주는도다
22 주의 복을 받은 자는 땅을 차지
하고 주의 저주를 받은 자는 끊어
지리로다
23 여호와께서 사람의 걸음을 정하
시고 그 길을 기뻐하시나니
24 저는 넘어지나 아주 엎드러지지
아니함은 여호와께서 손으로 붙
드심이로다
25 내가 어려서부터 늙기까지 의인
이 버림을 당하거나 그 자손이 걸
식함을 보지 못하였도다

칠십인역

26 그는 온종일 자비를 베풀고 꾸어주니 그의 자손이 복이 될 것이다
27 너희는 악에서 돌이켜서 선을 행하여라 그리고 영원히 거하여라
28 주께서 공의를 사랑하시고 그의 경건한 자들을 버리지 않으시리니 그들은 영원토록 보호받으리라 그러나 불법자들은 쫓겨나게 되고 불경한 자들의 자손은 멸절되리라
29 그러나 의인들은 땅을 유업으로 얻고 그 위에서 영원토록 거하리라
30 의인의 입은 지혜를 읊조리고 그의 혀는 공의를 말하리라
31 자기 하나님의 율법이 그의 마음에 있으니 그의 발걸음이 넘어지지 않으리라
32 죄인이 의인을 주시하고 그를 죽일 기회를 찾고 있다
33 그러나 주께서 결코 저의 손에 그를 버리지 않으시며 또한 그가 판단 받을 때 그를 정죄하지도 않으시리라

개역한글

26 저는 종일토록 은혜를 베풀고 꾸어 주니 그 자손이 복을 받는도다
27 악에서 떠나 선을 행하라 그리하면 영영히 거하리니
28 여호와께서 공의를 사랑하시고 그 성도를 버리지 아니하심이로다 저희는 영영히 보호를 받으나 악인의 자손은 끊어지리로다
29 의인이 땅을 차지함이여 거기 영영히 거하리로다
30 의인의 입은 지혜를 말하고 그 혀는 공의를 이르며
31 그 마음에는 하나님의 법이 있으니 그 걸음에 실족함이 없으리로다
32 악인이 의인을 엿보아 살해할 기회를 찾으나
33 여호와는 저를 그 손에 버려 두지 아니하시고 재판 때에도 정죄치 아니하시리로다

칠십인역

34 너는 주를 기다리고 그의 길을
지켜라 그러면 그가 너를 높여 땅
을 유업으로 얻게 하시리라 죄인
들이 자멸하는 것을 너는 보리라
35 나는 불경한 자가 크게 높여지
는 것을 보았다 리바논의 백향목
같이 높여졌다
36 그러나 내가 지나갈 때 보라 그
는 없었다 그래서 내가 그를 찾
았으나 그가 있던 곳이 보이지
않았다
37 너는 순전함을 지키고 올곧음을
살펴보아라 이는 화평한 사람에
게는 후손이 있기 때문이다
38 그러나 무법자들은 하나같이 전
멸되리라 불경한 자들의 후손은
전멸되리라
39 그러나 의인들의 구원은 주에게
서 오나니 그는 환난 때에 그들의
보호자이시다
40 주께서 그들을 도우시고 그들을
친히 구출하시리라 또 그들을 죄
인들에게서 건지시고 그들을 구
원하시리라 이는 그들이 그를 소
망하였기 때문이라

개역한글

34 여호와를 바라고 그 도를 지키
라 그리하면 너를 들어 땅을 차지
하게 하실 것이라 악인이 끊어질
때에 네가 목도하리로다
35 내가 악인의 큰 세력을 본즉 그
본토에 선 푸른 나무의 무성함 같
으나
36 사람이 지날 때에 저가 없어졌
으니 내가 찾아도 발견치 못하였
도다
37 완전한 사람을 살피고 정직한
자를 볼지어다 화평한 자의 결국
은 평안이로다
38 범죄자들은 함께 멸망하리니 악
인의 결국은 끊어질 것이나
39 의인의 구원은 여호와께 있으
니 그는 환난 때에 저희 산성이
시로다
40 여호와께서 저희를 도와 건지시
되 악인에게서 건져 구원하심은
그를 의지한 연고로다

칠십인역

37 다비드에게 속한 시 안식일
을 기억하기 위하여
2 주여 당신의 분노로 나를 책망하
지 마시며 당신의 진노로 나를 징
계하지 마소서
3 이는 당신의 화살들이 내게 박혔
고 당신의 손으로 나를 누르셨기
때문입니다
4 당신의 진노 때문에 내 육체에는
치유가 없고 내 죄들 때문에 내
뼈에는 평강이 없습니다
5 이는 내 불법들이 내 머리보다 높
아져서 무거운 짐같이 나를 눌렀
기 때문입니다
6 내 상처들이 냄새가 났고 곪았습
니다 나의 어리석음으로 인함입
니다
7 나는 참담하고 완전히 구부러졌
습니다 내가 온종일 슬퍼하며 돌
아다닙니다
8 나의 허리춤은 조롱으로 가득 찼
고 내 육체에는 치유가 없기 때문
입니다
9 내가 학대당하고 심히 비천하게
되었습니다 내 마음의 한숨 때문
에 울부짖고 있었습니다

개역한글

다윗의 기념케 하는 시

38 여호와여 주의 노로 나를
책하지 마시고 분노로 나를
징계치 마소서
2 주의 살이 나를 찌르고 주의 손이
나를 심히 누르시나이다
3 주의 진노로 인하여 내 살에 성한
곳이 없사오며 나의 죄로 인하여
내 뼈에 평안함이 없나이다
4 내 죄악이 내 머리에 넘쳐서 무거
운 짐 같으니 감당할 수 없나이다
5 내 상처가 썩어 악취가 나오니 나
의 우매한 연고로소이다
6 내가 아프고 심히 구부러졌으며
종일토록 슬픈 중에 다니나이다
7 내 허리에 열기가 가득하고 내 살
에 성한 곳이 없나이다
8 내가 피곤하고 심히 상하였으매
마음이 불안하여 신음하나이다

10 주여 나의 모든 소원이 당신 앞
에 있으며 나의 한숨이 당신께 숨
겨지지 않았습니다
11 내 마음이 혼란스럽고 내 힘이
나를 버렸으며 내 눈의 빛 바로
그것이 나와 함께하지 않습니다
12 내 친구들과 내 이웃들이 내 반
대편에 다가와 섰습니다 그리고
나와 가장 가까운 이들은 멀리 섰
습니다
13 내 영혼을 노리는 자들이 폭행
하였고 내게 해를 끼치는 자들이
헛된 것들을 말하였습니다 저들
이 온종일 속임수를 곰곰이 생각
하였습니다
14 그러나 나는 귀머거리처럼 듣지
못하였습니다 또한 그의 입을 열
지 않는 벙어리 같았습니다
15 그리고 나는 아무것도 듣지 않
고 그의 입에 책망할 말도 없는
사람같이 되었습니다
16 이는 주여 내가 당신을 소망하
였기 때문입니다 당신께서 친히
들으실 것입니다 주여 나의 하
나님
17 내가 말하였습니다 나의 원수

9 주여 나의 모든 소원이 주의 앞에
있사오며 나의 탄식이 주의 앞에
감추이지 아니하나이다
10 내 심장이 뛰고 내 기력이 쇠하
여 내 눈의 빛도 나를 떠났나이다
11 나의 사랑하는 자와 나의 친구
들이 나의 상처를 멀리하고 나의
친척들도 멀리 섰나이다
12 내 생명을 찾는 자가 올무를 놓
고 나를 해하려는 자가 괴악한 일
을 말하여 종일토록 궤계를 도모
하오나
13 나는 귀먹은 자같이 듣지 아니
하고 벙어리같이 입을 열지 아니
하오니
14 나는 듣지 못하는 자 같아서 입
에는 변박함이 없나이다
15 여호와여 내가 주를 바랐사오니
내 주 하나님이 내게 응락하시리
이다
16 내가 말하기를 두렵건대 저희가

칠십인역

들이 나로 인하여 쾌재를 부르지
않게 하소서 내 발이 비틀거릴 때
저들이 나로 인해 우쭐댔나이다
18 나는 매맞을 준비가 되었으니
내 고통이 언제나 내 앞에 있기
때문입니다
19 내가 내 불법을 고백하고 내 죄
로 인해 괴로울 것입니다
20 그러나 나의 원수들은 살아나서
나보다 더 강해졌습니다 불의하
게 나를 미워하는 자들이 많아졌
습니다
21 선을 악으로 되갚는 자들이 나
를 거짓으로 송사하였으니 이는
내가 늘 의를 추구하였기 때문입
니다 [저들은 사랑받는 자인 나를
혐오스러운 시체같이 내던졌습
니다]•
22 나를 버리지 마소서 주여 나의
하나님 나를 멀리하지 마소서
23 나의 도움에 유의하소서 내 구
원의 주여

개역한글

내게 대하여 기뻐하며 내가 실족
할 때에 나를 향하여 망자존대할
까 하였나이다
17 내가 넘어지게 되었고 나의 근
심이 항상 내 앞에 있사오니
18 내 죄악을 고하고 내 죄를 슬퍼
함이니이다
19 내 원수가 활발하며 강하고 무
리하게 나를 미워하는 자가 무수
하오며
20 또 악으로 선을 갚는 자들이 내
가 선을 좇는 연고로 나를 대적하
나이다
21 여호와여 나를 버리지 마소서
나의 하나님이여 나를 멀리하지
마소서
22 속히 나를 도우소서 주 나의 구
원이시여

• B S A에는 없음.

38 완성을 향하여 이디툰을 위
하여 다비드에게 속한 노래
2 내가 말하였습니다 내 길들을 파
수할 것입니다 내 혀로 범죄 하
지 않기 위해 내 입에 파수꾼을
세웠습니다 내 앞에 죄인이 서
있을 때
3 내가 벙어리가 되었고 미천하게
되었으며 선한 것들에도 침묵하
였습니다 나의 고통은 되살아났
습니다
4 내 마음이 내 안에서 뜨거워졌습
니다 그리고 내 숙고 속에서 불이
붙을 것입니다 내 혀로 말하였습
니다
5 내게 알려주소서 주여 내 끝과 또
내 날들의 수를 그것이 무엇인지
내가 무엇이 부족한지 알 수 있도
록
6 보소서 당신께서 나의 날들을 한
뼘 정도로 정하셨으니 당신 앞에
서 나의 존재는 무無와 같습니다
다만 살아있는 사람마다 모두 완
전한 공허입니다
(간주)
7 진실로 사람은 그림자로 지나갑

다윗의 시 영장 여두둔으로 한 노래

39 내가 말하기를 나의 행위를
조심하여 내 혀로 범죄치
아니하리니 악인이 내 앞에 있을
때에 내가 내 입에 자갈을 먹이리
라 하였도다
2 내가 잠잠하여 선한 말도 발하
지 아니하니 나의 근심이 더 심
하도다
3 내 마음이 내 속에서 뜨거워서 묵
상할 때에 화가 발하니 나의 혀로
말하기를
4 여호와여 나의 종말과 연한의 어
떠함을 알게 하사 나로 나의 연약
함을 알게 하소서
5 주께서 나의 날을 손 넓이만큼 되
게 하시매 나의 일생이 주의 앞에
는 없는 것 같사오니 사람마다 그
든든히 선 때도 진실로 허사뿐이
니이다 (셀라)
6 진실로 각 사람은 그림자같이 다

니다 그들은 헛되이 고생합니다
그는 쌓으나 누구를 위하여 그것
들을 모을지 알지 못합니다
8 그러나 지금 내 인내는 무엇입니
까 주님이 아니십니까 또 내 존재
는 당신에게서 비롯됩니다
9 내 모든 불법에서 나를 건지소서
당신께서 나를 어리석은 자에게
비방거리로 삼으셨습니다
10 나는 벙어리가 되어 내 입을 열
지 않았습니다 이는 당신이 나를
만드신 분이기 때문입니다
11 내게서 당신의 채찍들을 거두어
주소서 당신의 손의 힘으로 인하
여 나는 쇠잔하였습니다
12 불법에 대한 책망들로 당신께서
사람을 훈육하셨습니다 당신께
서 그의 영혼을 거미줄같이 녹이
셨으니 참으로 사람마다 헛되이
고생합니다

(간주)

13 내 기도를 들어주소서 주여 또
나의 간구에 귀를 기울이소서 나
의 눈물에 침묵하지 마소서 이는
내가 당신 곁에서 나그네이며 나
의 모든 조상처럼 거류민이기 때

니고 헛된 일에 분요하며 재물을
쌓으나 누가 취할는지 알지 못하
나이다
7 주여 내가 무엇을 바라리요 나의
소망은 주께 있나이다
8 나를 모든 죄과에서 건지시며 우
매한 자에게 욕을 보지 않게 하
소서
9 내가 잠잠하고 입을 열지 아니하
옴은 주께서 이를 행하신 연고니
이다
10 주의 징책을 나에게서 옮기소서
주의 손이 치심으로 내가 쇠망하
였나이다
11 주께서 죄악을 견책하사 사람을
징계하실 때에 그 영화를 좀 먹음
같이 소멸하게 하시니 참으로 각
사람은 허사뿐이니이다 (셀라)
12 여호와여 나의 기도를 들으시며
나의 부르짖음에 귀를 기울이소
서 내가 눈물 흘릴 때에 잠잠하지
마옵소서 대저 나는 주께 객이 되
고 거류자가 됨이 나의 모든 열조

문입니다
14 내가 소생하도록 내게 허락하소
서 내가 떠나가 더 이상 존재하지
않기 전에

39 완성을 향하여 다비드에게
속한 시
2 내가 주를 기다리고 기다렸더니
그가 내게 유념하사 나의 간구를
들으셨도다
3 그가 비참의 수렁과 진흙더미에
서 나를 끌어내셔서 내 발을 반석
위에 세우시고 내 발걸음을 인도
하셨도다
4 또 그가 새 노래 우리 하나님께
드릴 찬송을 내 입에 넣어주셨도
다 많은 이들이 보고 경외하며 주
를 소망하리라
5 복되도다 주의 이름이 그의 소망
이며 허망한 것들과 거짓의 광기
는 거들떠보지도 않는 이
6 주여 나의 하나님 당신께서는 자
신의 기이한 일들을 많이 행하셨
습니다 당신의 생각들에 있어 당
신과 같은 이 아무도 없습니다

같으니이다
13 주는 나를 용서하사 내가 떠나
없어지기 전에 나의 건강을 회복
시키소서

다윗의 시 영장으로 한 노래

40 내가 여호와를 기다리고
기다렸더니 귀를 기울이사
나의 부르짖음을 들으셨도다
2 나를 기가 막힐 웅덩이와 수렁
에서 끌어올리시고 내 발을 반석
위에 두사 내 걸음을 견고케 하
셨도다
3 새 노래 곧 우리 하나님께 올릴
찬송을 내 입에 두셨으니 많은 사
람이 보고 두려워하여 여호와를
의지하리로다
4 여호와를 의지하고 교만한 자와
거짓에 치우치는 자를 돌아보지
아니하는 자는 복이 있도다
5 여호와 나의 하나님이여 주의 행
하신 기적이 많고 우리를 향하신
주의 생각도 많도소이다 내가 들
어 말하고자 하나 주의 앞에 베풀
수도 없고 그 수를 셀 수도 없나

칠십인역

나는 선포하여 말하였습니다 그
것들은 헤아릴 수없이 많아졌습
니다
7 제물과 예물을 기뻐하지 않으시
고 오히려 나를 위하여 귀들을•
친히 만드셨습니다 번제와 속죄
제를 당신은 요구하지 않으셨습
니다
8 그때 나는 말하였습니다 보소서
내가 왔습니다 책의 머리에 나에
대하여 기록되어 있습니다
9 나의 하나님 내가 당신의 뜻 행하
기를 갈망하였사오니 당신의 율
법이 내 뱃속에 있습니다
10 내가 거대한 회중 가운데서 의
를 전파하였습니다 보소서 내 입
술을 결단코 금하지 않겠습니다
주여 당신께서 아십니다
11 당신의 의를 내 마음에 감추지
않았고 당신의 진리와 당신의 구
원을 말했습니다 당신의 인애와
당신의 진리를 많은 회중에게 감
추지 않았습니다
12 그러나 주여 당신의 긍휼을 내

개역한글

이다
6 주께서 나의 귀를 통하여 들리시
기를 제사와 예물을 기뻐 아니하
시며 번제와 속죄제를 요구치 아
니하신다 하신지라
7 그 때에 내가 말하기를 내가 왔나
이다 나를 가리켜 기록한 것이 두
루마리 책에 있나이다
8 나의 하나님이여 내가 주의 뜻 행
하기를 즐기오니 주의 법이 나의
심중에 있나이다 하였나이다
9 내가 대회 중에서 의의 기쁜 소식
을 전하였나이다 여호와여 내가
내 입술을 닫지 아니할 줄을 주께
서 아시나이다
10 내가 주의 의를 내 심중에 숨기
지 아니하고 주의 성실과 구원을
선포하였으며 내가 주의 인자와
진리를 대회 중에서 은휘치 아니
하였나이다
11 여호와여 주의 긍휼을 내게

• B S A에는 "몸을"

게서 거두지 마소서 당신의 인애
와 당신의 진리가 항상 나를 도왔
습니다
13 이는 수를 셀 수 없는 악이 나를
둘러쌌기 때문입니다 내 불법이
나를 압도하여 나는 쳐다볼 수가
없습니다 그것들이 내 머리의 머
리카락보다 많고 내 마음은 나를
포기하였습니다
14 주여 나를 건지기를 기뻐하소서
주여 나를 도우려고 유념하소서
15 내 목숨을 제거하려고 찾는 자
들이 한꺼번에 부끄러움 당하고
굴욕당하게 하소서 내게 해악을
끼치려는 자들이 뒤로 돌아서서
창피를 당하게 하소서
16 내게 꼴 좋네 꼴 좋네 말하는 자
들이 갑자기 저들의 수치를 짊어
지게 하소서
17 당신을 찾는 모든 이가 당신을
즐거워하고 기뻐하게 하소서 주
여 또 당신의 구원을 사랑하는 자
들이 항상 말하게 하소서 주께서
위대하게 되소서
18 그러나 나는 가난하고 궁핍합
니다 주께서 나를 보살피실 것입

그치지 마시고 주의 인자와 진리
로 나를 항상 보호하소서
12 무수한 재앙이 나를 둘러싸고
나의 죄악이 내게 미치므로 우러
러 볼 수도 없으며 죄가 나의 머
리털보다 많으므로 내 마음이 사
라졌음이니이다
13 여호와여 은총을 베푸사 나를
구원하소서 여호와여 속히 나를
도우소서
14 나의 영혼을 찾아 멸하려 하는
자로 다 수치와 낭패를 당케 하시
며 나의 해를 기뻐하는 자로 다
물러가 욕을 당케 하소서
15 나를 향하여 하하 하는 자로 자
기 수치를 인하여 놀라게 하소서
16 무릇 주를 찾는 자는 다 주로 즐
거워하고 기뻐하게 하시며 주의
구원을 사랑하는 자는 항상 말하
기를 여호와는 광대하시다 하게
하소서
17 나는 가난하고 궁핍하오나 주
께서는 나를 생각하시오니 주는

니다 당신은 나의 돕는 자와 나의
보호자이십니다 나의 하나님 지
체하지 마소서

40 완성을 향하여 다비드에게 속한 시

2 복되도다 가난하고 궁핍한 자를
헤아리는 이 악한 날에 주께서 친
히 그를 건지시리라
3 주께서 그를 보호하시고 그를 살
리시기를 원합니다 또 땅에서 그
를 복 주시고 그를 그 원수의 손
에 넘기지 않으시기를 원합니다
4 주께서 그 고통의 침상에서 그를
도우시기를 원합니다 그가 병중
일 때에 당신께서 그의 온 침상을
회복하셨습니다
5 내가 말하였습니다 주여 나를 긍
휼히 여기소서 나의 영혼을 치유
하소서 내가 당신께 범죄하였기
때문입니다
6 나의 원수들이 내게 악한 것들을
말하였습니다 언제 그가 죽어 그
의 이름이 없어질까
7 그리고 그가 나를 보러온다면 헛

나의 도움이시요 건지시는 자시
라 나의 하나님이여 지체하지 마
소서

다윗의 시 영장으로 한 노래

41 빈약한 자를 권고하는 자가 복이 있음이여 재앙의 날에

여호와께서 저를 건지시리로다
2 여호와께서 저를 보호하사 살게
하시리니 저가 세상에서 복을 받
을 것이라 주여 저를 그 원수의
뜻에 맡기지 마소서
3 여호와께서 쇠약한 병상에서 저
를 붙드시고 저의 병중 그 자리를
다 고쳐 펴시나이다
4 내가 말하기를 여호와여 나를 긍
휼히 여기소서 내가 주께 범죄하
였사오니 내 영혼을 고치소서 하
였나이다
5 나의 원수가 내게 대하여 악담하
기를 저가 어느 때에나 죽고 그
이름이 언제나 멸망할꼬 하며
6 나를 보러 와서는 거짓을 말하고

된 것을 말하려 했을 것입니다 그
의 마음은 스스로 불법을 쌓아가
고 밖으로 돌아다니며 말하였습
니다
8 내 원수들이 모두 다 함께 나를 거
슬러 속삭이며 나를 대항하여 내
게 해악을 모의하곤 하였습니다
9 저들은 나를 거슬러 무법한 말을
내놓습니다 누워 자는 자가 다시
는 일어나지 못할 것이다
10 참으로 나와 화평했던 사람 내가
신뢰했던 이 내 양식을 먹는 이 그
가 나를 크게 배반하였나이다
11 그러나 주여 당신께서는 나를
긍휼히 여기사 나를 일으키소서
그러면 내가 저들에게 되갚을 것
입니다
12 이로써 당신께서 나를 기뻐하시
는 줄 내가 압니다 결코 나의 원
수가 나로 인하여 쾌재를 부르지
못하기 때문입니다
13 그러나 나의 순전함으로 인하여
당신께서 친히 나를 도우셨습니
다 또한 나를 당신 앞에서 영원토
록 견고하게 하셨습니다
14 주 이스라일의 하나님 송축 받으

그 중심에 간악을 쌓았다가 나가
서는 이를 광포하오며
7 나를 미워하는 자가 다 내게 대하
여 수군거리고 나를 해하려고 꾀
하며
8 이르기를 악한 병이 저에게 들었
으니 이제 저가 눕고 다시 일지
못하리라 하오며
9 나의 신뢰하는 바 내 떡을 먹던
나의 가까운 친구도 나를 대적하
여 그 발꿈치를 들었나이다
10 그러하오나 주 여호와여 나를
긍휼히 여기시고 일으키사 나로
저희에게 보복하게 하소서
11 나의 원수가 승리치 못하므로
주께서 나를 기뻐하시는 줄을 내
가 아나이다
12 주께서 나를 나의 완전한 중에
붙드시고 영영히 주의 앞에 세우
시나이다
13 여호와 이스라엘의 하나님을 영
원부터 영원까지 찬송할지로다
아멘 아멘

소서 영원부터 영원까지 그리 되
기를 그리 되기를

제2권

41 완성을 향하여 깨우침을 위
하여 꼬레 자손에게 속한
(시)
2 사슴이 풍성한 샘물을 갈망하는
것과 똑같이 그렇게 내 영혼이 당
신을 갈망합니다 하나님
3 내 영혼이 살아계신 하나님을 향
하여 목말라하였습니다 언제 내
가 가서 하나님의 얼굴을 직접 뵙
게 될까
4 내 눈물들이 주야로 내게 양식이
되었습니다 네 하나님이 어디 있
느냐 날마다 내게 말하기 때문입
니다
5 내가 이것들을 기억하고 내 영혼
을 내 위에 쏟아부었습니다 이는
내가 놀라운 처소를 지나 하나님
의 집까지 나아갈 것이기 때문입
니다 즐거움의 음성과 절기를 즐
기는 감사찬양의 소리로
6 영혼아 너는 왜 비통해하느냐 또

고라 자손의 마스길 영장으로 한 노래

42 하나님이여 사슴이 시냇물
을 찾기에 갈급함같이 내
영혼이 주를 찾기에 갈급하니이
다
2 내 영혼이 하나님 곧 생존하시는
하나님을 갈망하나니 내가 어느
때에 나아가서 하나님 앞에 뵈올
꼬
3 사람들이 종일 나더러 하는 말이
네 하나님이 어디 있느뇨 하니 내
눈물이 주야로 내 음식이 되었도
다
4 내가 전에 성일을 지키는 무리와
동행하여 기쁨과 찬송의 소리를
발하며 저희를 하나님의 집으로
인도하였더니 이제 이 일을 기억
하고 내 마음이 상하는도다
5 내 영혼아 네가 어찌하여 낙망하

너는 왜 나를 불안하게 하느냐 너
는 하나님을 소망하여라 나는 그
에게 감사찬양하리라 내 얼굴의
구원 나의 하나님
7 내 영혼이 나 자신에 대하여 불안
해하였습니다 이 때문에 나는 요
르단 땅과 에르모님에서 작은 산
에서 당신을 회상할 것입니다
8 심연이 심연을 부릅니다 당신의
폭포 소리에 맞춰 당신의 물보라
와 당신의 파도가 모두 내 위를
지나갔습니다
9 낮에는 주께서 친히 자신의 인애
를 명하시리니 밤에는 노래가 내
곁에 기도가 내 생명의 하나님께
10 나는 하나님께 말하겠습니다 당
신은 나의 보호자이십니다 왜 나
를 잊으셨습니까 내 원수들이 괴
롭힐 때 왜 내가 슬퍼하며 다녀야
합니까
11 나의 뼈들이 부서질 때 나를 괴
롭히는 자들은 나를 조롱하였습
니다 저들이 날마다 내게 말합니
다 네 하나님이 어디 있느냐
12 영혼아 너는 왜 비통해하느냐
또 너는 왜 나를 불안하게 하느냐

며 어찌하여 내 속에서 불안하여
하는고 너는 하나님을 바라라 그
얼굴의 도우심을 인하여 내가 오
히려 찬송하리로다
6 내 하나님이여 내 영혼이 내 속에
서 낙망이 되므로 내가 요단 땅과
헤르몬과 미살 산에서 주를 기억
하나이다
7 주의 폭포 소리에 깊은 바다가 서
로 부르며 주의 파도와 물결이 나
를 엄몰하도소이다
8 낮에는 여호와께서 그 인자함을
베푸시고 밤에는 그 찬송이 내게
있어 생명의 하나님께 기도하리
로다
9 내 반석이신 하나님께 말하기를
어찌하여 나를 잊으셨나이까 내
가 어찌하여 원수의 압제로 인하
여 슬프게 다니나이까 하리로다
10 내 뼈를 찌르는 칼같이 내 대적
이 나를 비방하여 늘 말하기를 네
하나님이 어디 있느냐 하도다
11 내 영혼아 네가 어찌하여 낙망
하며 어찌하여 내 속에서 불안하

너는 하나님을 소망하여라 나는
그에게 감사찬양하리라 내 얼굴
의 구원 나의 하나님

42 다비드에게 속한 시
나를 판단하시고 하나님
나의 소송을 변호하소서 경건하
지 못한 이방에게서 불의하고 속
이는 사람에게서 나를 건지소서
2 이는 당신이 하나님 나의 힘이시
기 때문입니다 왜 나를 거절하십
니까 또 왜 내가 슬퍼하며 다녀야
합니까 내 원수가 괴롭힐 때
3 당신의 빛과 당신의 진리를 보내
소서 그것들이 나를 인도하였습
니다 또 당신의 거룩한 산으로 나
를 이끌었습니다 당신의 장막으
로도
4 그러면 나는 하나님의 제단을 향
하여 갈 것입니다 내 젊음을 기뻐
하시는 하나님을 향하여 나는 당
신께 키타라로 감사찬양할 것입
니다 하나님 나의 하나님
5 영혼아 너는 왜 비통해하느냐 또
왜 나를 불안하게 하느냐 너는 하

여 하는고 너는 하나님을 바라라
나는 내 얼굴을 도우시는 내 하나
님을 오히려 찬송하리로다

43 하나님이여 나를 판단하시
되 경건치 아니한 나라에
향하여 내 송사를 변호하시며 간
사하고 불의한 자에게서 나를 건
지소서
2 주는 나의 힘이 되신 하나님이시
어늘 어찌하여 나를 버리셨나이
까 내가 어찌하여 원수의 압제로
인하여 슬프게 다니나이까
3 주의 빛과 주의 진리를 보내어 나
를 인도하사 주의 성산과 장막에
이르게 하소서
4 그런즉 내가 하나님의 단에 나아
가 나의 극락의 하나님께 이르리
이다 하나님이여 나의 하나님이
여 내가 수금으로 주를 찬양하리
이다
5 내 영혼아 네가 어찌하여 낙망하
며 어찌하여 내 속에서 불안하여

나님을 소망하여라 나는 그에게
감사찬양하리라 내 얼굴의 구원
나의 하나님

43

완성을 향하여 고레 자손에
게 속한 깨우침을 위한 시
2 하나님 우리 귀로 들었습니다 우
리 조상이 우리에게 전해주었습
니다 옛적 그들의 날들에 당신께
서 역사하신 일을
3 당신의 손이 이방을 멸절하고 그
들을 심으셨습니다 당신께서 족
속들을 괴롭히사 저들을 몰아내
셨습니다
4 그들이 자기들의 칼로 땅을 유업
으로 얻은 것이 아닙니다 또 그들
의 팔이 자기들을 구원한 것도 아
닙니다 오히려 당신의 오른손과
당신의 팔 그리고 당신의 얼굴의
빛이 그리하였습니다 이는 당신
께서 그들을 기뻐하셨기 때문입
니다
5 당신께서 바로 나의 왕 나의 하나
님이십니다 야곱의 구원을 명하
시는 분

하는고 너는 하나님을 바라라 나
는 내 얼굴을 도우시는 내 하나님
을 오히려 찬송하리로다

고라 자손의 마스길 영장으로 한 노래

44

하나님이여 주께서 우리
열조의 날 곧 옛날에 행하
신 일을 저희가 우리에게 이르매
우리 귀로 들었나이다
2 주께서 주의 손으로 열방을 좇으
시고 열조를 심으시며 주께서 민
족들은 괴롭게 하시고 열조는 번
성케 하셨나이다
3 저희가 자기 칼로 땅을 얻어 차지
함이 아니요 저희 팔이 저희를 구
원함도 아니라 오직 주의 오른손
과 팔과 얼굴의 빛으로 하셨으니
주께서 저희를 기뻐하신 연고니
이다
4 하나님이여 주는 나의 왕이시니
야곱에게 구원을 베푸소서

칠십인역

6 당신으로 인하여 우리가 우리 원
수들을 뿔로 들이받고 우리를 대
적하여 일어나는 자들을 당신의
이름으로 멸시할 것입니다
7 그러므로 내가 내 활을 의지하지
않으며 내 칼이 나를 구원하지 못
할 것입니다
8 이는 당신께서 우리를 괴롭히는
자들에게서 우리를 구원하셨고
우리를 미워하는 자들을 부끄럽
게 하셨기 때문입니다
9 하나님 안에서 우리가 온종일 칭
송받고 당신의 이름 안에서 영원
토록 찬양할 것입니다
(간주)
10 그러나 이제는 당신께서 우리를
거절하사 부끄럽게 하셨고 우리
의 군대와 함께 나아가지 않으실
것입니다
11 당신께서 우리 원수들 앞에서
우리를 뒤로 물러나게 하셨고 우
리를 미워하는 자들은 자기들을
위하여 강탈을 일삼았습니다
12 당신께서 우리를 마치 양떼처럼
먹이로 주셨고 이방 가운데 우리
를 흩으셨습니다

개역한글

5 우리가 주를 의지하여 우리 대적
을 누르고 우리를 치려 일어나는
자를 주의 이름으로 밟으리이다
6 나는 내 활을 의지하지 아니할 것
이라 내 칼도 나를 구원치 못하리
이다
7 오직 주께서 우리를 우리 대적에
게서 구원하시고 우리를 미워하
는 자로 수치를 당케 하셨나이다
8 우리가 종일 하나님으로 자랑하
였나이다 우리가 하나님의 이름
을 영영히 감사하리이다 (셀라)
9 그러나 이제는 주께서 우리를 버
려 욕을 당케 하시고 우리 군대와
함께 나아가지 아니하시나이다
10 주께서 우리를 대적에게서 돌
아서게 하시니 우리를 미워하는
자가 자기를 위하여 탈취하였나
이다
11 주께서 우리로 먹힐 양 같게 하
시고 열방 중에 흩으셨나이다

칠십인역

13 당신의 백성을 값없이 파셨으니
그들을 판 값이 늘 충분하지 않았
습니다
14 당신께서 우리를 우리 이웃들에
게 비방거리로 두셨습니다 우리
주변에 있는 이들에게는 조롱거
리와 웃음거리로
15 우리를 이방인들에게 비유거리
로 만드셨습니다 백성 가운데서
는 머리를 흔들도록
16 온종일 나의 굴욕이 내 앞에 있
습니다 내 얼굴의 부끄러움이 나
를 덮었으니
17 비방하고 수군거리는 자의 소리
와 원수와 쫓아오는 자의 얼굴 때
문입니다
18 이 모든 것이 우리 위에 임하였
으나 우리는 당신을 잊지 않았습
니다 또한 당신의 언약 안에서 불
의하게 행하지 않았습니다
19 그리고 우리의 마음이 뒤로 물
러나지 않았습니다 그러나 당신
께서 우리의 행로를 당신의 길에
서 벗어나게 하셨습니다
20 이는 당신께서 환난의 자리에서
우리를 낮추셔서 죽음의 그늘이

개역한글

12 주께서 주의 백성을 무료로 파
심이여 저희 값으로 이익을 얻지
못하셨나이다
13 주께서 우리로 이웃에게 욕을
당케 하시니 둘러 있는 자가 조소
하고 조롱하나이다
14 주께서 우리로 열방 중에 말거
리가 되게 하시며 민족 중에서 머
리 흔듦을 당케 하셨나이다
15 나의 능욕이 종일 내 앞에 있으
며 수치가 내 얼굴을 덮었으니
16 나를 비방하고 후욕하는 소리를
인함이요 나의 원수와 보수자의
연고니이다
17 이 모든 일이 우리에게 임하였
으나 우리가 주를 잊지 아니하며
주의 언약을 어기지 아니하였나
이다
18 우리 마음이 퇴축지 아니하고
우리 걸음도 주의 길을 떠나지 아
니하였으나
19 주께서 우리를 시랑의 처소에서
심히 상해하시고 우리를 사망의
그늘로 덮으셨나이다

우리를 덮었기 때문입니다
21 우리가 우리 하나님의 이름을
잊기라도 했다면 또한 우리 손을
이방 신에게 펴기라도 했다면
22 하나님께서 이것들을 찾아내지
않으셨겠습니까 그는 마음의 비
밀들을 아시기 때문입니다
23 당신 때문에 우리가 온종일 죽
음에 넘겨졌고 도살할 양들같이
여김을 받았습니다
24 깨어나소서 어찌하여 주무십니
까 주여 일어나소서 영영 거절하
지 마소서
25 어찌하여 당신의 얼굴을 돌리시
며 우리의 가난과 우리의 환난을
잊으십니까
26 이는 우리 영혼이 티끌 속으로
낮아지고 우리 배가 땅에 붙었기
때문입니다
27 일어나소서 주여 우리를 도우소
서 또한 당신의 이름으로 인하여
우리를 속량하소서

20 우리가 우리 하나님의 이름을
잊어버렸거나 우리 손을 이방 신
에게 향하여 폈더면
21 하나님이 이를 더듬어 내지 아
니하셨으리이까 대저 주는 마음
의 비밀을 아시나이다
22 우리가 종일 주를 위하여 죽임
을 당케 되며 도살할 양같이 여김
을 받았나이다
23 주여 깨소서 어찌하여 주무시나
이까 일어나시고 우리를 영영히
버리지 마소서
24 어찌하여 주의 얼굴을 가리우시
고 우리 고난과 압제를 잊으시나
이까
25 우리 영혼은 진토에 구푸리고
우리 몸은 땅에 붙었나이다
26 일어나 우리를 도우소서 주의
인자하심을 인하여 우리를 구속
하소서

44 완성을 향하여 변화될 이
들에 관하여 꼬레 자손에
게 속한 깨우침을 위하여 사랑받
는 자를 위한 노래
2 내 마음이 선한 말로 넘쳐났다
내가 왕께 나의 작품들을 말한다
내 혀는 날렵한 서기관의 갈대
펜이다
3 당신은 인생들보다 더욱 아름답
습니다 당신의 입술에는 은혜가
부어졌습니다 이러므로 하나님께
서 영원히 당신을 복 주셨습니다
4 당신의 칼을 당신의 허벅지에 차
소서 강한 자여 당신의 원숙함과
당신의 아름다움으로
5 시위를 당기고 형통하여 왕으로
다스리소서 진리와 온유와 의를
위하여 당신의 오른손이 당신을
놀랍게 인도할 것입니다
6 당신의 날카롭게 벼려진 화살들
이 강한 자여 -백성이 당신 밑에
고꾸라질 것입니다- 왕의 원수들
의 심장에
7 당신의 보좌는 하나님 영원무궁
합니다 당신의 나라 홀은 올곧음
의 홀입니다

고라 자손의 마스길 사랑의 노래 영장으로
소산님에 맞춘 것

45 내 마음에서 좋은 말이 넘
쳐 왕에 대하여 지은 것을
말하리니 내 혀는 필객의 붓과 같
도다
2 왕은 인생보다 아름다와 은혜를
입술에 머금으니 그러므로 하나
님이 왕에게 영영히 복을 주시
도다
3 능한 자여 칼을 허리에 차고 왕의
영화와 위엄을 입으소서
4 왕은 진리와 온유와 공의를 위하
여 위엄있게 타고 승전하소서 왕
의 오른손이 왕에게 두려운 일을
가르치리이다
5 왕의 살이 날카로워 왕의 원수의
염통을 뚫으니 만민이 왕의 앞에
엎드러지는도다
6 하나님이여 주의 보좌가 영영하
며 주의 나라의 홀은 공평한 홀이
니이다

8 당신께서는 의를 사랑하시고 불
법을 미워하셨습니다 이러므로
하나님 당신의 하나님께서 당신
에게 기름을 부으셨습니다 당신
의 동류들보다 더 나은 즐거움의
기름으로
9 당신의 옷에서는 몰약과 침향과
계피향이 상아 궁에서 나오는 이
것들이 당신을 기쁘게 했습니다
10 왕들의 딸들이 당신의 영예를
입고 당신의 오른편의 왕후는 금
으로 짠 채색옷으로 치장하고 섰
습니다
11 들으소서 딸이여 보소서 그리고
당신의 귀를 기울이소서 당신의
백성과 당신의 아버지 집을 잊으
소서
12 이는 왕이 당신의 아름다움을
사모했기 때문입니다 또 그는 당
신의 주인이시기 때문입니다
13 띠로의 딸들이 예물을 가지고
그를 경배할 것입니다 백성의 부
요한 자들이 당신의 얼굴을 간청
할 것입니다
14 왕의 딸 그녀의 모든 영광이 그
안에 있으니 금술 달린 채색옷을

7 왕이 정의를 사랑하고 악을 미워
하시니 그러므로 하나님 곧 왕의
하나님이 즐거움의 기름으로 왕
에게 부어 왕의 동류보다 승하게
하셨나이다
8 왕의 모든 옷은 몰약과 침향과
육계의 향기가 있으며 상아궁에
서 나오는 현악은 왕을 즐겁게
하도다
9 왕의 귀비 중에는 열왕의 딸이 있
으며 왕후는 오빌의 금으로 꾸미
고 왕의 우편에 서도다
10 딸이여 듣고 생각하고 귀를 기
울일지어다 네 백성과 아비 집을
잊어버릴지어다
11 그러하면 왕이 너의 아름다움을
사모하실지라 저는 너의 주시니
너는 저를 경배할지어다
12 두로의 딸이 예물을 드리고 백
성 중 부한 자도 네 은혜를 구하
리로다
13 왕의 딸이 궁중에서 모든 영화
를 누리니 그 옷은 금으로 수놓았
도다

칠십인역

입은 것에 있습니다
15 그녀 뒤의 처녀들이 왕께로 인
도될 것입니다 그녀의 친구들이
당신께로 인도될 것입니다
16 그들이 기쁨과 즐거움 가운데
인도될 것입니다 그들이 왕의 궁
전으로 인도될 것입니다
17 당신의 조상을 대신하여 당신께
아들들이 태어났습니다 당신은
그들을 온 땅의 통치자들로 임명
할 것입니다
18 그들이 세세토록 당신의 이름을
기억할 것입니다 이러므로 백성
이 당신께 감사찬양할 것입니다
영원히 영원 무궁히

45 완성을 향하여 꼬레 자손에
관하여 숨겨진 것들에 관
한 시
2 우리 하나님은 피난처와 능력 우
리에게 크게 닥친 환난들 가운데
도움이시라
3 이러므로 우리는 두려워하지 않
으리라 땅이 요동치고 바다들의
심장부에 산들이 옮겨질 때도

개역한글

14 수놓은 옷을 입은 저가 왕께로
인도함을 받으며 시종하는 동무
처녀들도 왕께로 이끌려 갈 것이
라
15 저희가 기쁨과 즐거움으로 인도
함을 받고 왕궁에 들어가리로다
16 왕의 아들들이 왕의 열조를 계
승할 것이라 왕이 저희로 온 세계
의 군왕을 삼으리로다
17 내가 왕의 이름을 만세에 기억
케 하리니 그러므로 만민이 왕을
영영히 찬송하리로다

고라 자손의 시 영장으로 알라못에 맞춘 노래

46 하나님은 우리의 피난처시
요 힘이시니 환난 중에 만
날 큰 도움이시라
2 그러므로 땅이 변하든지 산이 흔
들려 바다 가운데 빠지든지

4 그것들의 물들이 포효하며 요동
쳤고 산들이 그의 힘으로 요동
쳤다

(간주)

5 강의 힘센 물줄기가 하나님의 도
성을 기쁘게 하도다 지존자께서
그의 장막을 거룩하게 하셨도다
6 하나님께서 그것(도성) 가운데 계
시니 그것이 흔들리지 않으리라
하나님께서 새벽에 그것을 도우
시리라
7 이방 민족이 흔들렸고 왕국들이
기울었도다 그가 자신의 음성을
발하시니 땅이 흔들렸도다
8 군대들의 주께서 우리와 함께 하
시니 우리의 보호자는 야곱의 하
나님이시라

(간주)

9 오라 너희는 주의 일들을 보아라
그가 땅 위에 세우신 놀라운 행
적을
10 그가 땅의 끝까지 전쟁들을 그
치게 하시며 활을 부러뜨리시고
무기를 부수시고 방패들을 불에
태우시리라
11 너희는 가만히 있어 내가 하나

3 바닷물이 흉용하고 뛰놀든지 그
것이 넘침으로 산이 요동할지라
도 우리는 두려워 아니하리로다
(셀라)
4 한 시내가 있어 나뉘어 흘러 하
나님의 성 곧 지극히 높으신 자의
장막의 성소를 기쁘게 하도다
5 하나님이 그 성중에 거하시매 성
이 요동치 아니할 것이라 새벽에
하나님이 도우시리로다
6 이방이 훤화하며 왕국이 동하였
더니 저가 소리를 발하시매 땅이
녹았도다
7 만군의 여호와께서 우리와 함께
하시니 야곱의 하나님은 우리의
피난처시로다 (셀라)
8 와서 여호와의 행적을 볼지어다
땅을 황무케 하셨도다
9 저가 땅 끝까지 전쟁을 쉬게 하심
이여 활을 꺾고 창을 끊으며 수레
를 불사르시는도다
10 이르시기를 너희는 가만히 있어

님임을 알지어다 나는 열방 가운
데서 높여질 것이며 땅에서 높여
질 것이다
12 군대들의 주께서 우리와 함께
하시니 우리의 보호자는 야곱의
하나님이시라

내가 하나님 됨을 알지어다 내가
열방과 세계 중에서 높임을 받으
리라 하시도다
11 만군의 여호와께서 우리와 함께
하시니 야곱의 하나님은 우리의
피난처시로다 (셀라)

46 완성을 향하여 꼬레 자손에
관한 시
2 모든 열방아 손뼉을 쳐라 기쁨의
소리로 하나님께 외쳐라
3 이는 주는 지존하시며 경외할 분
온 땅 위에 위대한 왕이시기 때문
이라
4 그가 백성을 우리에게 굴복시키
셨다 또 열방을 우리 발아래에
5 그가 친히 우리를 위해 그의 유업
을 택하셨다 곧 그분이 사랑하신
빼어난 야곱을

(간주)

6 하나님께서 환호 가운데서 올라
가셨다 주께서 나팔 소리 가운
데서
7 우리 하나님께 찬송하라 찬송하
여라 우리 왕께 찬송하라 찬송하

고라 자손의 시영장으로 한 노래

47 너희 만민들아 손바닥을 치
고 즐거운 소리로 하나님께
외칠지어다
2 지존하신 여호와는 엄위하시고
온 땅에 큰 임군이 되심이로다
3 여호와께서 만민을 우리에게 열
방을 우리 발 아래 복종케 하시며
4 우리를 위하여 기업을 택하시나
니 곧 사랑하신 야곱의 영화로다
(셀라)
5 하나님이 즐거이 부르는 중에 올
라가심이여 여호와께서 나팔 소
리 중에 올라가시도다
6 찬양하라 하나님을 찬양하라 찬
양하라 우리 왕을 찬양하라

여라
8 하나님께서 온 땅의 왕이시니 너
희는 지혜롭게 찬송하여라
9 하나님께서 열방을 왕으로 다스
리시는도다 하나님께서 자기의
거룩한 보좌에 앉아 계시도다
10 백성의 통치자들이 아브라암의
하나님과 함께 모였도다 이는 땅
의 권력자들이 하나님의 것이기
때문이라 그들이 크게 높임을 받
았도다

7 하나님은 온 땅에 왕이심이라 지
혜의 시로 찬양할지어다
8 하나님이 열방을 치리하시며 하
나님이 그 거룩한 보좌에 앉으셨
도다
9 열방의 방백들이 모임이여 아브
라함의 하나님의 백성이 되도다
세상의 모든 방패는 여호와의 것
임이여 저는 지존하시도다

47

꼬레 자손에게 속한 노래의
시 주간의 두 번째 날(월요
일)에
2 주는 위대하시며 지극히 찬양받
으실 만하도다 우리 하나님의 도
성에서 그의 거룩한 산에서
3 훌륭하게 뿌리내려서 온 땅의 즐
거움 시온의 산들 북쪽 면들 위대
한 왕의 도성
4 하나님이 그 성채에서 알려지셨
다 그가 친히 그것(도성)을 도우
실 때마다
5 보라 왕들이 모였음이라 그들이

고라 자손의 시 곧 노래

48

여호와는 광대하시니 우리
하나님의 성 거룩한 산에
서 극진히 찬송하리로다
2 터가 높고 아름다워 온 세계가 즐
거워함이여 큰 왕의 성 곧 북방에
있는 시온 산이 그러하도다
3 하나님이 그 여러 궁중에서 자기
를 피난처로 알리셨도다
4 열왕이 모여 함께 지났음이여

칠십인역

일제히 왔다

6 그들이 보고서 이렇게 놀랐다 그들이 혼란스러워 흔들렸다

7 떨림이 그들을 사로잡았다 거기에는 산통 같은 진통이

8 거친 바람으로 당신께서 타르시스의 배들을 부수실 것입니다

9 우리가 들은 대로 그렇게 우리가 보았습니다 군대들의 주의 도성에서 우리 하나님의 도성에서 하나님께서 이것을 영원히 세우셨습니다

(간주)

10 하나님 우리는 당신의 인애를 되새겼습니다 당신의 성전 가운데서

11 하나님 당신의 이름에 어울리게 그렇게 당신의 찬양도 땅끝까지 있습니다 당신의 오른손은 의가 충만합니다

12 시온산이 기뻐하게 하소서 유데아의 딸들이 즐거워하게 하소서 당신의 판결들로 인하여 주여

13 너희는 시온을 에워싸고 그것을 둘러싸거라 그 망대들에서 이야기하여라

개역한글

5 저희가 보고 놀라고 두려워 빨리 갔도다

6 거기서 떨림이 저희를 잡으니 고통이 해산하는 여인 같도다

7 주께서 동풍으로 다시스의 배를 깨뜨리시도다

8 우리가 들은 대로 만군의 여호와의 성 우리 하나님의 성에서 보았나니 하나님이 이를 영영히 견고케 하시리로다 (셀라)

9 하나님이여 우리가 주의 전 가운데서 주의 인자하심을 생각하였나이다

10 하나님이여 주의 이름과 같이 찬송도 땅 끝까지 미쳤으며 주의 오른손에는 정의가 충만하였나이다

11 주의 판단을 인하여 시온 산은 기뻐하고 유다의 딸들은 즐거워할지어다

12 너희는 시온을 편답하고 그것을 순행하며 그 망대들을 계수하라

14 너희의 마음을 그것의 능력에
두어라 그 성채를 세밀하게 살펴
라 다른 세대에게 이야기할 수 있
도록
15 이 하나님이 영원히 영원 무궁
히 우리 하나님이심을 그가 우리
를 영원토록 목양하시리라

13 그 성벽을 자세히 보고 그 궁전
을 살펴서 후대에 전하라
14 이 하나님은 영영히 우리 하나
님이시니 우리를 죽을 때까지 인
도하시리로다

48 완성을 향하여 꼬레 자손에
게 속한 시
2 이것들을 들어라 모든 열방아 귀
를 기울여라 세상에 사는 모든 자
들아
3 땅에서 난 자들도 사람의 후손도
부자도 궁핍한 자도 모두 함께
4 나의 입은 지혜를 말하리라 또 내
마음의 묵상은 깨달음을
5 내 귀를 비유에 기울이리라 하프
로 내 문제를 풀어 보이리라
6 어찌하여 악한 날에 내가 두려워
할까 내 발꿈치의 불법이 나를 포
위하리라
7 자기들의 능력을 신뢰하고 자
기들의 부의 풍성함을 자랑하는
자들

고라 자손의 시영장으로 한 노래

49 만민들아 이를 들으라 세상
의 거민들아 귀를 기울이라
2 귀천 빈부를 물론하고 다 들을지
어다
3 내 입은 지혜를 말하겠고 내 마음
은 명철을 묵상하리로다
4 내가 비유에 내 귀를 기울이고
수금으로 나의 오묘한 말을 풀리
로다
5 죄악이 나를 따라 에우는 환난의
날에 내가 어찌 두려워하랴
6 자기의 재물을 의지하고 풍부함
으로 자긍하는 자는

칠십인역

8 형제가 속량하지 못한다 사람이
스스로 속량할 수 있을까 그는 하
나님께 자신의 속전을 드리지 못
하리라
9 즉 자기 영혼의 속량 값을
10 그가 영구히 수고하고 끝까지
살아서 지혜자들이 죽는 것을 볼
때도 자신은 사멸을 알아채지 못
할 것이기 때문이다
11 어리석은 자도 지각이 없는 자
도 다 같이 멸망하고 타인에게 자
기들의 부를 남기리라
12 그리하여 그들의 무덤은 영원히
그들의 집 세세토록 그들의 거처
그들의 땅을 자기들의 이름으로
불렀도다
13 그래서 인간이 존귀에 처하나
깨닫지 못하면 어리석은 짐승과
같아서 그것들과 비슷해진다
14 그들의 길 자체가 그들에게는
걸림돌 그러나 이 일들 후에 자기
들의 입으로 기뻐할 것이다
(간주)
15 그들이 양들같이 아디스에 던져
졌으니 죽음이 그들을 목양한다
올곧은 자들이 아침부터 그들을

개역한글

7 아무도 결코 그 형제를 구속하지
못하며 저를 위하여 하나님께 속
전을 바치지도 못할 것은
8 저희 생명의 구속이 너무 귀하며
영영히 못할 것임이라
9 저로 영존하여 썩음을 보지 않게
못하리니
10 저가 보리로다 지혜 있는 자도
죽고 우준하고 무지한 자도 같이
망하고 저희의 재물을 타인에게
끼치는도다
11 저희의 속 생각에 그 집이 영영
히 있고 그 거처가 대대에 미치리
라 하여 그 전지를 자기 이름으로
칭하도다
12 사람은 존귀하나 장구치 못함이
여 멸망하는 짐승 같도다
13 저희의 이 행위는 저희의 우매
함이나 후세 사람은 오히려 저희
말을 칭찬하리로다 (셀라)
14 양같이 저희를 음부에 두기로
작정되었으니 사망이 저희 목자
일 것이라 정직한 자가 아침에

다스릴 것이다 그들의 영광에서
오는 그들의 도움은 아디스에서
쇠잔해지리라
16 그러나 하나님께서 내 영혼을
속량하시리라 아디스의 손에서
그가 나를 받으실 때

(간주)

17 너는 두려워 말아라 사람이 부
유해지고 그의 집의 영광이 증가
할 때
18 이는 그가 죽을 때 그가 아무것
도 가져가지 못하고 그의 영광이
그와 함께 내려가지도 못할 것이
기 때문이라
19 이는 그의 영혼이 자기 생애 동
안에 복을 받고 네가 그를 선대할
때 그가 네게 감사할지라도
20 그는 자기 조상의 세대로 들어
가서 영원히 빛을 보지 못할 것이
기 때문이라
21 인간이 존귀에 처하나 깨닫지
못하면 어리석은 짐승과 같아서
그것들과 비슷해진다

저희를 다스리리니 저희 아름다
움이 음부에서 소멸하여 그 거처
조차 없어지려니와
15 하나님은 나를 영접하시리니 이
러므로 내 영혼을 음부의 권세에
서 구속하시리로다 (셀라)
16 사람이 치부하여 그 집 영광이
더할 때에 너는 두려워 말지어다
17 저가 죽으매 가져가는 것이 없
고 그 영광이 저를 따라 내려가지
못함이로다
18 저가 비록 생시에 자기를 축하
하며 스스로 좋게 함으로 사람들
에게 칭찬을 받을지라도
19 그 역대의 열조에게로 돌아가리
니 영영히 빛을 보지 못하리로다
20 존귀에 처하나 깨닫지 못하는
사람은 멸망하는 짐승 같도다

칠십인역

49

아사프에게 속한 시
신들 중의 신 주께서 말씀
하셨고 땅을 부르셨다 해 뜨는 곳
에서 지는 곳까지
2 그의 더없는 아름다움이 시온에
서 하나님이 공공연히 오시리라
3 우리 하나님 조용히 지나가지 않
으시리라 불이 그의 앞에서 타오
를 것이며 그의 주위에는 거센 폭
풍이 몰아치리라
4 그가 위로 하늘과 땅을 소환하시
리라 그의 백성을 심판하려 하심
이라
5 너희는 그의 거룩한 자들을 그에
게로 불러 모아라 제사로 그의 언
약을 맺은 자들을
6 그러면 하늘들이 그의 의를 선포
하리니 이는 하나님이 재판장이
신 까닭이라

(간주)

7 내 백성아 들어라 내가 네게 말
하리라 이스라일아 내가 네게 경
고하노라 나는 하나님 네 하나님
이다
8 나는 네 제사들을 두고 너를 책망
하지 않을 것이다 오히려 네 번제

개역한글

아삽의 시

50

전능하신 자 하나님 여호와
께서 말씀하사 해돋는 데서
부터 지는 데까지 세상을 부르셨
도다
2 온전히 아름다운 시온에서 하나
님이 빛을 발하셨도다
3 우리 하나님이 임하사 잠잠치 아
니하시니 그 앞에는 불이 삼키고
그 사방에는 광풍이 불리로다
4 하나님이 그 백성을 판단하시려
고 윗 하늘과 아래 땅에 반포하여
5 이르시되 나의 성도를 네 앞에 모
으라 곧 제사로 나와 언약한 자니
라 하시도다
6 하늘이 그 공의를 선포하리니
하나님 그는 심판장이심이로다
(셀라)
7 내 백성아 들을지어다 내가 말하
리라 이스라엘아 내가 네게 증거
하리라 나는 하나님 곧 네 하나님
이로다
8 내가 너의 제물을 인하여는 너를
책망치 아니하리니 네 번제가 항
상 내 앞에 있음이로다

칠십인역

들은 내 앞에 항상 있다
9 나는 네 집에서 송아지를 받지 않
을 것이다 네 목장에서 어린 숫염
소들도
10 이는 숲의 모든 들짐승이 나의
것이기 때문이다 언덕의 짐승과
황소도
11 나는 하늘의 모든 새도 알고 있
고 들판의 아름다운 것도 나와 함
께 있다
12 내가 배고플지라도 결코 네게
말하지 않는다 세상과 그 충만함
이 나의 것이기 때문이다
13 내가 황소 고기를 먹겠으며 숫
염소의 피를 마시겠느냐
14 너는 하나님께 찬양의 제사를
드리고 지존자께 너의 서원을 갚
아라
15 또 너는 환난의 날에 나를 불러
라 그러면 내가 너를 건져내리니
네가 나를 영광스럽게 하리라

(간주)

16 그러나 죄인에게 하나님께서 말
씀하셨다 어찌하여 너는 나의 율
례를 거론하며 나의 언약을 네 입
에 올리느냐

개역한글

9 내가 네 집에서 수소나 네 우리에
서 숫염소를 취치 아니하리니
10 이는 삼림의 짐승들과 천산의
생축이 다 내 것이며
11 산의 새들도 나의 아는 것이며
들의 짐승도 내 것임이로다
12 내가 가령 주려도 네게 이르지
않을 것은 세계와 거기 충만한 것
이 내 것임이로다
13 내가 수소의 고기를 먹으며 염
소의 피를 마시겠느냐
14 감사로 하나님께 제사를 드리며
지극히 높으신 자에게 네 서원을
갚으며
15 환난 날에 나를 부르라 내가 너
를 건지리니 네가 나를 영화롭게
하리로다
16 악인에게는 하나님이 이르시되
네가 어찌 내 율례를 전하며 내
언약을 네 입에 두느냐

칠십인역

17 그러나 너는 훈육을 싫어했고
나의 말들을 뒤로 던져 버렸다
18 네가 도둑을 보면 그와 함께하
곤 하였고 간음하는 자들과 네 몫
을 챙기곤 하였다
19 네 입은 악으로 넘쳐나고 네 혀
는 속임수를 품고 있었다
20 네 형제를 대적하여 앉아서 험
담하였고 네 어미의 아들에게 걸
림돌을 놓기 일쑤였다
21 네가 이것들을 행하였으나 나는
침묵하였다 내가 너와 같을 줄로
너는 잘못 받아들였다 내가 너를
책망하고 네 얼굴에 대적하여 설
것이다
22 이제 너희는 이것들을 깨달아라
하나님을 잊은 자들아 그렇지 않
으면 그가 채가서 구출자가 없으
리라
23 찬양의 제사가 나를 영화롭게 하
리라 여기에 길이 있으니 내가 하
나님의 구원을 그에게 보이리라

개역한글

17 네가 교훈을 미워하고 내 말을
네 뒤로 던지며
18 도적을 본즉 연합하고 간음하는
자와 동류가 되며
19 네 입을 악에게 주고 네 혀로 궤
사를 지으며
20 앉아서 네 형제를 공박하며 네
어미의 아들을 비방하는도다
21 네가 이 일을 행하여도 내가 잠
잠하였더니 네가 나를 너와 같은
줄로 생각하였도다 그러나 내가
너를 책망하여 네 죄를 네 목전에
차례로 베풀리라 하시는도다
22 하나님을 잊어버린 너희여 이제
이를 생각하라 그렇지 않으면 내
가 너희를 찢으리니 건질 자 없으
리라
23 감사로 제사를 드리는 자가 나
를 영화롭게 하나니 그 행위를 옳
게 하는 자에게 내가 하나님의 구
원을 보이리라

50 완성을 향하여 다비드에게
속한 시
2 선지자 나탄이 그에게 왔을 때
그가 비르사베에게 들어간 후에
3 나를 불쌍히 여기소서 하나님 당
신의 크신 인애를 따라 또 당신의
긍휼의 풍성함을 따라 나의 불법
행위를 지워 주소서
4 나의 불법에서 나를 더욱 씻어주
시고 나의 죄에서 나를 정결하게
하소서
5 나의 불법을 내가 알고 나의 죄가
내 앞에 항상 있기 때문입니다
6 당신께만 내가 죄를 지었으며 당
신 앞에서 악을 행하였습니다 당
신의 말씀으로 당신께서 의롭다
고 공표되시고 친히 심판하실 때
이기시기 위함입니다
7 보소서 나는 불법으로 잉태되었
고 죄 중에 내 어머니가 나를 열
망하였습니다
8 보소서 당신께서 진리를 사랑하
셨기에 당신의 지혜의 가려진 것
들과 비밀들을 나에게 보이셨습
니다
9 우슬초로 나에게 뿌리시리니 내

다윗의 시영장으로 한 노래 다윗이 밧세바와
동침한 후 선지자 나단이 저에게 온 때에

51 하나님이여 주의 인자를 좇
아 나를 긍휼히 여기시며 주
의 많은 자비를 좇아 내 죄과를
도말하소서
2 나의 죄악을 말갛게 씻기시며 나
의 죄를 깨끗이 제하소서
3 대저 나는 내 죄과를 아오니 내
죄가 항상 내 앞에 있나이다
4 내가 주께만 범죄하여 주의 목
전에 악을 행하였사오니 주께서
말씀하실 때에 의로우시다 하고
판단하실 때에 순전하시다 하리
이다
5 내가 죄악 중에 출생하였음이여
모친이 죄 중에 나를 잉태하였나
이다
6 중심에 진실함을 주께서 원하시
오니 내 속에 지혜를 알게 하시리
이다
7 우슬초로 나를 정결케 하소서

가 정결하게 될 것입니다 나를 씻
어 주시리니 내가 눈보다 희게 될
것입니다
10 나로 즐거움과 기쁨을 듣게 하
소서 낮아진 뼈들이 즐거워할 것
입니다
11 당신의 얼굴을 나의 죄에서 돌
리소서 내 모든 불법을 지워 주
소서
12 내 안에 정결한 마음을 창조하
소서 하나님 나의 속 깊은 곳에
올곧은 영을 새롭게 하소서
13 당신의 얼굴 앞에서 나를 내치
지 마시고 당신의 거룩한 영을 내
게서 거두지 마소서
14 당신의 구원의 즐거움을 내게
돌려주소서 인도하는 영으로 나
를 견고하게 하소서
15 내가 당신의 길들을 불법자들
에게 가르치겠습니다 그러면 불
경한 자들이 당신께 돌아올 것입
니다
16 피 흘림에서 나를 건지소서 하
나님 나의 구원의 하나님 내 혀가
당신의 의를 즐거워하리이다
17 주여 당신께서 나의 입술을 여

내가 정하리이다 나를 씻기소서
내가 눈보다 희리이다
8 나로 즐겁고 기쁜 소리를 듣게 하
사 주께서 꺾으신 뼈로 즐거워하
게 하소서
9 주의 얼굴을 내 죄에서 돌이키시
고 내 모든 죄악을 도말하소서
10 하나님이여 내 속에 정한 마음
을 창조하시고 내 안에 정직한 영
을 새롭게 하소서
11 나를 주 앞에서 쫓아내지 마시
며 주의 성신을 내게서 거두지 마
소서
12 주의 구원의 즐거움을 내게 회
복시키시고 자원하는 심령을 주
사 나를 붙드소서
13 그러하면 내가 범죄자에게 주의
도를 가르치리니 죄인들이 주께
돌아오리이다
14 하나님이여 나의 구원의 하나님
이여 피 흘린 죄에서 나를 건지소
서 내 혀가 주의 의를 높이 노래
하리이다
15 주여 내 입술을 열어 주소서

실 것입니다 그러면 나의 입이 당
신의 찬양을 선포하리이다
18 당신께서 제물을 원하셨다면 내
가 드렸겠지만 당신께서 번제물
들을 기뻐하지 않으실 것이기 때
문입니다
19 하나님께는 부서진 영이 제물입
니다 부서지고 낮아진 마음을 하
나님께서 멸시하지 않으실 것입
니다
20 주여 당신의 기뻐하심으로 시온
에 선을 행하소서 그리고 예루살
림 성벽들이 세워지게 하소서
21 그때 당신께서 의의 제사를 기
뻐하실 것입니다 예물과 번제를
그때 그들이 송아지들을 당신의
제단에 드릴 것입니다

내 입이 주를 찬송하여 전파하리
이다
16 주는 제사를 즐겨 아니하시나니
그렇지 않으면 내가 드렸을 것이
라 주는 번제를 기뻐 아니하시나
이다
17 하나님의 구하시는 제사는 상한
심령이라 하나님이여 상하고 통
회하는 마음을 주께서 멸시치 아
니하시리이다
18 주의 은택으로 시온에 선을 행
하시고 예루살렘 성을 쌓으소서
19 그 때에 주께서 의로운 제사와
번제와 온전한 번제를 기뻐하시
리니 저희가 수소로 주의 단에 드
리리이다

51 완성을 향하여 다비드에게
속한 깨우침의 (시) 2 이두메
아 사람 도이끄가 사울에게 소식
을 전하러 와서 다비드가 아비멜
레크의 집으로 갔다고 그에게 말
했을 때
3 강한 자여 왜 너는 악하게 온종일

다윗의 마스길영장으로 한 노래 에돔인 도엑이 사울에게 이르러 다윗이 아히멜렉의 집에 왔더라 하던 때에

52 강포한 자여 네가 어찌하여
악한 계획을 스스로 자랑하
는고 하나님의 인자하심은 항상
있도다

칠십인역

불법을 자랑하는가
4 너의 혀는 불의를 도모하였다 너
는 날카로운 면도날처럼 속임수
를 지어냈다
5 너는 선보다 악을 의를 말하기보
다 불의를 사랑하였다
(간주)
6 너는 온갖 파멸의 말을 사랑하였
다 속이는 혀여
7 이러므로 하나님께서 너를 완전
히 멸하시리라 그가 장막에서 너
를 뽑아내시고 너를 제거하시기
를 원하노라 산 자들의 땅에서 네
뿌리도
(간주)
8 그러면 의인들이 보고 두려워하
며 저를 비웃으며 말할 것이다
9 보라 하나님을 자신의 도움으로
삼지 않고 오히려 자신의 부의 풍
부함에 소망을 걸며 자신의 헛것
으로 힘을 얻은 사람을
10 그러나 나는 하나님의 집에서
열매 맺는 올리브 나무와 같다 나
는 하나님의 인애를 소망하였다
영원히 영원무궁토록
11 나는 영원토록 당신께 감사찬양

개역한글

2 네 혀가 심한 악을 꾀하여 날카로
운 삭도같이 간사를 행하는도다
3 네가 선보다 악을 사랑하며 의를
말함보다 거짓을 사랑하는도다
(셀라)
4 간사한 혀여 네가 잡아먹는 모든
말을 좋아하는도다
5 그런즉 하나님이 영영히 너를 멸
하심이여 너를 취하여 네 장막에
서 뽑아 내며 생존하는 땅에서 네
뿌리를 빼시리로다 (셀라)
6 의인이 보고 두려워하며 또 저를
비웃어 말하기를
7 이 사람은 하나님으로 자기 힘을
삼지 아니하고 오직 그 재물의 풍
부함을 의지하며 제 악으로 스스
로 든든케 하던 자라 하리로다
8 오직 나는 하나님의 집에 있는
푸른 감람나무 같음이여 하나님
의 인자하심을 영영히 의지하리
로다

하겠습니다 당신께서 행하셨기
때문입니다 또 나는 당신의 이름
을 기다리겠습니다 이것이 당신
의 경건한 자들 앞에 선한 것이기
때문입니다

9 주께서 이를 행하셨으므로 내가
영영히 주께 감사하고 주의 이름
이 선함으로 주의 성도 앞에서 내
가 주의 이름을 의지하리이다

52 완성을 향하여 마엘레트를
위하여 다비드에게 속한 깨
우침의 (시)
2 어리석은 자는 자기 마음속으로
하나님은 없다고 말했다 저들은
불법으로 부패하고 혐오스러워
졌다 선을 행하는 자가 없다
3 하나님께서 하늘에서 인생들을
내려다보셨다 혹시 총명하거나
하나님을 찾는 이가 있는가를 알
아보려 하심이다
4 모두 하나같이 치우쳐서 쓸모없
이 되었고 선을 행하는 자가 없고
하나도 없다
5 불법을 저지르는 자들 모두 깨닫
지 않으려는가 내 백성을 밥 먹듯
이 먹어 치우는 자들은 하나님을
부르지 않았다
6 거기 두려움이 없던 곳에서 저들

다윗의 마스길영장으로 마할랏에 맞춘 노래

53 어리석은 자는 그 마음에
이르기를 하나님이 없다 하
도다 저희는 부패하며 가증한 악
을 행함이여 선을 행하는 자가 없
도다
2 하나님이 하늘에서 인생을 굽어
살피사 지각이 있는 자와 하나님
을 찾는 자가 있는가 보려 하신즉
3 각기 물러가 함께 더러운 자가 되
고 선을 행하는 자 없으니 하나도
없도다
4 죄악을 행하는 자는 무지하뇨 저
희가 떡 먹듯이 내 백성을 먹으
면서 하나님을 부르지 아니하는
도다
5 저희가 두려움이 없는 곳에서 크
게 두려워하였으니 너를 대하여
진친 저희의 뼈를 하나님이 흩으

칠십인역

이 두려움을 두려워하리니 하나
님께서 사람을 기쁘게 하는 자들
의 뼈들을 흩으셨음이라 저들이
부끄러움을 당했으니 하나님께
서 저들을 멸시하셨음이라
7 누가 시온에서 이스라일에게 구원
을 베풀까 주께서 자기 백성의 포
로를 돌이키실 때에 야꼽은 즐거
워하고 이스라일은 기뻐하리라

53 완성을 향하여 찬송시들 가
운데 다비드에게 속한 깨우
침의 (시)
2 지페오 사람들이 와서 사울에게
말했을 때
보소서 다비드가 우리 곁에 숨지
않았습니까
3 하나님 당신의 이름으로 나를 구
원하시며 당신의 능력으로 나를
판결하소서
4 하나님 나의 기도를 들어주소서
내 입의 말들에 귀를 기울이소서
5 이방인들이 나를 대항하여 일어
났고 강한 자들이 나의 영혼을
노렸기 때문입니다 저들은 자기

개역한글

심이라 하나님이 저희를 버리신
고로 네가 저희로 수치를 당케 하
였도다
6 시온에서 이스라엘을 구원하여
줄 자 누구인고 하나님이 그 백성
의 포로된 것을 돌이키실 때에 야
곱이 즐거워하며 이스라엘이 기
뻐하리로다

다윗의 마스길영장으로 현악에 맞춘 노래 십인
이 사울에게 이르러 말하기를 다윗이 우리 곳
에 숨지 아니하였나이까 하던 때에

54 하나님이여 주의 이름으로
나를 구원하시고 주의 힘으
로 나를 판단하소서
2 하나님이여 내 기도를 들으시며
내 입의 말에 귀를 기울이소서
3 외인이 일어나 나를 치며 강포한
자가 내 생명을 수색하며 하나님
을 자기 앞에 두지 아니하였음이
니이다 (셀라)

들 앞에 하나님을 모시지 않았습
니다
(간주)
6 보라 하나님께서 나를 돕고 계시
니 곧 주께서 내 영혼의 보호자
시라
7 그가 원수들에게 악한 것들을 되
돌리시리라 당신의 진리로 저들
을 멸하소서
8 자원함으로 당신께 제사 드리겠
습니다 당신의 이름에 감사찬양
하겠습니다 주여 이것이 좋기 때
문입니다
9 이는 당신께서 모든 환난에서 나
를 구출하셨고 나의 눈이 내 원수
들 가운데서 목도하였기 때문입
니다

4 하나님은 나의 돕는 자시라 주께
서 내 생명을 붙드는 자와 함께
하시나이다
5 주께서 내 원수에게 악으로 갚으
시리니 주의 성실하심으로 저희
를 멸하소서
6 내가 낙헌제로 주께 제사하리이
다 여호와여 주의 이름에 감사하
오리니 주의 이름이 선하심이니
이다
7 대저 주께서 모든 환난에서 나를
건지시고 내 원수가 보응받는 것
을 나로 목도케 하셨나이다

54 완성을 향하여 찬송시들 가
운데 다비드에게 속한 깨우
침의 (시)
2 하나님 나의 기도에 귀 기울이시
고 나의 간구를 외면하지 마소서
3 나에게 유념하사 나를 들어주소
서 나는 근심 중에 슬퍼하며 불안

다윗의 마스길영장으로 현악에 맞춘 노래

55 하나님이여 내 기도에 귀를
기울이시고 내가 간구할 때
에 숨지 마소서
2 내게 굽히사 응답하소서 내가 근
심으로 편치 못하여 탄식하오니

하였습니다
4 원수의 소리와 죄인의 압제로 인
함입니다 저들이 나를 대항하여
불법으로 치우쳤으며 나에게 화
를 내며 분노하였기 때문입니다
5 내 마음은 내 안에서 불안하였
고 죽음의 공포가 나를 엄습했습
니다
6 두려움과 떨림이 내게 임하고 어
둠이 나를 덮었습니다
7 그래서 내가 말했습니다 누가 나
에게 비둘기처럼 날개를 줄까 그
러면 내가 날아가서 쉴 수 있을까
8 보라 나는 멀리 도망가서 광야에
서 유숙하였다

(간주)

9 나를 구원하시는 분을 내가 기대
하곤 하였다 낙심과 폭풍 앞에서
10 주여 저들의 언어를 소멸시키고
나누소서 내가 도성 안에서 불법
과 다툼을 보았기 때문입니다
11 낮과 밤에 그 성벽 위에서 그것
을 둘러쌀 것입니다 그 가운데 있
는 불법과 고통과 불의가
12 그리고 고리대금과 속임수가
도성의 거리에서 떠나지 않았습

3 이는 원수의 소리와 악인의 압
제의 연고라 저희가 죄악으로 내
게 더하며 노하여 나를 핍박하나
이다
4 내 마음이 내 속에서 심히 아파하
며 사망의 위험이 내게 미쳤도다
5 두려움과 떨림이 내게 이르고 황
공함이 나를 덮었도다
6 나의 말이 내가 비둘기같이 날
개가 있으면 날아가서 편히 쉬리
로다
7 내가 멀리 날아가서 광야에 거하
리로다 (셀라)
8 내가 피난처에 속히 가서 폭풍과
광풍을 피하리라 하였도다
9 내가 성내에서 강포와 분쟁을 보
았사오니 주여 저희를 멸하소서
저희 혀를 나누소서
10 저희가 주야로 성벽 위에 두루
다니니 성중에는 죄악과 잔해함
이 있으며
11 악독이 그 중에 있고 압박과 궤
사가 그 거리를 떠나지 않도다

니다
13 원수가 나를 조롱했다면 나는
참았으리라 나를 미워하는 자가
나에게 우쭐댔다면 나는 저에게
서 숨었으리라
14 그러나 그대여 같은 영혼의 사
람아 나의 인도자 나의 동무야
15 그대는 나와 함께 음식에 단맛
을 내었다 하나님의 집에서 우리
는 한마음으로 다녔다
16 저들 위에 죽음이 임할지어다
저들은 산채로 아디스에 내려갈
지어다 이는 저들 가운데 저들이
유하는 곳에 사악함이 있기 때문
이라
17 그러나 나는 하나님께 부르짖
었다 그러자 주께서 나를 들어주
셨다
18 저녁과 아침과 대낮에 내가 이
야기하리라 선포하리라 그러면
그가 내 목소리를 들으시리라
19 그가 내게 접근하는 자들에게서
내 영혼을 평안하게 속량하시리
라 이러한 자들이 나에게 많았기
때문이라
20 하나님께서 들으시고 저들을 낮

12 나를 책망한 자가 원수가 아니
라 원수일진대 내가 참았으리라
나를 대하여 자기를 높이는 자가
나를 미워하는 자가 아니라 미워
하는 자일진대 내가 그를 피하여
숨었으리라
13 그가 곧 너로다 나의 동류 나의
동무요 나의 가까운 친우로다
14 우리가 같이 재미롭게 의논하며
무리와 함께 하여 하나님의 집 안
에서 다녔도다
15 사망이 홀연히 저희에게 임하여
산 채로 음부에 내려갈지어다 이
는 악독이 저희 거처에 있고 저희
가운데 있음이로다
16 나는 하나님께 부르짖으리니 여
호와께서 나를 구원하시리로다
17 저녁과 아침과 정오에 내가 근
심하여 탄식하리니 여호와께서
내 소리를 들으시리로다
18 나를 대적하는 자 많더니 나를
치는 전쟁에서 저가 내 생명을 구
속하사 평안하게 하셨도다
19 태고부터 계신 하나님이 들으시

칠십인역

추시리라 영원 전부터 계신 분
(간주)
저들에게는 변화가 없고 저들이
하나님을 두려워하지 않았기 때
문이다
21 되갚으실 때 그가 자신의 손을
펼치셨다 저들은 그의 언약을 범
하였다
22 그의 얼굴의 진노로 인하여 저
들이 찢어졌으나 그의 마음은 가
까워졌다 그의 말씀들은 기름보
다 부드러워졌으나 그것들은 화
살들이로다
23 너의 염려를 주께 던져라 그러
면 그가 너를 먹이시고 의인이 영
원히 흔들리지 않게 하시리라
24 그러나 하나님 당신께서 저들을
멸망의 샘에 빠트리실 것입니다
피흘림과 속임수의 사람들 저들
은 결코 자기들의 날을 반도 살지
못할 것입니다 그러나 나는 당신
을 소망할 것입니다 주여

개역한글

고 (셀라) 변치 아니하며 하나님
을 경외치 아니하는 자에게 보응
하시리로다
20 저는 손을 들어 자기와 화목한
자를 치고 그 언약을 배반하였
도다
21 그 입은 우유 기름보다 미끄러
워도 그 마음은 전쟁이요 그 말은
기름보다 유하여도 실상은 뽑힌
칼이로다
22 네 짐을 여호와께 맡겨 버리라
너를 붙드시고 의인의 요동함을
영영히 허락지 아니하시리로다
23 하나님이여 주께서 저희로 파멸
의 웅덩이에 빠지게 하시리이다
피를 흘리게 하며 속이는 자들은
저희 날의 반도 살지 못할 것이나
나는 주를 의지하리이다

55 완성을 향하여 성소에서 멀
리 옮겨진 백성에 관하여
다비드에게 속한 (시) 비문을 위하
여 게트에서 이방인들이 그를 붙
잡았을 때
2 나를 불쌍히 여기소서 주여 사람
이 나를 짓밟았기 때문입니다 온
종일 싸우는 자가 나를 괴롭혔습
니다
3 내 원수들이 온종일 나를 짓밟았
습니다 높은 곳에서 나와 싸우는
자들이 많기 때문입니다
4 내가 두려워할 날들에 오히려 나
는 당신을 소망할 것입니다
5 하나님 안에서 나는 온종일 내게
있는 말씀들을 칭송하겠습니다
내가 하나님을 소망하였으니 두
려워하지 않겠습니다 육신이 내
게 무엇을 하겠습니까
6 저들은 온종일 나의 말들을 혐오
하였습니다 나를 대적하는 저들
의 생각은 다 악을 향합니다
7 저들은 곁에 살며 숨어있을 것입
니다 저들은 나의 발꿈치를 지켜
볼 것입니다 저들이 내 목숨을 노
렸기 때문입니다

다윗의 믹담 시 영장으로 요낫 엘렘 르호김에
맞춘 노래 다윗이 가드에서 블레셋인에게 잡힌
때에

56 하나님이여 나를 긍휼히 여
기소서 사람이 나를 삼키려
고 종일 치며 압제하나이다
2 나의 원수가 종일 나를 삼키려 하
며 나를 교만히 치는 자 많사오니
3 내가 두려워하는 날에는 주를 의
지하리이다
4 내가 하나님을 의지하고 그 말씀
을 찬송하올지라 내가 하나님을
의지하였은즉 두려워 아니하리
니 혈육 있는 사람이 내게 어찌하
리이까
5 저희가 종일 내 말을 곡해하며
내게 대한 저희 모든 사상은 사
악이라
6 저희가 내 생명을 엿보던 것과 같
이 또 모여 숨어 내 종적을 살피
나이다

칠십인역

8 어떤 경우에도 저들을 구원하지
마소서 진노로 백성을 무너트리
소서 하나님
9 나의 생애를 당신께 알렸습니다
나의 눈물을 당신 앞에 두셨습니
다 당신의 약속대로
10 나의 원수들이 뒤로 물러날 것
입니다 내가 당신께 부르짖는 날
에 보소서 당신이 나의 하나님이
심을 나는 알았습니다
11 하나님께 내가 말로 찬양하겠습
니다 주께 내가 언어로 찬양하겠
습니다
12 하나님을 내가 소망하였으니 두
려워하지 않겠습니다 사람이 내
게 무엇을 하겠습니까
13 하나님 내 안에는 찬양으로 당신
께 갚아드릴 서원들이 있습니다
14 이는 당신께서 내 영혼을 죽음
에서 내 발을 미끄러짐에서 건지
셨기 때문입니다 이는 산 자들의
빛 안에서 하나님 앞에서 기쁘시
게 하기 위함입니다

개역한글

7 저희가 죄악을 짓고야 피하오리
이까 하나님이여 분노하사 뭇 백
성을 낮추소서
8 나의 유리함을 주께서 계수하셨
으니 나의 눈물을 주의 병에 담으
소서 이것이 주의 책에 기록되지
아니하였나이까
9 내가 아뢰는 날에 내 원수가 물러
가리니 하나님이 나를 도우심인
줄 아나이다
10 내가 하나님을 의지하여 그 말
씀을 찬송하며 여호와를 의지하
여 그 말씀을 찬송하리이다
11 내가 하나님을 의지하였은즉 두
려워 아니하리니 사람이 내게 어
찌하리이까
12 하나님이여 내가 주께 서원함이
있사온즉 내가 감사제를 주께 드
리리니
13 주께서 내 생명을 사망에서 건지
셨음이라 주께서 나로 하나님 앞
생명의 빛에 다니게 하시려고 실
족지 않게 하지 아니하셨나이까

56 완성을 향하여 멸절하지 마
소서 다비드에게 속한 (시)
비문을 위하여 그가 사울의 얼굴
을 피하여 동굴로 도망하였을 때
2 나를 불쌍히 여기소서 하나님 나
를 불쌍히 여기소서 이는 나의 영
혼이 당신을 신뢰하였고 당신의
날개 그늘에서 소망할 것이기 때
문입니다 불법이 지나가기까지
3 내가 지존자 하나님을 향하여 부
르짖을 것이다 나를 선대하신 하
나님께
4 그가 하늘로부터 보내사 나를 구
원하셨다 나를 짓밟는 자들을 비
방거리로 삼으셨다
(간주)
하나님께서 그의 인애와 그의 진
리를 보내셨다
5 그래서 나의 목숨을 사자 새끼들
의 한복판에서 건지셨다 나는 근
심하며 잠들었다 인생들 저들의
이빨은 무기와 화살 그리고 저들
의 혀는 날카로운 칼이었다
6 하나님 하늘들 위에 높임을 받으
소서 당신의 영광이 온 땅 위에
7 저들이 내 발에 덫을 준비하고 내

다윗의 믹담 시 영장으로 알다스헷에 맞춘
노래 다윗이 사울을 피하여 굴에 있던 때에

57 하나님이여 나를 긍휼히 여
기시고 나를 긍휼히 여기소
서 내 영혼이 주께로 피하되 주의
날개 그늘 아래서 이 재앙이 지나
기까지 피하리이다
2 내가 지극히 높으신 하나님께 부
르짖음이여 곧 나를 위하여 모든
것을 이루시는 하나님께로다
3 저가 하늘에서 보내사 나를 삼키
려는 자의 비방에서 나를 구원하
실지라 (셀라) 하나님이 그 인자
와 진리를 보내시리로다
4 내 혼이 사자 중에 처하며 내가
불사르는 자 중에 누웠으니 곧 인
생 중에라 저희 이는 창과 살이요
저희 혀는 날카로운 칼 같도다
5 하나님이여 주는 하늘 위에 높이
들리시며 주의 영광은 온 세계 위
에 높아지기를 원하나이다
6 저희가 내 걸음을 장애하려고

영혼을 억눌렀으며 내 얼굴 앞에
구덩이를 팠으나 저들이 그 안에
빠졌습니다
(간주)
8 하나님 내 마음이 준비되었습니
다 내 마음이 준비되었습니다 내
가 노래하고 찬송하겠습니다
9 내 영광아 깨어나라 하프와 키타
라야 깨어나라 내가 새벽에 깨어
나리라
10 주여 내가 백성 가운데서 당신
께 감사하고 열방 가운데서 당신
께 찬송하겠습니다
11 당신의 인애가 하늘까지 창대해
졌기 때문입니다 당신의 진리도
구름까지
12 하나님 하늘들 위에 높임을 받
으소서 당신의 영광이 온 땅 위에

그물을 예비하였으니 내 영혼이
억울하도다 저희가 내 앞에 웅덩
이를 팠으나 스스로 그 중에 빠졌
도다 (셀라)
7 하나님이여 내 마음이 확정되었
고 내 마음이 확정되었사오니 내
가 노래하고 내가 찬송하리이다
8 내 영광아 깰지어다 비파야 수금
아 깰지어다 내가 새벽을 깨우리
로다
9 주여 내가 만민 중에서 주께 감사
하오며 열방 중에서 주를 찬송하
리이다
10 대저 주의 인자는 커서 하늘에
미치고 주의 진리는 궁창에 이르
나이다
11 하나님이여 주는 하늘 위에 높
이 들리시며 주의 영광은 온 세계
위에 높아지기를 원하나이다

57

완성을 향하여 멸절하지 마
소서 다비드에게 속한 (시)
비문을 위하여
2 과연 진실로 너희가 의를 말하고
있는가 인생들아 너희가 올곧게

다윗의 믹담 시 영장으로 알다스헷에 맞춘 노래

58

인자들아 너희가 당연히 공
의를 말하겠거늘 어찌 잠잠
하느뇨 너희가 정직히 판단하느
뇨

판결하고 있는가
3 진정 너희가 땅에서 마음으로 불
법을 지어내고 너희의 손은 불의
를 함께 엮어내는구나
4 죄인들은 모태에서부터 스스로
소외되었고 태에서부터 길을 잃
었으며 거짓을 말했다
5 그들의 분노는 뱀을 닮았으니 마
치 자기 귀를 막아 귀먹은 독사와
같다
6 그것은 주술사의 주문 소리를 듣
지 않을 것이다 기술 좋은 마술사
의 마술 소리도
7 하나님께서 저들의 입안에 있는
저들의 이를 부수셨다 주께서 사
자들의 어금니를 깨트리셨다
8 저들은 흘러가는 물처럼 멸시당
하리라 그가 저들이 약해질 때까
지 자신의 활을 당기실 것이다
9 녹아내린 밀랍처럼 저들은 사라
지리라 불이 떨어져서 저들은 해
를 보지 못하였다
10 너희의 엉겅퀴가 가시를 알아채
기도 전에 그가 진노 중에 산채로
너희를• 삼켜버리시리라

• S에는 "저들을"

2 오히려 너희가 중심에 악을 행하
며 땅에서 너희 손의 강포를 달아
주는도다
3 악인은 모태에서부터 멀어졌음
이여 나면서부터 곁길로 나아가
거짓을 말하는도다
4 저희의 독은 뱀의 독 같으며 저
희는 귀를 막은 귀머거리 독사
같으니
5 곧 술사가 아무리 공교한 방술을
행할지라도 그 소리를 듣지 아니
하는 독사로다
6 하나님이여 저희 입에서 이를 꺾
으소서 여호와여 젊은 사자의 어
금니를 꺾어 내시며
7 저희로 급히 흐르는 물같이 사라
지게 하시며 겨누는 살이 꺾임 같
게 하시며
8 소멸하여 가는 달팽이 같게 하시
며 만기되지 못하여 출생한 자가
일광을 보지 못함 같게 하소서
9 가시나무 불이 가마를 더웁게 하
기 전에 저가 생것과 불붙는 것을
회리바람으로 제하여 버리시리
로다
10 의인은 악인의 보복당함을 보고

11 의인은 기뻐하리라 그가 불경한
자들의• 되갚음을 볼 때 그가 죄
인의 피로 자기 손을 씻으리라
12 그러면 사람은 말하리라 참으로
의인에게 열매가 있구나 참으로
땅에서 저들을 심판하시는 하나
님이 계시는구나

기뻐함이여 그 발을 악인의 피에
씻으리로다
11 때에 사람의 말이 진실로 의인
에게 갚음이 있고 진실로 땅에서
판단하시는 하나님이 계시다 하
리로다

58 완성을 향하여 멸절하지 마
소서 다비드에게 속한 (시)
비문을 위하여 사울이 보내서 그
를 죽이려고 그의 집을 지켰을 때
2 나의 원수들에게서 나를 빼내어
주소서 하나님 나를 대항하여 일
어나는 자들에게서 나를 속량하
소서
3 불법을 자행하는 자들에게서 나
를 구출하시고 피 흘리는 자들에
게서 나를 구원하소서
4 보소서 저들이 내 영혼을 사냥하
였습니다 강한 자들이 나를 덮쳤
습니다 나의 불법도 없고 나의 죄
도 없습니다 주여

다윗의 믹담 시 영장으로 알다스헷에 맞춘 노래 사울이 사람을 보내어 다윗을 죽이려고 그 집을 지킨 때에

59 나의 하나님이여 내 원수에
게서 나를 건지시고 일어나
치려는 자에게서 나를 높이 드소
서
2 사악을 행하는 자에게서 나를 건
지시고 피 흘리기를 즐기는 자에
게서 나를 구원하소서
3 저희가 나의 생명을 해하려고 엎
드려 기다리고 강한 자가 모여 나
를 치려 하오니 여호와여 이는 나
의 범과를 인함이 아니요 나의 죄
를 인함도 아니로소이다
4 내가 허물이 없으나 저희가 달려
와서 스스로 준비하오니 주여 나

• S에는 "불경한 자들의"가 없음

5 불법도 없는데 저들은 달려서 직
행하였습니다 나와 만남을 위하
여 깨어나사 보소서
6 그리고 주여 당신은 군대들의 하
나님 이스라일의 하나님이십니다
유념하사 모든 열방을 감찰하소
서 불법을 자행하는 모든 자를 동
정하지 마소서
(간주)
7 저들이 저녁에 돌아와서는 개처
럼 굶주려 도성을 둘러쌀 것입
니다
8 보소서 저들이 자기들의 입으로
내뱉을 것입니다 저들의 입술에
는 칼이 있습니다 누가 들었겠어
9 그러나 주여 당신께서 저들을 비
웃으실 것입니다 당신께서 모든
열방을 경멸하실 것입니다
10 나의 힘이시여 당신을 위하여
내가 파수하겠습니다 하나님은
나의 지지자이시기 때문입니다
11 나의 하나님 그의 인애가 나를
앞서갈 것이다 하나님께서 나의
원수들 가운데서 나에게 보이실
것이다
12 저들을 죽이지 마소서 그러면

를 도우시기 위하여 깨사 감찰하
소서
5 만군의 하나님 여호와 이스라엘
의 하나님이여 일어나 열방을 벌
하소서 무릇 간사한 악인을 긍휼
히 여기지 마소서 (셀라)
6 저희가 저물게 돌아와서 개처럼
울며 성으로 두루 다니고
7 그 입으로 악을 토하며 그 입술에
는 칼이 있어 이르기를 누가 들으
리요 하나이다
8 여호와여 주께서 저희를 웃으시
리니 모든 열방을 비웃으시리이
다
9 하나님은 나의 산성이시니 저의
힘을 인하여 내가 주를 바라리이
다
10 나의 하나님이 그 인자하심으
로 나를 영접하시며 내 원수의
보응받는 것을 나로 목도케 하시
리이다
11 저희를 죽이지 마옵소서 나의

칠십인역

저들이 나의 백성•을 잊을 것입니
다 당신의 강력으로 저들을 흩으
시고 저들을 끌어내리소서 나의
보호자이신 주여
13 저들의 입의 죄로 저들의 입술
의 말로 저들이 자기들의 교만에
걸리게 하소서 저주와 거짓들 때
문에 종말이 선포되리라
14 종말의 진노로 인하여 저들은
결단코 존재하지 않으리라 그러
면 저들은 하나님께서 야곱과 땅
끝의 주인이심을 알게 되리라

(간주)

15 저들이 저녁에 돌아와서는 개
처럼 굶주려 도성을 둘러쌀 것입
니다
16 저들은 먹기 위해 흩어질 것입
니다 그러나 배가 부르지 않으면
저들은 불평할 것입니다
17 그러나 나는 당신의 능력을 노
래할 것입니다 그리고 아침에 당
신의 인애를 즐거워할 것입니다
이는 당신께서 나의 지지자 나의
환난 날에 피난처가 되셨기 때문

개역한글

백성이 잊을까 하나이다 우리 방
패되신 주여 주의 능력으로 저희
를 흩으시고 낮추소서
12 저희 입술의 말은 곧 그 입의 죄
라 저희의 저주와 거짓말을 인하
여 저희로 그 교만한 중에서 사로
잡히게 하소서
13 진노하심으로 소멸하시되 없기
까지 소멸하사 하나님이 야곱 중
에 다스리심을 땅 끝까지 알게 하
소서 (셀라)
14 저희로 저물게 돌아와서 개처럼
울며 성으로 두루 다니게 하소서
15 저희는 식물을 위하여 유리하다
가 배부름을 얻지 못하면 밤을 새
우려니와
16 나는 주의 힘을 노래하며 아침
에 주의 인자하심을 높이 부르오
리니 주는 나의 산성이시며 나의
환난 날에 피난처심이니이다

• B S에서는 "당신의 율법"

입니다
18 나의 돕는 분 당신께 내가 찬송
하리이다 하나님 당신은 나의 지
지자 나의 하나님 나의 인애이시
기 때문입니다

17 나의 힘이시여 내가 주께 찬송
하오리니 하나님은 나의 산성이
시며 나를 긍휼히 여기시는 하나
님이심이니이다

59 완성을 향하여 여전히 변화
될 이들에게 비문을 위하여
다비드에게 속한 (시) 2 가르침을
위하여 그가 시리아의 메소뽀따미
아와 시리아 소바를 불태웠을 때
요압이 돌아와서 소금 골짜기에
서 12000명을 물리쳤을 때
3 하나님 당신께서 우리를 거절하
시고 우리를 멸하셨습니다 진노
하셨으나 우리를 긍휼히 여기셨
습니다
4 당신께서 땅을 흔드시고 그것을
혼란케 하셨습니다 땅이 흔들렸
으니 그 무너진 것들을 고치소서
5 당신의 백성에게 혹독한 일들을
보이셨습니다 우리에게 혼미케
하는 술을 마시게 하셨습니다
6 당신을 경외하는 자들에게 신호
를 주셔서 활 앞에서 달아나게 하

다윗이 교훈하기 위하여 지은 믹담 영장으로
수산에듯에 맞춘 노래 다윗이 아람 나하라임과
아람 소바와 싸우는 중에 요압이 돌아와 에돔
을 염곡에서 쳐서 일만 이천인을 죽인 때에

60 하나님이여 주께서 우리를
버려 흩으셨고 분노하셨사
오나 지금은 우리를 회복시키소
서
2 주께서 땅을 진동시키사 갈라지
게 하셨사오니 그 틈을 기우소서
땅이 요동함이니이다
3 주께서 주의 백성에게 어려움을
보이시고 비척거리게 하는 포도
주로 우리에게 마시우셨나이다
4 주를 경외하는 자에게 기를 주시
고 진리를 위하여 달게 하셨나이
다 (셀라)

칠십인역

셨습니다

(간주)

7 당신의 사랑하시는 자들이 구출
되도록 당신의 오른손으로 구원
하소서 나를 경청하소서
8 하나님께서 자신의 성소에서 말
씀하셨다 나는 즐거워하며 시끼
마를 나누리라 또한 장막의 골짜
기를 측량하리라
9 갈라드가 내 것이고 마낫시도 내
것이다 에프렘이 내 머리의 힘이
며 유다는 내 왕이다
10 모압은 내 소망의 놋대야 내 신
발을 이두메아 위에 두리라 이방
인들이 나에게 복종하였다
11 누가 나를 요새화 된 성으로 이
끌 것인가 누가 나를 이두메아까
지 인도할 것인가
12 당신이 아니십니까 하나님 진정
우리를 거절하신 이가 하나님 그
러면 우리의 군대와 함께 나아가
지 않으시리이다
13 환난에서 우리에게 도움을 주소
서 사람의 구원은 헛됩니다
14 그러나 하나님 안에서 우리는
능력을 행하리니 그가 우리를 괴

개역한글

5 주의 사랑하시는 자를 건지시기
위하여 우리에게 응답하사 오른
손으로 구원하소서
6 하나님이 그 거룩하심으로 말씀
하시되 내가 뛰놀리라 내가 세겜
을 나누며 숙곳 골짜기를 척량하
리라
7 길르앗이 내 것이요 므낫세도 내
것이며 에브라임은 내 머리의 보
호자요 유다는 나의 홀이며
8 모압은 내 목욕통이라 에돔에는
내 신을 던지리라 블레셋아 나를
인하여 외치라 하셨도다
9 누가 나를 이끌어 견고한 성에 들
이며 누가 나를 에돔에 인도할꼬
10 하나님이여 주께서 우리를 버리
지 아니하셨나이까 하나님이여
주께서 우리 군대와 함께 나아가
지 아니하시나이다
11 우리를 도와 대적을 치게 하소
서 사람의 구원은 헛됨이니이다
12 우리가 하나님을 의지하고 용감
히 행하리니 저는 우리의 대적을
밟으실 자심이로다

롭히는 자들을 경멸하시리라

60 완성을 향하여 찬송시들 가
운데 다비드에게 속한 (시)
2 하나님 나의 탄원을 들어주소서
나의 기도에 유념하소서
3 땅끝에서 당신을 향하여 내가 부
르짖었습니다 내 마음이 지쳤을
때 당신께서 나를 바위 위에 올리
셨습니다
4 당신께서 나를 인도하셨습니다
당신께서 나의 소망이시며 원수
의 면전에서 강한 망대가 되셨기
때문입니다
5 나는 당신의 장막에 영원히 거할
것입니다 당신의 날개 그늘에 보
호받을 것입니다
(간주)
6 하나님 당신께서 나의 서원을 들
으셨기에 당신의 이름을 경외하
는 자들에게 유업을 주셨습니다
7 왕의 날들 위에 날들을 더하실 것
입니다 그의 연수는 세대와 세대
의 날들까지
8 그가 하나님 앞에서 영원토록 거

다윗의 시 영장으로 현악에 맞춘 노래

61 하나님이여 나의 부르짖음
을 들으시며 내 기도에 유의
하소서
2 내 마음이 눌릴 때에 땅 끝에서부
터 주께 부르짖으오리니 나보다
높은 바위에 나를 인도하소서
3 주는 나의 피난처시요 원수를 피
하는 견고한 망대심이니이다
4 내가 영원히 주의 장막에 거하며
내가 주의 날개 밑에 피하리이다
(셀라)
5 하나님이여 내 서원을 들으시고
주의 이름을 경외하는 자의 얻을
기업을 내게 주셨나이다
6 주께서 왕으로 장수케 하사 그 나
이 여러 대에 미치게 하시리이다
7 저가 영원히 하나님 앞에 거하리
니 인자와 진리를 예비하사 저를
보호하소서

하리니 그의 인애와 진리를 누가
다 찾아내리이까
9 이처럼 당신의 이름을 영원무궁
토록 찬송하겠습니다 날마다 나
의 서원을 내가 갚기 위함입니다

8 그리하시면 내가 주의 이름을 영
원히 찬양하며 매일 나의 서원을
이행하리이다

61 완성을 향하여 이디툰을 위
하여 다비드에게 속한 시
2 나의 영혼이 하나님께 복종하지
않겠는가 나의 구원이 그에게서
오기 때문이로다
3 진실로 그가 나의 하나님과 나의
구원자 나의 지지자이시니 나는
더 이상 결코 흔들리지 않으리
4 너희가 언제까지 사람을 공격하
려는가 너희는 모두 살인하고 있
다 기울어지는 벽과 밀쳐지는 울
타리처럼
5 참으로 저들은 나의 명예를 없애
려고 모의했고 거짓 가운데 내달
렸다 저들의 입으로는 축복하면
서 저들의 마음으로는 저주하곤
하였다

(간주)

6 그럼에도 하나님께 복종하여라

다윗의 시 영장으로 여두둔의 법칙을 의지하여
한 노래

62 나의 영혼이 잠잠히 하나님
만 바람이여 나의 구원이
그에게서 나는도다
2 오직 저만 나의 반석이시요 나의
구원이시요 나의 산성이시니 내
가 크게 요동치 아니하리로다
3 넘어지는 담과 흔들리는 울타리
같은 사람을 죽이려고 너희가 일
제히 박격하기를 언제까지 하려
느냐
4 저희가 그를 그 높은 위에서 떨어
뜨리기만 꾀하고 거짓을 즐겨하
니 입으로는 축복이요 속으로는
저주로다 (셀라)
5 나의 영혼아 잠잠히 하나님만 바
라라 대저 나의 소망이 저로 좇아
나는도다

나의 영혼아 나의 인내는 그에게
서 오는도다
7 그가 나의 하나님과 나의 구원자
나의 지지자이시기에 나는 결코
떠나지 않으리라
8 하나님께 나의 구원과 나의 영광
이 내 도움의 하나님 나의 소망도
하나님께
9 백성의 모든 회중아 그를 소망하
여라 그의 앞에 너희의 마음을 쏟
아내어라 하나님은 우리의 도움
이시라

(간주)

10 그러나 인생들은 헛되다 인생들
은 거짓되고 저울로 속인다 저들
은 하나같이 헛것에서 왔다
11 너희는 불의를 소망하지 말아라
또 약탈물을 탐하지 말아라 부가
넘쳐나도 마음을 두지 말아라
12 한 번 하나님께서 말씀하셨도다
이 두 가지를 내가 들었다
13 힘은 하나님의 것입니다 또 주
여 인애가 당신께 있습니다 당신
께서 각자에게 자기 행위대로 보
상해주실 것이기 때문입니다

6 오직 저만 나의 반석이시요 나의
구원이시요 나의 산성이시니 내
가 요동치 아니하리로다
7 나의 구원과 영광이 하나님께 있
음이여 내 힘의 반석과 피난처도
하나님께 있도다
8 백성들아 시시로 저를 의지하고
그 앞에 마음을 토하라 하나님은
우리의 피난처시로다 (셀라)
9 진실로 천한 자도 헛되고 높은 자
도 거짓되니 저울에 달면 들려 입
김보다 경하리로다
10 포학을 의지하지 말며 탈취한
것으로 허망하여지지 말며 재물
이 늘어도 거기 치심치 말지어다
11 하나님이 한두 번 하신 말씀을
내가 들었나니 권능은 하나님께
속하였다 하셨도다
12 주여 인자함도 주께 속하였사
오니 주께서 각 사람이 행한 대로
갚으심이니이다

칠십인역

62 다비드에게 속한 시 그가 유
데아 광야에 있을 때
2 하나님 나의 하나님 당신을 향하
여 내가 일찍 일어납니다 나의 영
혼이 당신께 목말랐습니다 나의
육체가 당신께 얼마나 자주 그랬
습니까 길도 없고 물도 없는 황무
한 땅에서
3 이렇듯 내가 거룩한 곳에서 당신
께 보였습니다 당신의 능력과 당
신의 영광을 보기 위함입니다
4 당신의 인애가 생명보다 나으므
로 나의 입술이 당신을 칭송하겠
습니다
5 이처럼 내 생애 동안 당신을 송축
하겠습니다 당신의 이름으로 나
의 손을 들겠습니다
6 기름진 것과 살찐 것으로 함같이
내 영혼이 만족하게 하소서 내
입이 즐거움의 입술로 찬양하리
이다
7 나의 침상에서 당신을 기억하곤
할 때면 새벽마다 당신을 묵상하
곤 하였습니다
8 이는 당신께서 나의 돕는 자가 되
셨기 때문입니다 그리고 나는 당

개역한글

다윗의 시 유다 광야에 있을 때에

63 하나님이여 주는 나의 하나
님이시라 내가 간절히 주를
찾되 물이 없어 마르고 곤핍한 땅
에서 내 영혼이 주를 갈망하며 내
육체가 주를 앙모하나이다
2 내가 주의 권능과 영광을 보려 하
여 이와 같이 성소에서 주를 바라
보았나이다
3 주의 인자가 생명보다 나으므로
내 입술이 주를 찬양할 것이라
4 이러므로 내 평생에 주를 송축하
며 주의 이름으로 인하여 내 손을
들리이다
5 골수와 기름진 것을 먹음과 같이
내 영혼이 만족할 것이라 내 입이
기쁜 입술로 주를 찬송하되
6 내가 나의 침상에서 주를 기억하
며 밤중에 주를 묵상할 때에 하오
리니
7 주는 나의 도움이 되셨음이라

신의 날개 그늘 안에서 즐거워할
것입니다
9 나의 영혼이 당신의 뒤를 붙좇았
습니다 당신의 오른손이 나를 지
지했습니다
10 그러나 저들이 공연히 내 목숨
을 노렸습니다 저들은 땅의 가장
깊은 곳으로 들어갈 것입니다
11 저들이 칼의 손에 넘겨져서 여
우들의 몫이 될 것입니다
12 그러나 왕은 하나님으로 인하여
기뻐할 것이다 그로 맹세하는 자
는 다 칭찬을 받을 것이다 불의를
말하는 자들의 입이 막혔기 때문
이다

내가 주의 날개 그늘에서 즐거이
부르리이다
8 나의 영혼이 주를 가까이 따르
니 주의 오른손이 나를 붙드시거
니와
9 나의 영혼을 찾아 멸하려 하는 저
희는 땅 깊은 곳에 들어가며
10 칼의 세력에 붙인 바 되어 시랑
의 밥이 되리이다
11 왕은 하나님을 즐거워하리니
주로 맹세한 자마다 자랑할 것이
나 거짓말하는 자의 입은 막히리
로다

63 완성을 향하여 다비드에게
속한 시
2 하나님 내가 간구 드릴 때 나의 목
소리를 들어주소서 원수의 두려
움에서 나의 영혼을 건져주소서
3 당신께서 악을 행하는 패거리에
게서 나를 덮으셨습니다 불법을
자행하는 무리에게서
4 저들은 자기들의 혀를 칼처럼 날

다윗의 시 영장으로 한 노래

64 하나님이여 나의 근심하는
소리를 들으시고 원수의
두려움에서 나의 생명을 보존하
소서
2 주는 나를 숨기사 행악자의 비밀
한 꾀에서와 죄악을 짓는 자의 요
란에서 벗어나게 하소서
3 저희가 칼같이 자기 혀를 연마하

칠십인역

카롭게 하였습니다 가혹한 행동
으로 자기들의 활을 당겼습니다
5 무죄한 자를 은밀한 데서 쏘기 위
함입니다 갑자기 저들이 그를 쏘
고 두려워하지 않을 것입니다
6 저들이 악한 말로 스스로 강하게
하였습니다 덫을 숨기기 위하여
이야기했습니다 누가 자기들을
보겠느냐고 말했습니다
7 저들은 불법을 찾아나섰으나 찾
다가 찾기를 단념하였습니다 사
람이 다가오겠고 마음이 깊어지
리라
8 그리고 하나님이 높임을 받으시
리라 저들의 공격은 어린아이의
화살이 되었다
9 저들의 혀는 스스로 풀이 죽었다
저들을 바라보는 자 모두 불안하
였다
10 그러므로 사람마다 두려워하였
다 그래서 그들은 하나님의 행적
을 선포하였다 또 그의 행하신 일
들을 깨달았다
11 의인은 주로 인하여 기뻐하고
그를 소망하리라 마음이 올곧은
자들은 모두 칭찬을 받으리라

개역한글

며 화살같이 독한 말로 겨누고
4 숨은 곳에서 완전한 자를 쏘려 하
다가 갑자기 쏘고 두려워하지 않
도다
5 저희는 악한 목적으로 서로 장
려하며 비밀히 올무 놓기를 함께
의논하고 하는 말이 누가 보리요
하며
6 저희는 죄악을 도모하며 이르기
를 우리가 묘책을 찾았다 하나니
각 사람의 속뜻과 마음이 깊도다
7 그러나 하나님이 저희를 쏘시리
니 저희가 홀연히 살에 상하리
로다
8 이러므로 저희가 엎드러지리니
저희의 혀가 저희를 해함이라 저
희를 보는 자가 다 머리를 흔들리
로다
9 모든 사람이 두려워하여 하나님
의 일을 선포하며 그 행하심을 깊
이 생각하리로다
10 의인은 여호와를 인하여 즐거워
하며 그에게 피하리니 마음이 정
직한 자는 다 자랑하리로다

64 완성을 향하여 다비드에게
속한 시 (예레미아와 예제끼일
의 노래 나그네살이 문제로 인하여 그
들이 떠나려 했을 때)•
2 하나님 시온에서 찬송이 당신께
합당합니다 또 예루살림에서 서
원이 당신께 이행될 것입니다
3 나의 기도를 들어주소서 당신께
모든 육체가 나아올 것입니다
4 불법의 말들이 우리를 압도하였
으나 당신께서 우리의 불경함을
사하실 것입니다
5 복 받았습니다 당신께서 친히 택
하시고 받아주신 이 그는 당신의
뜰에서 거주할 것입니다 당신의
집의 선한 것들로 우리는 배부를
것입니다 당신의 전은 거룩하고
의 안에서 경이롭습니다
6 우리의 구원자이신 하나님 우리
를 경청해주소서 모든 땅끝과 먼
바다의 소망이시여
7 산들을 그의 힘으로 마련하시고
권능으로 두르셨도다
8 바다의 깊은 곳을 휘젓는 이가 그

다윗의 시 영장으로 한 노래

65 하나님이여 찬송이 시온에
서 주를 기다리오며 사람이
서원을 주께 이행하리이다
2 기도를 들으시는 주여 모든 육체
가 주께 나아오리이다
3 죄악이 나를 이기었사오니 우리
의 죄과를 주께서 사하시리이다
4 주께서 택하시고 가까이 오게 하
사 주의 뜰에 거하게 하신 사람은
복이 있나이다 우리가 주의 집 곧
주의 성전의 아름다움으로 만족
하리이다
5 우리 구원의 하나님이시여 땅의
모든 끝과 먼 바다에 있는 자의 의
지할 주께서 의를 좇아 엄위하신
일로 우리에게 응답하시리이다
6 주는 주의 힘으로 산을 세우시며
권능으로 띠를 띠시며
7 바다의 흉용과 물결의 요동과 만
민의 훤화까지 진정하시나이다

• B S에는 없음.

파도의 굉음을 내시니 열방이 동
요할 것이라
9 끝에 사는 자들이 당신의 징조로
인하여 두려워할 것입니다 아침
과 저녁이 오고 가는 것을 당신께
서 만끽하실 것입니다
10 당신께서 땅을 돌아보셨고 그것
을 취하게 하셔서 그것을 기름지
도록 풍성하게 하셨습니다 하나
님의 강이 물로 가득 찼습니다 당
신께서 그들의 음식을 준비하셨
으니 당신의 준비하심이 이렇습
니다
11 그것의 고랑을 취하게 하소서
그 소산물들을 더하소서 그것의
물방울 속에서 움트는 것이 즐거
워할 것입니다
12 당신의 관대하심으로 한 해의
왕관을 복 주실 것입니다 당신의
평원들은 윤택함으로 충만할 것
입니다
13 광야의 아름다운 것들이 무성할
것입니다 언덕들이 즐거움으로
띠를 띨 것입니다
14 양떼의 숫양들이 털로 두껍게
덮였으며 계곡들은 곡식을 풍성

8 땅 끝에 거하는 자가 주의 징조를
두려워하나이다 주께서 아침 되
는 것과 저녁 되는 것을 즐거워하
게 하시며
9 땅을 권고하사 물을 대어 심히 윤
택케 하시며 하나님의 강에 물이
가득하게 하시고 이같이 땅을 예
비하신 후에 저희에게 곡식을 주
시나이다
10 주께서 밭고랑에 물을 넉넉히
대사 그 이랑을 평평하게 하시며
또 단비로 부드럽게 하시고 그 싹
에 복 주시나이다
11 주의 은택으로 연사에 관 씌우시
니 주의 길에는 기름이 떨어지며
12 들의 초장에도 떨어지니 작은 산
들이 기쁨으로 띠를 띠었나이다
13 초장에는 양 떼가 입혔고 골짜기
에는 곡식이 덮였으매 저희가 다
즐거이 외치고 또 노래하나이다

히 낼 것입니다 그들은 환호하며
찬송할 것입니다

65 완성을 향하여 [부활의]• 시
의 노래
하나님께 환호성을 울려라 온 땅
아
2 이제 너희는 그의 이름을 찬송하
여라 그를 찬양함으로 영광을 드
려라
3 하나님께 말씀드려라 당신의 행
사들이 얼마나 두려운지요 당신
의 능력의 충만함으로 인하여 당
신의 원수들이 당신을 기만할 것
입니다
4 온 땅이 당신께 예배하고 당신께
찬송하게 하소서 당신의 이름을
찬송하게 하소서
(간주)
5 와서 하나님의 행사들을 보아라
인생들을 뛰어넘는 계획하심이
두렵도다
6 바다를 마른 땅으로 바꾸시는 분

• S에는 없음

시 영장으로 한 노래
66 온 땅이여 하나님께 즐거운
소리를 발할지어다
2 그 이름의 영광을 찬양하고 영화
롭게 찬송할지어다
3 하나님께 고하기를 주의 일이 어
찌 그리 엄위하신지요 주의 큰 권
능으로 인하여 주의 원수가 주께
복종할 것이며
4 온 땅이 주께 경배하고 주를 찬양
하며 주의 이름을 찬양하리이다
할지어다 (셀라)
5 와서 하나님의 행하신 것을 보라
인생에게 행하심이 엄위하시도다
6 하나님이 바다를 변하여 육지 되

칠십인역

그들이 발로 강을 통과하리라 거
기서 우리는 그로 인하여 기뻐하
리라
7 자신의 영원한 능력으로 다스리
시는 분 그의 눈은 열방을 내려다
보고 계시도다 화를 돋우는 자들
은 스스로 높이지 말지어다
(간주)
8 열방아 우리 하나님을 송축하여
라 그를 찬양하는 소리를 들리게
하여라
9 나의 영혼을 생명에 두신 분 나의
발을 흔들리지 않게 하시는 분
10 하나님 당신께서 우리를 시험하
셨기에 은을 불로 제련함같이 우
리를 불로 제련하셨습니다
11 당신께서 우리를 덫에 걸리게
하셨습니다 우리의 등에 환난을
두셨습니다
12 당신께서 사람들을 우리 머리
위에 태우셨습니다 우리가 불과
물을 통과하였으나 당신께서 숨
돌리도록 우리를 이끌어 내셨습
니다
13 내가 번제물을 가지고 당신의
집으로 들어가서 당신께 나의 서

개역한글

게 하셨으므로 무리가 도보로 강
을 통과하고 우리가 거기서 주로
인하여 기뻐하였도다
7 저가 그 능으로 영원히 치리하시
며 눈으로 열방을 감찰하시나니
거역하는 자는 자고하지 말지어
다 (셀라)
8 만민들아 우리 하나님을 송축하
며 그 송축 소리로 들리게 할지
어다
9 그는 우리 영혼을 살려 두시고 우
리의 실족함을 허락지 아니하시
는 주시로다
10 하나님이여 주께서 우리를 시험
하시되 우리를 단련하시기를 은
을 단련함같이 하셨으며
11 우리를 끌어 그물에 들게 하시
며 어려운 짐을 우리 허리에 두셨
으며
12 사람들로 우리 머리 위로 타고
가게 하셨나이다 우리가 불과
물을 통행하더니 주께서 우리를
끌어내사 풍부한 곳에 들이셨나
이다
13 내가 번제를 가지고 주의 집에
들어가서 나의 서원을 갚으리니

원을 갚겠습니다
14 이를 나의 입술이 분명히 밝혔
고 나의 입이 나의 환난 중에 말
했습니다
15 기름진 번제물을 향과 숫양들과
함께 당신께 올려드리겠습니다
숫염소와 함께 황소를 당신께 드
리겠습니다
(간주)
16 와서 들어라 내가 이야기하리라
하나님을 경외하는 모든 자들아
그가 나의 영혼에게 행하신 모든
일을
17 그를 향하여 나의 입으로 부르
짖고 나의 혀로 높였도다
18 저들이 내 마음속에서 불의를
보기라도 했다면 주께서 듣지 않
으셨으리라
19 이러므로 하나님께서 나를 들으
셨도다 내 간구하는 소리에 유념
하셨도다
20 송축 받으실 하나님 그는 내 기
도를 또 내게서 그의 인애를 물리
치지 않으셨도다

14 이는 내 입술이 발한 것이요 내
환난 때에 내 입이 말한 것이니
이다
15 내가 숫양의 향기와 함께 살진
것으로 주께 번제를 드리며 수소
와 염소를 드리리이다 (셀라)
16 하나님을 두려워하는 너희들아
다 와서 들으라 하나님이 내 영혼
을 위하여 행하신 일을 내가 선포
하리로다
17 내가 내 입으로 그에게 부르짖
으며 내 혀로 높이 찬송하였도다
18 내가 내 마음에 죄악을 품으면
주께서 듣지 아니하시리라
19 그러나 하나님이 실로 들으셨으
며 내 기도 소리에 주의하셨도다
20 하나님을 찬송하리로다 저가 내
기도를 물리치지 아니하시고 그
인자하심을 내게서 거두지도 아
니하셨도다

66 완성을 향하여 찬송시들 가
운데 노래의 시

2 하나님께서 우리를 불쌍히 여기
시고 우리를 복 주시기를 원합니
다 그의 얼굴을 우리 위에 비추시
기를 원합니다

(간주)

3 이 땅에서 당신의 길을 모든 열방
가운데서 당신의 구원을 알도록

4 하나님 백성이 당신께 감사찬양
하게 하소서 모든 백성이 당신께
감사찬양하게 하소서

5 열방이 기뻐하고 즐거워하게 하
소서 당신께서 백성을 올곧음으
로 심판하시며 땅에서 열방을 인
도하실 것이기 때문입니다

(간주)

6 하나님 백성이 당신께 감사찬양
하게 하소서 모든 백성이 당신께
감사찬양하게 하소서

7 땅이 그 소산물을 내었으니 하나
님 우리 하나님 우리를 복 주시기
를 원합니다

8 하나님 우리를 복 주시기를 원합
니다 땅의 모든 끝은 그를 경외할
지어다

시 곧 노래 영장으로 현악에 맞춘 것

67 하나님은 우리를 긍휼히 여
기사 복을 주시고 그 얼굴
빛으로 우리에게 비취사 (셀라)

2 주의 도를 땅 위에 주의 구원을
만방 중에 알리소서

3 하나님이여 민족들로 주를 찬송
케 하시며 모든 민족으로 주를 찬
송케 하소서

4 열방은 기쁘고 즐겁게 노래할지
니 주는 민족들을 공평히 판단하
시며 땅 위에 열방을 치리하실 것
임이니이다 (셀라)

5 하나님이여 민족들로 주를 찬송
케 하시며 모든 민족으로 주를 찬
송케 하소서

6 땅이 그 소산을 내었도다 하나님
곧 우리 하나님이 우리에게 복을
주시리로다

7 하나님이 우리에게 복을 주시리
니 땅의 모든 끝이 하나님을 경외
하리로다

67 완성을 향하여 다비드에게
속한 노래의 시
2 하나님 일어나소서 그의 원수들
은 흩어질지어다 그를 미워하는
자들은 그의 얼굴 앞에서 도망할
지어다
3 연기가 사라지듯 저들은 사라질
지어다 불 앞에서 밀랍이 녹아내
리듯 그렇게 죄인들은 하나님의
얼굴 앞에서 자멸하길 원하노라
4 그러나 의인들은 기뻐하여라 하
나님 앞에서 즐거워하여라 기쁨
을 만끽하여라
5 너희는 하나님께 노래하여라 그
의 이름을 찬송하여라 석양을 올
라타신 이를 위하여 길을 내어라
주가 그의 이름 그의 앞에서 기뻐
하여라• 그의 얼굴 앞에서 그들은
떨리라
6 그는 고아들의 아버지 과부들의
재판장 자신의 성소에 계신 하나
님
7 하나님은 고독한 자들을 집안에
살게 하시고 갇힌 자들을 용감히

• S에는 이 줄이 없음.

다윗의 시 영장으로 한 노래

68 하나님은 일어나사 원수를
흩으시며 주를 미워하는 자
로 주의 앞에서 도망하게 하소서
2 연기가 몰려감같이 저희를 몰아
내소서 불 앞에서 밀이 녹음같이
악인이 하나님 앞에서 망하게 하
소서
3 의인은 기뻐하여 하나님 앞에서
뛰놀며 기뻐하고 즐거워할지어다
4 하나님께 노래하며 그 이름을 찬
양하라 타고 광야에 행하시던 자
를 위하여 대로를 수축하라 그 이
름은 여호와시니 그 앞에서 뛰놀
지어다
5 그 거룩한 처소에 계신 하나님은
고아의 아버지시며 과부의 재판
장이시라
6 하나님은 고독한 자로 가속 중에
처하게 하시며 수금된 자를 이끌
어

이끌어 내신다 이와 같이 반역하
는 자들은 무덤에 사는 자들이 되
게 하신다
8 하나님 당신께서 당신의 백성 앞
에서 나아가실 때 당신께서 광야
를 통과하실 때
(간주)
9 땅은 흔들리고 참으로 하늘들도
물을 내렸습니다 하나님의 얼굴
앞에서 시나가 이랬습니다 이스라
일의 하나님의 얼굴 앞에서
10 하나님 당신의 유업 위에 기꺼
이 비를 선물로 주실 것입니다 그
것이 약해졌으나 당신께서는 그
것을 회복하셨습니다
11 당신의 동물들이 그 안에 삽니
다 당신께서 가난한 자를 위하여
당신의 관대하심으로 마련하셨
습니다 하나님
12 주께서 말씀을 주실 것이다 많
은 군대에게 좋은 소식을 전하는
자들에게
13 사랑받는 자의 군대들의 왕께서
집안의 미인에게도 전리품을 분
배하셨다
14 만약 너희가 배당물 가운데서

내사 형통케 하시느니라 오직 거
역하는 자의 거처는 메마른 땅이
로다
7 하나님이여 주의 백성 앞에서 앞
서 나가사 광야에 행진하셨을 때
에 (셀라)
8 땅이 진동하며 하늘이 하나님 앞
에서 떨어지며 저 시내 산도 하나
님 곧 이스라엘의 하나님 앞에서
진동하였나이다
9 하나님이여 흡족한 비를 보내사
주의 산업이 곤핍할 때에 견고케
하셨고
10 주의 회중으로 그 가운데 거하
게 하셨나이다 하나님이여 가난
한 자를 위하여 주의 은택을 준비
하셨나이다
11 주께서 말씀을 주시니 소식을
공포하는 여자가 큰 무리라
12 여러 군대의 왕들이 도망하고
도망하니 집에 거한 여자도 탈취
물을 나누도다
13 너희가 양 우리에 누울 때에는

칠십인역

잠든다면 비둘기의 날개는 은으
로 그 등은 황금으로 덮였을 것
이다

(간주)

15 천상에 계신 이가 왕들을 셀몬
에 흩으실 때 저들은 그곳에서 눈
으로 덮일 것이다
16 하나님의 산은 비옥한 산 기름
진 산 비옥한 산
17 어찌하여 너희는 기름진 산을
의심하느냐 하나님께서 그 안에
사시기를 기뻐하신 산이로다 참
으로 주께서 영원히 거하시리라
18 하나님의 병거는 만 배로 수천
으로 번성하고 주께서 그들 가운
데 시나 성소에 계시도다
19 당신께서 높이 올라가셨습니다
포로를 사로잡으셨습니다 사람
가운데서 선물을 취하셨습니다
진정 저들은 거하기를 거절하였
습니다 송축 받으실 주 하나님
20 날이면 날마다 송축 받으실 주
우리의 구원의 하나님께서 우리
를 번성케 하시리라

(간주)

21 우리 하나님은 구원하시려는 하

개역한글

그 날개를 은으로 입히고 그 깃을
황금으로 입힌 비둘기 같도다

14 전능하신 자가 열왕을 그 중에
서 흩으실 때에는 살몬에 눈이 날
림 같도다
15 바산의 산은 하나님의 산임이여
바산의 산은 높은 산이로다
16 너희 높은 산들아 어찌하여 하
나님이 거하시려 하는 산을 시기
하여 보느뇨 진실로 여호와께서
이 산에 영영히 거하시리로다
17 하나님의 병거가 천천이요 만만
이라 주께서 그 중에 계심이 시내
산 성소에 계심 같도다
18 주께서 높은 곳으로 오르시며
사로잡은 자를 끌고 선물을 인간
에게서 또는 패역자 중에서 받으
시니 여호와 하나님이 저희와 함
께 거하려 하심이로다
19 날마다 우리 짐을 지시는 주 곧
우리의 구원이신 하나님을 찬송
할지로다
20 하나님은 우리에게 구원의 하나
님이시라 사망에서 피함이 주 여

나님 죽음의 출구들도 주의 주님
의 것
22 분명코 하나님께서 그의 원수들
의 머리를 깨부수시리라 자신들
의 죄악 가운데 다니는 자들의 머
리털 수북한 정수리를
23 주께서 말씀하셨다 내가 바산에
서 돌아오리라 바다 깊은 데서 돌
아오리라
24 그래서 네 발이 피에 네 개들의
혀가 원수들의 피에 잠기리라
25 당신의 행렬이 보입니다 하나님
성소에 계신 왕 내 하나님의 행렬
입니다
26 찬송하는 남자들을 거느린 통치
자들이 앞서갔습니다 드럼 치는
젊은 여자들 가운데서
27 너희는 회중들 가운데서 하나님
을 송축하여라 이스라일의 샘들
에서 주를
28 거기에서 가장 어린 베냐민이 황
홀경에 있도다 유다의 통치자들
그들의 지도자들 자불론의 통치
자들 네프탈리의 통치자들
29 하나님 당신의 능력으로 친히
명하소서 하나님 우리에게 이루

호와께로 말미암거니와
21 그 원수의 머리 곧 그 죄과에 항
상 행하는 자의 정수리는 하나님
이 쳐서 깨치시리로다
22 주께서 말씀하시기를 내가 저희
를 바산에서 돌아오게 하며 바다
깊은 데서 도로 나오게 하고
23 너로 저희를 심히 치고 그 피에
네 발을 잠그게 하며 네 개의 혀
로 네 원수에게서 제 분깃을 얻게
하리라 하시도다
24 하나님이여 저희가 주의 행차
하심을 보았으니 곧 나의 하나님
나의 왕이 성소에 행차하시는 것
이라
25 소고 치는 동녀 중에 가객은 앞
서고 악사는 뒤따르나이다
26 이스라엘의 근원에서 나온 너
희여 대회 중에서 하나님 곧 주를
송축할지어다
27 거기는 저희 주관자 작은 베냐
민과 유다의 방백과 그 무리와 스
불론의 방백과 납달리의 방백이
있도다
28 네 하나님이 네 힘을 명하셨도

신 이것을 강하게 하소서
30 예루살림에 있는 당신의 전으로
인하여 당신께 왕들이 선물을 드
릴 것입니다
31 갈대숲의 짐승을 꾸짖으소서 백
성의 어린 암소들 가운데 있는 황
소 무리 은에 익숙한 자들이 제외
되지 않도록 전쟁을 바라는 열방
을 흩으소서
32 에깁뜨에서 사신들이 올 것입니
다 에티오삐아가 그 손을 하나님
께 내밀 것입니다
33 세상의 나라들아 하나님께 노래
하여라 주께 찬송하여라
(간주)
34 동쪽 하늘의 하늘 위를 타고 가
시는 하나님께 찬송하여라 보라
그가 자신의 음성으로 능력의 음
성을 내시리라
35 하나님께 영광을 드려라 이스라
일 위에 그의 엄위가 그리고 그의
능력이 구름들 가운데
36 경이로우시도다 그의 거룩한 자
들 가운데 계신 하나님 이스라일
의 하나님 바로 그가 자신의 백성
에게 능력과 힘을 주시리라 송축

다 하나님이여 우리를 위하여 행
하신 것을 견고히 하소서
29 예루살렘에 있는 주의 전을 위
하여 왕들이 주께 예물을 드리리
이다
30 갈밭의 들짐승과 수소의 무리와
만민의 송아지를 꾸짖으시고 은
조각을 발 아래 밟으소서 저가 전
쟁을 즐기는 백성을 흩으셨도다
31 방백들은 애굽에서 나오고 구스
인은 하나님을 향하여 그 손을 신
속히 들리로다
32 땅의 열방들아 하나님께 노래하
고 주께 찬송할지어다 (셀라)
33 옛적 하늘들의 하늘을 타신 자
에게 찬송하라 주께서 그 소리를
발하시니 웅장한 소리로다
34 너희는 하나님께 능력을 돌릴지
어다 그 위엄이 이스라엘 위에 있
고 그 능력이 하늘에 있도다
35 하나님이여 위엄을 성소에서 나
타내시나이다 이스라엘의 하나
님은 그 백성에게 힘과 능을 주시
나니 하나님을 찬송할지어다

칠십인역

받으소서 하나님

68 완성을 향하여 변화될 이들
을 위하여 다비드에게 속한
(시)
2 나를 구원하소서 하나님 물들이
내 영혼까지 들어왔습니다
3 내가 깊은 수렁에 빠졌으나 디딜
곳이 없습니다 내가 바다 깊은
곳에 닿았고 폭풍이 나를 덮쳤습
니다
4 내가 부르짖기에 피곤하였고 나
의 목청이 쉬었습니다 내 눈이 나
의 하나님을 소망하므로 상하였
습니다
5 이유 없이 나를 미워하는 자들이
내 머리털보다 많아졌고 나를 불
의로 공격하는 내 원수들이 강해
졌습니다 내가 취하지 않은 것들
을 그때마다 갚아주었습니다
6 하나님 당신께서 나의 어리석음
을 아셨고 나의 죄악들이 당신께
는 숨겨지지 않았습니다
7 당신을 기다리는 자들이 나로 인
하여 부끄러움 당하지 않게 하소

개역한글

다윗의 시 영장으로 소산님에 맞춘 노래

69 하나님이여 나를 구원하소
서 물들이 내 영혼까지 흘
러 들어왔나이다
2 내가 설 곳이 없는 깊은 수렁에
빠지며 깊은 물에 들어가니 큰 물
이 내게 넘치나이다
3 내가 부르짖음으로 피곤하여 내
목이 마르며 내 하나님을 바람으
로 내 눈이 쇠하였나이다
4 무고히 나를 미워하는 자가 내 머
리털보다 많고 무리히 내 원수가
되어 나를 끊으려 하는 자가 강하
였으니 내가 취치 아니한 것도 물
어주게 되었나이다
5 하나님이여 나의 우매함을 아시
오니 내 죄가 주의 앞에서 숨김이
없나이다
6 만군의 주 여호와여 주를 바라는
자로 나를 인하여 수치를 당케

서 주여 군대들의 주여 당신을 추
구하는 자들이 나로 인하여 굴욕
당하지 않게 하소서 이스라일의
하나님
8 당신을 위하여 내가 비방을 참았
고 굴욕이 나의 얼굴을 덮었기 때
문입니다
9 나는 내 형제들에게 소외된 자가
되었고 내 어머니의 아들들에게
는 객이 되었습니다
10 이는 당신의 집을 위한 열심이
나를 삼켜버리고 당신을 비방하
는 자들의 비방이 내 위에 미쳤기
때문입니다
11 나는 금식으로 내 영혼을 굽혔
으나 그것이 나에게 비방거리가
되었습니다
12 또 베옷을 내 옷으로 삼았더니
나는 저들에게 비유거리가 되었
습니다
13 성문에 앉은 자들이 나를 두고
쑥덕거렸고 술을 마시는 자들은
나를 노래 삼곤 하였습니다
14 그러나 나는 나의 기도로 당신
을 향합니다 주여 하나님 기쁨의
때는 당신의 풍성한 인애 안에 있

마옵소서 이스라엘의 하나님이
여 주를 찾는 자로 나를 인하여
욕을 당케 마옵소서
7 내가 주를 위하여 훼방을 받았
사오니 수치가 내 얼굴에 덮였나
이다
8 내가 내 형제에게는 객이 되고 내
모친의 자녀에게는 외인이 되었
나이다
9 주의 집을 위하는 열성이 나를 삼
키고 주를 훼방하는 훼방이 내게
미쳤나이다
10 내가 곡하고 금식함으로 내 영
혼을 경계하였더니 그것이 도리
어 나의 욕이 되었으며
11 내가 굵은 베로 내 옷을 삼았더
니 내가 저희의 말거리가 되었나
이다
12 성문에 앉은 자가 나를 말하며
취한 무리가 나를 가져 노래하나
이다
13 여호와여 열납하시는 때에 나는
주께 기도하오니 하나님이여 많
은 인자와 구원의 진리로 내게 응
답하소서

칠십인역

습니다 당신의 구원의 진실함으
로 나를 경청하소서
15 나를 진창에서 구원하소서 내가
처박히지 않도록 내가 구출되기
를 원합니다 나를 미워하는 자들
과 깊은 물에서
16 물 폭풍이 나를 덮치지 않게 하
소서 깊은 물이 나를 삼키지 않게
하소서 웅덩이가 내 위에서 그 입
을 닫아걸지 않게 하소서
17 나를 들어주소서 주여 당신의
인애가 선하시니 당신의 풍성한
긍휼을 따라서 나를 돌아보소서
18 당신의 종에게서 당신의 얼굴을
돌리지 마소서 내가 환난 당하고
있으니 속히 나를 경청하소서
19 내 영혼을 유념하사 그것을 속
량하소서 나의 원수들로 인하여
나를 구출하소서
20 당신께서 내 수치와 내 창피와
내 굴욕을 아시니 나를 괴롭히는
모든 자가 당신 앞에 있습니다
21 나의 영혼이 비난과 비참함을
예상하여 동정받기를 기다렸으
나 그런 일은 없었고 위로할 자
들을 기다렸으나 찾을 수 없었습

개역한글

14 나를 수렁에서 건지사 빠지지
말게 하시고 나를 미워하는 자에
게서와 깊은 물에서 건지소서
15 큰 물이 나를 엄몰하거나 깊음
이 나를 삼키지 못하게 하시며 웅
덩이로 내 위에 그 입을 닫지 못
하게 하소서
16 여호와여 주의 인자하심이 선
하시오니 내게 응답하시며 주의
많은 긍휼을 따라 내게로 돌이키
소서
17 주의 얼굴을 주의 종에게서 숨
기지 마소서 내가 환난 중에 있사
오니 속히 내게 응답하소서
18 내 영혼에게 가까이 하사 구속
하시며 내 원수를 인하여 나를 속
량하소서
19 주께서 나의 훼방과 수치와 능
욕을 아시나이다 내 대적이 다 주
의 앞에 있나이다
20 훼방이 내 마음을 상하여 근심
이 충만하니 긍휼히 여길 자를 바
라나 없고 안위할 자를 바라나 찾
지 못하였나이다

니다
22 또 저들은 쓸개즙을 내 음식으
로 주었고 내 목마름에는 신 포도
주를 내게 마시게 하였습니다
23 저들의 밥상이 저들 앞에서 올
무와 응보와 걸림돌이 되게 하
소서
24 저들의 눈이 어두워져 볼 수 없
게 하시고 저들의 등은 영구히 굽
게 하소서
25 당신의 진노를 저들 위에 쏟아
부으소서 또 당신의 진노의 분노
가 저들을 사로잡기를 원합니다
26 저들의 거처가 황폐하게 하시고
저들의 장막에는 사는 자가 없게
하소서
27 당신께서 치신 자를 저들이 박
해하였기에 당신의 상처 입은 자
들의 고통을 저들이 가중하였습
니다
28 저들의 불법 위에 불법을 더하
소서 그래서 저들이 당신의 의 안
에 들어오지 못하게 하소서
29 생명의 책에서 저들이 지워지게
하소서 그래서 의인들과 함께 기
록되지 않게 하소서

21 저희가 쓸개를 나의 식물로 주
며 갈할 때에 초로 마시웠사오니
22 저희 앞에 밥상이 올무가 되게
하시며 저희 평안이 덫이 되게 하
소서
23 저희 눈이 어두워 보지 못하게
하시며 그 허리가 항상 떨리게 하
소서
24 주의 분노를 저희 위에 부으시
며 주의 맹렬하신 노로 저희에게
미치게 하소서
25 저희 거처로 황폐하게 하시며 그
장막에 거하는 자가 없게 하소서
26 대저 저희가 주의 치신 자를 핍
박하며 주께서 상케 하신 자의 슬
픔을 말하였사오니
27 저희 죄악에 죄악을 더 정하사
주의 의에 들어오지 못하게 하소
서
28 저희를 생명책에서 도말하사 의
인과 함께 기록되게 마소서

30 나는 가난하고 고통스러우나 하
나님 당신의 얼굴의 구원이 나를
지지하였습니다
31 나는 노래로 하나님의 이름을
찬양하리라 찬양으로 그를 위대
하게 하리라
32 그것이 뿔과 발굽이 자란 어린
수소보다 하나님을 기쁘시게 할
것이다
33 가난한 자들은 보고 기뻐하여라
하나님을 찾아라 그러면 너희 영
혼이 살리라
34 이는 주께서 궁핍한 자들을 들
으셨고 자신의 포로 된 자들을 업
신여기지 않으셨기 때문이다
35 하늘들과 땅아 그를 찬양하여라
바다와 그 안에서 기어 다니는 모
든 것들아
36 이는 하나님께서 시온을 구원하
시고 유데아의 도성들이 세워질
것이며 그들이 거기 살며 그것을
유업으로 받을 것이기 때문이다
37 그리고 그의 종들의 후손이 그
땅을 소유하며 그의 이름을 사랑
하는 자들이 거기에 정착할 것이
다

29 오직 나는 가난하고 슬프오니
하나님이여 주의 구원으로 나를
높이소서
30 내가 노래로 하나님의 이름을
찬송하며 감사함으로 하나님을
광대하시다 하리니
31 이것이 소 곧 뿔과 굽이 있는 황
소를 드림보다 여호와를 더욱 기
쁘시게 함이 될 것이라
32 온유한 자가 이를 보고 기뻐하
나니 하나님을 찾는 너희들아 너
희 마음을 소생케 할지어다
33 여호와는 궁핍한 자를 들으시며
자기를 인하여 수금된 자를 멸시
치 아니하시나니
34 천지가 그를 찬송할 것이요 바
다와 그 중의 모든 동물도 그리할
지로다
35 하나님이 시온을 구원하시고
유다 성읍들을 건설하시리니 무
리가 거기 거하여 소유를 삼으리
로다
36 그 종들의 후손이 또한 이를 상
속하고 그 이름을 사랑하는 자가
그 중에 거하리로다

69 완성을 향하여 다비드에게
속한 (시) 상기하기 위하여
2 주께서 나를 구원하시기 위하여
하나님 나의 도움에 유념하소서
3 창피당하고 굴욕당하기를 원합
니다 내 영혼을 노리는 자들이
뒤로 물러가 수치를 당하기를 바
랍니다 나에게 해를 끼치려는 자
들이
4 즉시 창피해하며 돌아서기를 원
합니다 내게 좋았어 좋았어 말하
는 자들이
5 당신으로 인해 즐거워하고 기뻐
하게 하소서 당신을 찾는 자들 모
두 당신의 구원을 사랑하는 자들
이 항상 말하게 하소서 하나님은
위대하십니다
6 그러나 나는 가난하고 궁핍하니
하나님 나를 도와주소서 당신은
나의 돕는 자와 나의 구출자이십
니다 주여 지체하지 마소서

다윗의 기념케 하는 시 영장으로 한 노래

70 하나님이여 속히 나를 건지
소서 여호와여 속히 나를
도우소서
2 내 영혼을 찾는 자로 수치와 무
안을 당케 하시며 나의 상함을
기뻐하는 자로 물러가 욕을 받게
하소서
3 아하 아하 하는 자로 자기 수치를
인하여 물러가게 하소서
4 주를 찾는 모든 자로 주를 인하여
기뻐하고 즐거워하게 하시며 주
의 구원을 사모하는 자로 항상 말
하기를 하나님은 광대하시다 하
게 하소서
5 나는 가난하고 궁핍하오니 하나
님이여 속히 내게 임하소서 주
는 나의 도움이시요 나를 건지
시는 자시오니 여호와여 지체치
마소서

70 다비드에게 속한 (시) 요나답
의 자손과 첫 번째 사로잡
힌 자들의

71 여호와여 내가 주께 피하오
니 나로 영영히 수치를 당케
마소서

칠십인역

하나님 당신을 소망하였으니 영
원히 부끄러움 당하지 않게 하소
서
2 당신의 의로 나를 구출하시고 나
를 건져주소서 당신의 귀를 나에
게 기울이사 나를 구원하소서
3 나에게 보호자 하나님이 되소서
나를 구원하는 견고한 처소가 되
소서 나의 요새와 나의 피난처는
당신이시기 때문입니다
4 나의 하나님 죄인의 손에서 나를
구출하소서 범법자와 불의한 자
의 손에서
5 당신은 나의 인내이시기 때문입
니다 주여 주는 나의 어릴 적부터
나의 소망이십니다
6 당신께 나는 태에서부터 의탁되
었고 내 어머니 뱃속에서부터 당
신은 나의 수호자이십니다 나의
찬송은 언제나 당신께 있습니다
7 나는 많은 이에게 징조같이 되었
으니 당신은 강력한 돕는 자이십
니다
8 나의 입이 찬양으로 충만하게
하소서 그러면 당신의 영광을 온
종일 당신의 위엄을 찬송하겠습

개역한글

2 주의 의로 나를 건지시며 나를 풀
어 주시며 주의 귀를 내게 기울이
사 나를 구원하소서
3 주는 나의 무시로 피하여 거할 바
위가 되소서 주께서 나를 구원하
라 명하셨으니 이는 주께서 나의
반석이시요 나의 산성이심이니
이다
4 나의 하나님이여 나를 악인의 손
곧 불의한 자와 흉악한 자의 장중
에서 피하게 하소서
5 주 여호와여 주는 나의 소망이시
요 나의 어릴 때부터 의지시라
6 내가 모태에서부터 주의 붙드신
바 되었으며 내 어미 배에서 주의
취하여 내신 바 되었사오니 나는
항상 주를 찬송하리이다
7 나는 무리에게 이상함이 되었사
오나 주는 나의 견고한 피난처시
오니
8 주를 찬송함과 주를 존숭함이 종
일토록 내 입에 가득하리이다

니다
9 늙었을 때 나를 내치지 마소서 나
의 힘이 약해질 때 나를 버리지
마소서
10 이는 내 원수들이 내게 말하였
고 내 영혼을 감시하는 자들이 일
제히 모의하였기 때문입니다
11 저들은 말합니다 하나님이 그를
버렸다 너희는 쫓아가서 그를 사
로잡아라 구출할 자가 없기 때문
이다
12 하나님 내게서 멀리 가지 마소
서 나의 하나님 나의 도움에 유념
하소서
13 저들이 부끄러움 당하고 끝장나
게 하소서 내 영혼을 비방하는 자
들 창피와 굴욕을 덮어쓰게 하소
서 내게 해를 끼치려는 자들
14 그러나 나는 항상 소망하며 당
신의 모든 찬양 위에 더 보탤 것
입니다
15 내 입이 당신의 의를 온종일 당
신의 구원을 선포할 것입니다 나
는 글쓰기를 알지 못했기 때문입
니다
16 내가 주의 권능 안에 들어가 주

9 나를 늙은 때에 버리지 마시며 내
힘이 쇠약한 때에 떠나지 마소서
10 나의 원수들이 내게 대하여 말
하며 나의 영혼을 엿보는 자가 서
로 꾀하여
11 이르기를 하나님이 저를 버리셨
은즉 따라 잡으라 건질 자가 없다
하오니
12 하나님이여 나를 멀리 마소서
나의 하나님이여 속히 나를 도우
소서
13 내 영혼을 대적하는 자로 수치
와 멸망을 당케 하시며 나를 모해
하려 하는 자에게는 욕과 수욕이
덮이게 하소서
14 나는 항상 소망을 품고 주를 더
욱 더욱 찬송하리이다
15 내가 측량할 수 없는 주의 의와
구원을 내 입으로 종일 전하리
이다
16 내가 주 여호와의 능하신 행적을

여 오직 당신의 의를 기억하겠습
니다
17 하나님 당신께서는 내 어릴 적
부터 나를 가르치셨습니다 지금
까지도 당신의 기이한 일들을 전
합니다
18 늙어서 노인이 될 때까지 하나
님 나를 버리지 마소서 오는 모
든 세대에게 당신의 팔을 당신의
권능과 당신의 의를 내가 전하기
까지
19 하나님 당신께서 만드신 광대한
것들은 가장 높고 높은 곳까지 이
르렀나이다 하나님 누가 당신과
같겠습니까
20 당신께서는 나에게 많은 환난
과 어려움을 보여주셨으나 돌아
오셔서 나를 소생시키셨습니다
땅속 깊은 곳에서 나를 다시 끌어
올리셨습니다
21 당신의 장엄함을 더하셨고 돌아
오셔서 나를 위로하셨습니다 [땅
속 깊은 곳에서 나를 다시 끌어
올리셨습니다]•

가지고 오겠사오며 주의 의 곧 주
의 의만 진술하겠나이다
17 하나님이여 나를 어려서부터 교
훈하셨으므로 내가 지금까지 주
의 기사를 전하였나이다
18 하나님이여 내가 늙어 백수가
될 때에도 나를 버리지 마시며 내
가 주의 힘을 후대에 전하고 주의
능을 장래 모든 사람에게 전하기
까지 나를 버리지 마소서
19 하나님이여 주의 의가 또한 지
극히 높으시니이다 하나님이여
주께서 대사를 행하셨사오니 누
가 주와 같으리이까
20 우리에게 많고 심한 고난을 보
이신 주께서 우리를 다시 살리시
며 땅 깊은 곳에서 다시 이끌어
올리시리이다
21 나를 더욱 창대하게 하시고 돌
이키사 나를 위로하소서

• S에는 이 줄이 없음.

칠십인역

22 참으로 나는 찬송의 악기로 당
신의 진리를 당신께 찬양하겠습
니다 하나님 이스라일의 거룩하
신 분 나는 키타라로 당신께 찬송
할 것입니다
23 당신께 찬송할 때 내 입술은 즐
거워할 것입니다 당신께서 속량
하신 내 영혼도
24 나아가 내 혀도 온종일 당신의
의를 읊조릴 것입니다 내게 해를
끼치려는 자들이 창피와 굴욕을
당할 때

71 살로몬을 위하여
하나님 당신의 판단을 왕에
게 주소서 당신의 의도 왕의 아들
에게
2 그가 당신의 백성을 의로 또 당신
의 가난한 자들을 공정함으로 판
결하도록
3 산들이 당신의 백성에게 평강을
가져오게 하소서 언덕들은 의를
4 그는 백성의 가난한 자들을 판결
하고 궁핍한 자들의 자손을 구원
하며 압제자를 낮출 것입니다

개역한글

22 나의 하나님이여 내가 또 비파
로 주를 찬양하며 주의 성실을 찬
양하리이다 이스라엘의 거룩하
신 주여 내가 수금으로 주를 찬양
하리이다
23 내가 주를 찬양할 때에 내 입술
이 기뻐 외치며 주께서 구속하신
내 영혼이 즐거워하리이다
24 내 혀도 종일토록 주의 의를 말
씀하오리니 나를 모해하려 하던
자가 수치와 무안을 당함이니이
다

솔로몬의 시

72 하나님이여 주의 판단력을
왕에게 주시고 주의 의를
왕의 아들에게 주소서
2 저가 주의 백성을 의로 판단하며
주의 가난한 자를 공의로 판단하
리니
3 의로 인하여 산들이 백성에게 평
강을 주며 작은 산들도 그리하리
로다
4 저가 백성의 가난한 자를 신원하
며 궁핍한 자의 자손을 구원하며

칠십인역

5 그리고 태양과 함께 영속할 것입
니다 달이 있는 동안 세세토록
6 그가 양털 위에 비처럼 마치 땅
위에 떨어지는 물방울처럼 내려
올 것입니다
7 그의 날에 의가 솟아나고 달이 사
라지기까지 풍성한 평강이 있을
것입니다
8 그가 바다에서 바다까지 그리고
강에서 세상의 끝까지 다스릴 것
입니다
9 그의 앞에 에티오삐아인들이 절
하고 그의 원수들이 티끌을 핥을
것입니다
10 타르시스와 섬들의 왕들이 선물
을 드리고 아랍인들과 사바의 왕
들도 선물을 가져올 것입니다
11 모든 왕이 그에게 경배하고 모
든 열방이 그를 섬길 것입니다
12 그가 가난한 자를 권력자의 손
에서 구해냈기 때문입니다 돕는
자가 없는 궁핍한 자도
13 그는 가난한 자와 궁핍한 자를
아끼고 궁핍한 자들의 목숨을 구
원할 것입니다
14 고리대금과 불의에서 그들의 목

개역한글

압박하는 자를 꺾으리로다
5 저희가 해가 있을 동안에 주를 두
려워하며 달이 있을 동안에 대대
로 그리하리로다
6 저는 벤 풀에 내리는 비같이 땅을
적시는 소낙비같이 임하리니
7 저의 날에 의인이 흥왕하여 평강
의 풍성함이 달이 다할 때까지 이
르리로다
8 저가 바다에서부터 바다까지와
강에서부터 땅 끝까지 다스리리
니
9 광야에 거하는 자는 저의 앞에 굽
히며 그 원수들은 티끌을 핥을 것
이며
10 다시스와 섬의 왕들이 공세를
바치며 스바와 시바 왕들이 예물
을 드리리로다
11 만왕이 그 앞에 부복하며 열방
이 다 그를 섬기리로다
12 저는 궁핍한 자의 부르짖을 때
에 건지며 도움이 없는 가난한 자
도 건지며
13 저는 가난한 자와 궁핍한 자를
긍휼히 여기며 궁핍한 자의 생명
을 구원하며

숨을 속량하고 그들의 이름이 그
의 앞에서 존귀하게 될 것입니다
15 그는 장수하고 아라비아의 금을
받을 것입니다 그들이 항상 그를
위하여 기도하고 온종일 그를 축
복할 것입니다
16 산들의 꼭대기 땅에 소산물이
있을 것입니다 그 열매는 리바논
을 능가하고 그들은 도성에서 땅
의 풀같이 번창할 것입니다
17 그의 이름이 영원히 송축 받게
하소서 해가 있는 동안 그의 이름
이 이어질 것입니다 땅의 모든 족
속이 그로 인하여 축복받고 모든
열방이 그를 복되다 할 것입니다
18 찬양받으실 주 하나님 이스라일
의 하나님 홀로 기이한 일을 행하
시는 분
19 또 그의 영광의 이름이 영원히
영원 무궁히 송축 받으소서 온 땅
이 그의 영광으로 충만하리라 그
리 되기를 그리 되기를
20 옛세의 아들 다비드의 찬양이 끝
나다

14 저희 생명을 압박과 강포에서
구속하리니 저희 피가 그 목전에
귀하리로다
15 저희가 생존하여 스바의 금을
저에게 드리며 사람들이 저를 위
하여 항상 기도하고 종일 찬송하
리로다
16 산꼭대기의 땅에도 화곡이 풍성
하고 그 열매가 레바논같이 흔들
리며 성에 있는 자가 땅의 풀같이
왕성하리로다
17 그 이름이 영구함이여 그 이름
이 해와 같이 장구하리로다 사람
들이 그로 인하여 복을 받으리니
열방이 다 그를 복되다 하리로다
18 홀로 기사를 행하시는 여호와
하나님 곧 이스라엘의 하나님을
찬송하며
19 그 영화로운 이름을 영원히 찬
송할지어다 온 땅에 그 영광이 충
만할지어다 아멘 아멘 이새의 아
들 다윗의 기도가 필하다

제3권

72 아사프에게 속한 시
하나님께서는 얼마나 선하
신가 이스라일에게 마음이 올곧
은 자들에게
2 그러나 나로서는 발이 거의 비틀
거렸고 내 발걸음이 자칫 넘어질
뻔하였다
3 이는 내가 죄인들의 평강을 목격
하고 그 불법자들을 시기하였기
때문이다
4 이는 저들의 죽을 때도 거부가 없
고 저들의 매맞을 때도 끄떡없기
때문이다
5 저들은 사람들이 당하는 어려움
가운데 있지 않고 사람들과 함께
재앙을 당하지도 않을 것이다
6 이러므로 교만이 저들을 붙잡았
고 저들은 자기 불의와 불경으로
스스로 휘감았다
7 저들의 불의가 기름진 곳에서 나
옴 같이 흘러나올 것이고 저들은

아삽의 시

73 하나님이 참으로 이스라엘
중 마음이 정결한 자에게
선을 행하시나
2 나는 거의 실족할 뻔하였고 내 걸
음이 미끄러질 뻔하였으니
3 이는 내가 악인의 형통함을 보고
오만한 자를 질시하였음이로다
4 저희는 죽는 때에도 고통이 없고
그 힘이 건강하며
5 타인과 같은 고난이 없고 타인과
같은 재앙도 없나니
6 그러므로 교만이 저희 목걸이요
강포가 저희의 입는 옷이며
7 살찜으로 저희 눈이 솟아나며
저희 소득은 마음의 소원보다 지
나며

마음의 욕망을 향하여 나아갔다
8 악하게 계획하여 말하였고 높은
곳을 향해 불의를 말하였다
9 저들의 입은 하늘로 향하여 두었
고 저들의 혀는 땅을 두루 다녔다
10 이러므로 나의 백성이 이곳으로
돌아올 것이며 충만한 날들이 그
들에게 나타날 것이다
11 그러면서 저들이 말했다 하나님
이 어떻게 알았으랴 지존자에게
지식이 있으랴
12 보라 이들은 죄인이지만 형통하
고 늘 부를 소유하였다
13 그래서 나는 말했다 아 나는 헛
되이 내 마음을 흠없이 지키고 나
의 손을 깨끗하게 씻었구나
14 그리고 온종일 매를 맞으며 아
침까지 나의 징계를 받았구나
15 만약 내가 이렇게 얘기하겠다고
내가 말했더라면 보소서 내가 당
신의 아들들의 세대를 배반한 격
입니다
16 내가 이것을 알아보려고 곰곰이
생각하니 이는 내게 고통스러운
일이었습니다
17 내가 하나님의 성소에 들어가

8 저희는 능욕하며 악하게 압제하
여 말하며 거만히 말하며
9 저희 입은 하늘에 두고 저희 혀는
땅에 두루 다니도다
10 그러므로 그 백성이 이리로 돌
아와서 잔에 가득한 물을 다 마
시며
11 말하기를 하나님이 어찌 알랴
지극히 높은 자에게 지식이 있으
랴 하도다
12 볼지어다 이들은 악인이라 항상
평안하고 재물은 더 하도다
13 내가 내 마음을 정히 하며 내 손
을 씻어 무죄하다 한 것이 실로
헛되도다
14 나는 종일 재앙을 당하며 아침
마다 징책을 보았도다
15 내가 만일 스스로 이르기를 내
가 이렇게 말하리라 하였더면 주
의 아들들의 시대를 대하여 궤휼
을 행하였으리이다
16 내가 어찌면 이를 알까 하여 생
각한즉 내게 심히 곤란하더니
17 하나님의 성소에 들어갈 때에야

저들의 종말을 깨닫기까지
18 다만 당신께서는 속임수 때문에
저들을 세우셨고 저들이 높아졌
을 때 저들을 쓰러트리셨습니다
19 어떻게 저들이 갑자기 황폐하게
되었습니까 저들은 없어졌고 자
기들의 불법으로 인하여 자멸하
였습니다
20 깨어난 자의 꿈처럼 주여 당신
의 도성에서 저들의 형상을 멸시
하실 것입니다
21 나의 심장은 타버렸고 나의 콩
팥은 변했기에
22 나는 멸시를 받으면서도 알지
못했습니다 당신 앞에서 짐승같
이 되었습니다
23 그러나 나는 항상 당신과 함께
있었습니다 당신께서는 나의 오
른손을 굳게 잡으셨습니다
24 당신의 자문대로 나를 안내하
셨고 영광으로 나를 받아주셨습
니다
25 대체 무엇이 하늘에서 내게 있
으며 당신께 내가 땅에서 무엇을
원하였습니까
26 내 마음과 내 육체는 쇠잔하였

저희 결국을 내가 깨달았나이다
18 주께서 참으로 저희를 미끄러운
곳에 두시며 파멸에 던지시니
19 저희가 어찌 그리 졸지에 황폐
되었는가 놀람으로 전멸하였나
이다
20 주여 사람이 깬 후에는 꿈을 무
시함같이 주께서 깨신 후에 저희
형상을 멸시하시리이다
21 내 마음이 산란하며 내 심장이
찔렸나이다
22 내가 이같이 우매무지하니 주의
앞에 짐승이오나
23 내가 항상 주와 함께 하니 주께
서 내 오른손을 붙드셨나이다
24 주의 교훈으로 나를 인도하시고
후에는 영광으로 나를 영접하시
리니
25 하늘에서는 주 외에 누가 내게
있으리요 땅에서는 주밖에 나의
사모할 자 없나이다
26 내 육체와 마음은 쇠잔하나

으나 하나님은 영원히 내 마음의
하나님과 나의 분깃이십니다
27 보소서 당신에게서 스스로 멀리
하는 자들은 자멸할 것이며 당신
을 떠나 음행하는 모든 자를 당신
께서 전멸하셨기 때문입니다
28 그러나 나로서는 하나님과 밀착
함이 좋습니다 주께 나의 소망을
두는 것도 이는 당신의 모든 찬양
을 선포하기 위함입니다 딸 시온
의 문들에서

하나님은 내 마음의 반석이시요
영원한 분깃이시라
27 대저 주를 멀리하는 자는 망하
리니 음녀같이 주를 떠난 자를 주
께서 다 멸하셨나이다
28 하나님께 가까이 함이 내게 복
이라 내가 주 여호와를 나의 피난
처로 삼아 주의 모든 행사를 전파
하리이다

73 아사프에게 속한 깨우침의
(시)
하나님 어찌하여 영영 거절하셨
습니까
2 당신께서 처음에 취하신 당신의
회중을 기억하소서 당신의 유업
의 홀을 속량하셨습니다 당신께
서 그 안에 거하시던 이 시온 산을
3 마침내 당신의 손을 저들의 교만
위에 드십시오 원수가 당신의 성
소에서 악행한 것들에
4 당신을 미워하는 자들이 당신의
절기 중에 스스로 자랑하였습니

아삽의 마스길

74 하나님이여 주께서 어찌하
여 우리를 영원히 버리시나
이까 어찌하여 주의 치시는 양을
향하여 진노의 연기를 발하시나
이까
2 옛적부터 얻으시고 구속하사 주
의 기업의 지파로 삼으신 주의 회
중을 기억하시며 주의 거하신 시
온 산도 생각하소서
3 영구히 파멸된 곳으로 주의 발을
드십소서 원수가 성소에서 모든
악을 행하였나이다

다 저들의 깃발들을 신호로 세우
고도 저들은 알지 못하였습니다
5 위로 향하는 입구인 양
6 저들이 마치 나무 숲에서처럼 도
끼로 그 성문들을 찍어냈으며 양
날 도끼와 끌로 한꺼번에 그것을
무너트렸습니다
7 저들은 당신의 성소에 불을 놓아
당신의 이름의 장막을 땅에 더럽
혔습니다
8 저들의 가족이 다 함께 자기들의
마음속으로 말하였습니다 와서
우리가 땅에서 하나님의 절기를
모두 태워 없애자
9 우리의 깃발들을 우리는 보지 못
하였고 이제는 선지자도 없으며
그도 우리를 더 이상 알지 못할
것입니다
10 하나님 언제까지 원수가 조롱하
며 대적하는 자가 당신의 이름을
끝까지 도발하겠습니까
11 어찌하여 당신의 손을 거두십니
까 당신의 품 가운데서 당신의 오
른손을 영영히
12 그러나 하나님은 영원 전부터
우리의 왕이시며 땅 가운데서 구

4 주의 대적이 주의 회중에서 훤화
하며 자기 기를 세워 표적을 삼았
으니
5 저희는 마치 도끼를 들어 삼림을
베는 사람 같으니이다
6 이제 저희가 도끼와 철퇴로 성소
의 모든 조각품을 쳐서 부수고
7 주의 성소를 불사르며 주의 이름
이 계신 곳을 더럽혀 땅에 엎었나
이다
8 저희의 마음에 이르기를 우리가
그것을 진멸하자 하고 이 땅에 있
는 하나님의 모든 회당을 불살랐
나이다
9 우리의 표적이 보이지 아니하며
선지자도 다시 없으며 이런 일이
얼마나 오랠는지 우리 중에 아는
자도 없나이다
10 하나님이여 대적이 언제까지 훼
방하겠으며 원수가 주의 이름을
영원히 능욕하리이까
11 주께서 어찌하여 주의 손 곧 오
른손을 거두시나이까 주의 품에
서 빼사 저희를 멸하소서
12 하나님은 예로부터 나의 왕이시
라 인간에 구원을 베푸셨나이다

원을 이루셨습니다
13 당신께서 자신의 능력으로 바다
를 이기셨습니다 당신께서 물 위
에서 용들의 머리를 부숴트리셨
습니다
14 당신께서 용의 머리들을 깨부수
셔서 에티오삐아인 백성에게 음
식으로 주셨습니다
15 당신께서 샘들과 시내들을 터트
리셨습니다 당신께서 이탐 강들
을 말리셨습니다
16 낮도 당신의 것 밤도 당신의 것
당신께서 빛들과 해를 만드셨습
니다
17 당신께서 땅의 모든 경계를 세
우셨습니다 여름과 봄 이것들도
당신께서 조성하셨습니다
18 이것을 기억하소서 원수가 주를
조롱하였고 어리석은 백성이 당
신의 이름을 도발하였습니다
19 당신께 감사찬양하는 영혼을 야
수들에게 넘기지 마소서 당신의
궁핍한 자들의 영혼을 영영 잊지
마소서
20 당신의 언약을 돌아보소서 땅의
어두워진 곳들이 불법의 집들로

13 주께서 주의 능력으로 바다를
나누시고 물 가운데 용들의 머리
를 깨뜨리셨으며
14 악어의 머리를 파쇄하시고 그것
을 사막에 거하는 자에게 식물로
주셨으며
15 바위를 쪼개사 큰 물을 내시며
길이 흐르는 강들을 말리우셨나
이다
16 낮도 주의 것이요 밤도 주의 것
이라 주께서 빛과 해를 예비하셨
으며
17 땅의 경계를 정하시며 여름과
겨울을 이루셨나이다
18 여호와여 이것을 기억하소서 원
수가 주를 비방하며 우매한 백성
이 주의 이름을 능욕하였나이다
19 주의 멧비둘기의 생명을 들짐승
에게 주지 마시며 주의 가난한 자
의 목숨을 영영히 잊지 마소서
20 언약을 돌아보소서 대저 땅 흑
암한 곳에 강포한 자의 처소가

가득 찼기 때문입니다
21 비천해진 자가 부끄러움 당하여
돌아가지 않게 하소서 가난한 자
와 궁핍한 자가 당신의 이름을 찬
양할 것입니다
22 하나님 일어나사 당신의 소송을
변호하소서 어리석은 자에게 온
종일 받으신 당신의 모욕들을 기
억하소서
23 당신께 탄원하는 이들의 음성을
잊지 마소서 당신을 미워하는 자
들의 교만함이 끊임없이 당신께
로 올라갔습니다

가득하였나이다
21 학대받은 자로 부끄러이 돌아가
게 마시고 가난한 자와 궁핍한 자
로 주의 이름을 찬송케 하소서
22 하나님이여 일어나사 주의 원통
을 푸시고 우매한 자가 종일 주를
비방하는 것을 기억하소서
23 주의 대적의 소리를 잊지 마소
서 일어나 주를 항거하는 자의 훤
화가 항상 상달하나이다

74 완성을 향하여 멸절하지 마
소서 아사프에게 속한 노래
의 시
2 우리가 당신께 감사찬양하겠습
니다 하나님 우리가 감사찬양하
고 당신의 이름을 부르겠습니다
3 기회를 얻을 때면 내가 당신의 모
든 기이한 일을 이야기하겠습니
다 내가 공정하게 재판하리라
4 땅과 그 안에 사는 자들 모두 녹
아내렸도다 내가 그것의 기둥들

아삽의 시 영장으로 알다스헷에 맞춘 노래

75 하나님이여 우리가 주께 감
사하고 감사함은 주의 이름
이 가까움이라 사람들이 주의 기
사를 전파하나이다
2 주의 말씀이 내가 정한 기약을 당
하면 정의로 판단하리니
3 땅의 기둥은 내가 세웠거니와 땅
과 그 모든 거민이 소멸되리라

을 견고하게 하였노라
(간주)
5 내가 범법자들에게 말했다 법을
어기지 말아라 죄인들에게도 뿔
을 높이지 말아라
6 너희의 뿔을 높이 들지 말아라 하
나님을 대적하여 불의를 말하지
도 말아라
7 이는 해 뜨는 곳에서도 아니고 지
는 곳에서도 아니며 광야의 산에
서도 아니라
8 하나님께서 재판장이시기에 이
를 낮추시고 저를 높이시기 때문
이다
9 주의 손에 있는 잔은 독주와 혼합
주로 가득하여 그가 이리저리 기
울이셔도 진정 그 찌꺼기는 비워
지지 않았으니 땅의 죄인들이 모
두 마시리라
10 그러나 나는 영원토록 즐거워하
며 야곱의 하나님께 찬송하리라
11 그리고 내가 죄인들의 모든 뿔
을 부수리니 의인의 뿔들은 높여
지리라

하시도다 (셀라)
4 내가 오만한 자더러 오만히 행치
말라 하며 행악자더러 뿔을 들지
말라 하였노니
5 너희 뿔을 높이 들지 말며 교만한
목으로 말하지 말지어다
6 대저 높이는 일이 동에서나 서에
서 말미암지 아니하며 남에서도
말미암지 아니하고
7 오직 재판장이신 하나님이 이를
낮추시고 저를 높이시느니라
8 여호와의 손에 잔이 있어 술 거품
이 일어나는도다 속에 섞은 것이
가득한 그 잔을 하나님이 쏟아 내
시나니 실로 그 찌끼까지도 땅의
모든 악인이 기울여 마시리로다
9 나는 야곱의 하나님을 영원히 선
포하며 찬양하며
10 또 악인의 뿔을 다 베고 의인의
뿔은 높이 들리로다

75 완성을 향하여 찬송시들 가
운데 아사프에게 속한 시 앗
시리아를 향한 노래
2 하나님께서 유데아에서 알려지셨
다 그의 이름이 이스라일에서 위
대하도다
3 그의 처소는 평강 중에 있었고 그
의 거처는 시온에 있었다
4 거기서 그가 활들의 힘을 부쉈도
다 무기와 칼과 전쟁도
(간주)
5 당신께서 영원한 산들에서 경이
롭게 비추십니다
6 마음이 우둔한 자들은 모두 혼란
하였습니다 자기들의 잠을 잤고
아무것도 발견하지 못하였습니
다 부유한 자들도 모두 자기들의
손에서
7 야곱의 하나님 당신의 책망으로
인하여 말을 타던 자들이 잠들었
습니다
8 당신은 두려운 분이시니 누가 당
신께 맞서겠습니까 당신의 진노
는 그때부터입니다
9 하늘로부터 당신께서 판결을 듣
게 하셨고 땅은 두려워서 잠잠했

아삽의 시 영장으로 현악에 맞춘 노래

76 하나님이 유다에 알린 바
되셨으며 그 이름은 이스라
엘에 크시도다
2 그 장막이 또한 살렘에 있음이여
그 처소는 시온에 있도다
3 거기서 저가 화살과 방패와 칼과
전쟁을 깨치시도다 (셀라)
4 주는 영화로우시며 약탈한 산에
서 존귀하시도다
5 마음이 강한 자는 탈취를 당하여
자기 잠을 자고 장사는 자기 손을
놀리지 못하도다
6 야곱의 하나님이여 주께서 꾸짖
으시매 병거와 말이 다 깊은 잠이
들었나이다
7 주 곧 주는 경외할 자시니 주께서
한 번 노하실 때에 누가 주의 목
전에 서리이까
8 주께서 하늘에서 판결을 선포하
시매 땅이 두려워 잠잠하였나니

습니다
10 하나님께서 심판하시려고 일어
나실 때 땅의 온유한 자들을 모두
구원하시기 위함이었습니다
(간주)
11 사람의 생각도 당신께 감사찬
양을 드릴 것이며 그 생각의 남은
것마저 당신께 절기를 지킬 것이
기 때문입니다
12 너희는 주 너희 하나님께 서원
하고 갚아라 그를 둘러싼 모든 이
가 선물을 가져오리라
13 두려우시고 통치자들의 영을 거
두시는 분께 땅의 왕들보다 두려
우신 분께

9 곧 하나님이 땅의 모든 온유한 자
를 구원하시려고 판단하러 일어
나신 때에로다 (셀라)
10 진실로 사람의 노는 장차 주를
찬송하게 될 것이요 그 남은 노는
주께서 금하시리이다
11 너희는 여호와 너희 하나님께
서원하고 갚으라 사방에 있는 모
든 자도 마땅히 경외할 이에게 예
물을 드릴지로다
12 저가 방백들의 심령을 꺾으시리
니 저는 세상의 왕들에게 두려움
이시로다

76 완성을 향하여 이디툰을 위하여 아사프에게 속한 시

2 주를 향하여 내 음성으로 부르짖
었다 하나님을 향하여 내 음성으
로 그러자 그가 내게 유념하셨다
3 내 환난의 날에 하나님을 찾았다
나의 손으로 밤에 그의 앞에서 그
리고 나는 속지 않았다 내 영혼은
위로받기를 거절하였다

아삽의 시 영장으로 여두둔의 법칙에 의지하여 한 노래

77

내가 내 음성으로 하나님께
부르짖으리니 하나님께 내
음성으로 부르짖으면 내게 귀를
기울이시리로다
2 나의 환난 날에 내가 주를 찾았
으며 밤에는 내 손을 들고 거두지
아니하였으며 내 영혼이 위로받

4 내가 하나님을 기억하고 기뻐하
였다 내가 읊조렸으나 내 영은 의
기소침해졌다
(간주)
5 내 눈은 파수꾼보다 일찍 떠졌고
나는 불안하여 말할 수 없었다
6 내가 옛날을 생각해내었고 이전
의 해들을 회상하며 묵상하였다
7 밤이면 내 심장과 함께 읊조렸고
내 영은 파헤치곤 하였다
8 주께서 영영 거절하시는 것은 아
닌가 더 이상 기뻐하길 멈추시는
것은 아닌가
9 혹은 끝내 그의 인애를 대대로 끊
으실 것인가
10 혹은 하나님께서 긍휼히 여기길
잊으시겠는가 혹은 그의 진노로
그의 긍휼하심을 거두시겠는가
(간주)
11 그리고 나는 말하였습니다 이제
내가 시작하였다 이는 지존자의
오른손에서 나온 변화이다
12 나는 주의 공적들을 회상하였습
니다 이는 내가 당신의 기이한 일
들의 시초부터 기억할 것이기 때
문입니다

기를 거절하였도다
3 내가 하나님을 생각하고 불안하
여 근심하니 내 심령이 상하도다
(셀라)
4 주께서 나로 눈을 붙이지 못하게
하시니 내가 괴로워 말할 수 없나
이다
5 내가 옛날 곧 이전 해를 생각하였
사오며
6 밤에 한 나의 노래를 기억하여
마음에 묵상하며 심령이 궁구하
기를
7 주께서 영원히 버리실까 다시는
은혜를 베풀지 아니하실까
8 그 인자하심이 길이 다하였는가
그 허락을 영구히 폐하셨는가
9 하나님이 은혜 베푸심을 잊으셨
는가 노하심으로 그 긍휼을 막으
셨는가 하였나이다 (셀라)
10 또 내가 말하기를 이는 나의 연
약함이라 지존자의 오른손의 해
11 곧 여호와의 옛적 기사를 기억하
여 그 행하신 일을 진술하리이다

13 그리고 나는 당신의 모든 공적
을 묵상할 것입니다 당신의 행사
들도 읊조릴 것입니다
14 하나님 당신의 길은 거룩한 곳
에 있습니다 어느 신이 우리 하나
님처럼 위대합니까
15 당신은 기이한 일들을 행하시
는 하나님이십니다 당신께서 백
성에게 당신의 권능을 알리셨습
니다
16 당신께서 당신의 팔로 친히 당
신의 백성을 속량하셨습니다 야
곱과 요시프의 자손을
(간주)
17 하나님 물들이 당신을 보았습니
다 물들이 당신을 보고 두려워하
였고 심연들이 요동치며 물들의
소리로 충일하였습니다
18 구름들이 소리를 내었습니다 당
신의 화살들이 관통하였기 때문
입니다
19 당신의 천둥소리가 소용돌이
속에 당신의 번개가 세상에 번쩍
였습니다 땅이 흔들리고 떨렸습
니다
20 바다에 당신의 길이 많은 물 가

12 또 주의 모든 일을 묵상하며 주
의 행사를 깊이 생각하리이다
13 하나님이여 주의 도는 극히 거
룩하시오니 하나님과 같이 큰 신
이 누구오니이까
14 주는 기사를 행하신 하나님이시
라 민족들 중에 주의 능력을 알리
시고
15 주의 팔로 주의 백성 곧 야곱과
요셉의 자손을 구속하셨나이다
(셀라)
16 하나님이여 물들이 주를 보았나
이다 물들이 주를 보고 두려워하
며 깊음도 진동하였고
17 구름이 물을 쏟고 궁창이 소리
를 발하며 주의 살도 날아 나갔나
이다
18 회리바람 중에 주의 우뢰의 소
리가 있으며 번개가 세계를 비춰
며 땅이 흔들리고 움직였나이다
19 주의 길이 바다에 있었고 주의

운데 당신의 행로들이 있었으나
당신의 발자취는 알려지지 않을
것입니다
21 당신께서 자기 백성을 양떼같이
인도하셨습니다 모이시와 아론의
손으로

첩경이 큰 물에 있었으나 주의 종
적을 알 수 없었나이다
20 주의 백성을 무리양같이 모세와
아론의 손으로 인도하셨나이다

77 아사프에게 속한 깨우침의 (시)

내 백성아 내 율법을 유념하여라
너희 귀를 내 입의 말에 기울여라
2 내가 비유로 내 입을 열리라 옛
수수께끼를 말하리라
3 그것들을 우리가 들었고 알았으
며 우리 조상들이 우리에게 말하
여 주었다
4 그것들은 그들의 자녀들에서 다
른 세대까지 감추어지지 않았다
그들은 주의 찬양을 지속적으로
전파하였다 그의 권능의 일들과
그가 행하신 그의 기이한 일들도
5 또 그는 야꼽에게 증거를 일으키
시고 이스라일에게 율법을 세우
셨다 이는 그가 우리 조상에게 명
령하신 것들로서 그들의 자손에

아삽의 마스길

78 내 백성이여 내 교훈을 들으며 내 입의 말에 귀를 기울일지어다

2 내가 입을 열고 비유를 베풀어서
옛 비밀한 말을 발표하리니
3 이는 우리가 들은 바요 아는 바요
우리 열조가 우리에게 전한 바라
4 우리가 이를 그 자손에게 숨기지
아니하고 여호와의 영예와 그 능
력과 기이한 사적을 후대에 전하
리로다
5 여호와께서 증거를 야곱에게 세
우시며 법도를 이스라엘에게 정
하시고 우리 열조에게 명하사 저
희 자손에게 알게 하라 하셨으니

게 그것들을 알게 하려 하심이다
6 다른 세대 태어날 자손이 알도록
그러면 그들이 일어나서 그것들
을 자기 자손에게 알릴 것이다
7 이는 그들이 자신들의 소망을 하
나님께 두어서 하나님의 공적을
잊지 않고 그의 계명들을 추구하
게 하기 위함이다
8 그래서 그들이 자기 조상처럼 되
지 않도록 저들은 삐뚤어지고 반
역하는 세대 그 마음을 올바르게
유지하지 못했고 그 영이 하나님
께 충성되지 못했던 세대
9 에프렘 자손은 활을 당겨 쏘았지
만 전쟁의 날에 후퇴하였다
10 그들은 하나님의 언약을 지키지
않았고 그의 율법 안에서 행하기
를 원치 않았다
11 그리고 그의 선대하심을 잊어버
렸다 그들에게 보이신 그의 기이
한 일들도
12 그들의 조상 앞에서 그가 행하
신 기이한 일들을 에깁뜨 땅 따니
스 평원에서
13 그가 바다를 가르시고 그들을
지나가게 하셨다 물을 가죽부대

6 이는 저희로 후대 곧 후생 자손에
게 이를 알게 하고 그들은 일어나
그 자손에게 일러서
7 저희로 그 소망을 하나님께 두며
하나님의 행사를 잊지 아니하고
오직 그 계명을 지켜서
8 그 열조 곧 완고하고 패역하여 그
마음이 정직하지 못하며 그 심령
은 하나님께 충성치 아니한 세대
와 같지 않게 하려 하심이로다
9 에브라임 자손은 병기를 갖추며
활을 가졌으나 전쟁의 날에 물러
갔도다
10 저희가 하나님의 언약을 지키지
아니하고 그 율법 준행하기를 거
절하며
11 여호와의 행하신 것과 저희에게
보이신 기사를 잊었도다
12 옛적에 하나님이 애굽 땅 소안
들에서 기이한 일을 저희 열조의
목전에서 행하셨으되
13 저가 바다를 갈라 물을 무더기
같이 서게 하시고 저희로 지나게
하셨으며

처럼 세우셨다
14 낮에는 구름으로 온 밤에는 빛
나는 불로 그들을 인도하셨다
15 광야에서 바위를 갈라 깊은 심연
에서처럼 그들을 마시게 하셨다
16 바위에서 물을 길어내사 강처럼
물을 쏟으셨다
17 그러나 그들은 여전히 그에게
죄짓기를 계속하여 물 없는 땅에
서 지존자를 격노케 하였다
18 그들은 자신들의 마음으로 하나
님을 시험하였다 그들의 목숨을
위한 음식을 구하고자 함이었다
19 그들은 하나님을 거슬러 말하였
다 하나님이 광야에서 식탁을 차
릴 수 있을까
20 그가 바위를 치자 물이 흘러나
와서 시내들이 넘쳤지만 진정 양
식은 줄 수 없을까 그의 백성에게
식탁은 차릴 수 없을까
21 이런 까닭에 주께서 들으시고 격
해지셨다 야곱에게 불이 붙었고
이스라일 위에 진노가 올라왔다
22 이는 그들이 하나님을 믿지 않
았고 그의 구원을 소망하지 않았
기 때문이다

14 낮에는 구름으로 온 밤에는 화
광으로 인도하셨으며
15 광야에서 반석을 쪼개시고 깊은
수원에서 나는 것같이 저희에게
물을 흡족히 마시우셨으며
16 또 반석에서 시내를 내사 물이
강같이 흐르게 하셨으나
17 저희는 계속하여 하나님께 범죄
하여 황야에서 지존자를 배반하
였도다
18 저희가 저희 탐욕대로 식물을
구하여 그 심중에 하나님을 시험
하였으며
19 그뿐 아니라 하나님을 대적하여
말하기를 하나님이 광야에서 능
히 식탁을 준비하시랴
20 저가 반석을 쳐서 물을 내시매
시내가 넘쳤거니와 또 능히 떡을
주시며 그 백성을 위하여 고기를
예비하시랴 하였도다
21 그러므로 여호와께서 듣고 노하
심이여 야곱을 향하여 노가 맹렬
하며 이스라엘을 향하여 노가 올
랐으니
22 이는 하나님을 믿지 아니하며

23 또 그가 위에서 친히 구름에 명
령하사 하늘의 문을 여셨다
24 그들이 먹도록 만나를 비처럼
내리셨고 하늘의 양식을 그들에
게 주셨다
25 사람이 천사들의 양식을 먹었다
그가 그들에게 먹을 것을 풍성하
게 보내셨다
26 그가 하늘로부터 남풍을 몰아내
시고 그의 권능으로 남서풍을 일
으키셨다
27 그리고 그들 위에 고기를 먼지
같이 내리셨다 나는 새들도 바다
의 모래같이
28 그것들이 그들의 진영 한가운데
그들의 장막 주위로 떨어졌다
29 그래서 그들이 먹고 심히 배불
렀으며 그가 그들의 원함을 그들
에게 주셨다
30 그들은 자기들의 원함을 거절당
하지 않았다 아직 그들의 음식이
그들의 입에 있을 때
31 하나님의 진노가 그들을 대항하
여 일어났다 그가 그들의 살찐 자
들 중에서 죽이셨고 이스라일의
택한 자들을 묶으셨다

그 구원을 의지하지 아니한 연고
로다
23 그러나 저가 오히려 위의 궁창
을 명하시며 하늘 문을 여시고
24 저희에게 만나를 비같이 내려 먹
이시며 하늘 양식으로 주셨나니
25 사람이 권세 있는 자의 떡을 먹
음이여 하나님이 식물을 충족히
주셨도다
26 저가 동풍으로 하늘에서 일게
하시며 그 권능으로 남풍을 인도
하시고
27 저희에게 고기를 티끌같이 내
리시니 곧 바다 모래 같은 나는
새라
28 그 진중에 떨어지게 하사 그 거
처에 둘리셨도다
29 저희가 먹고 배불렀나니 하나님
이 저희 소욕대로 주셨도다
30 저희가 그 욕심에서 떠나지 아
니하고 저희 식물이 아직 그 입에
있을 때에
31 하나님이 저희를 대하여 노를
발하사 저희 중 살진 자를 죽이시
며 이스라엘의 청년을 쳐 엎드러
뜨리셨도다

칠십인역

32 이 모든 일에 그들은 여전히 범
죄하였고 그의 기이한 일들에 대
하여 믿지 않았다
33 그래서 그들의 날들이 허무하게
끝났고 그들의 연수가 신속히 지
나갔다
34 그가 그들을 죽이실 때마다 그들
이 그를 찾으려 했고 그들은 돌이
켜 하나님을 열심히 찾곤 하였다
35 그들은 하나님이 자기들의 돕는
자이심을 기억하였다 지존하신
하나님이 그들의 속량자이심도
36 그러나 그들은 자기들의 입으
로는 그를 속였고• 그들의 혀로는
그에게 거짓말을 하였다
37 오히려 그들의 마음은 그처럼
올곧지 않았다 그들은 그의 언약
에 신실하지 않았다
38 그러나 그는 자비로우셔서 그들
의 죄를 용서하시고 진멸하지는
않으실 것이다 거듭하여 자신의
노를 돌이키시고 자신의 모든 진
노를 다 태우지도 않으실 것이다
39 그리고 그들이 육체임을 지나가

개역한글

32 그럴지라도 저희가 오히려 범죄
하여 그의 기사를 믿지 아니하였
으므로
33 하나님이 저희 날을 헛되이 보
내게 하시며 저희 해를 두렵게 지
내게 하셨도다
34 하나님이 저희를 죽이실 때에
저희가 그에게 구하며 돌이켜 하
나님을 간절히 찾았고
35 하나님이 저희의 반석이시요 지
존하신 하나님이 저희 구속자이
심을 기억하였도다
36 그러나 저희가 입으로 그에게
아첨하며 자기 혀로 그에게 거짓
을 말하였으니
37 이는 하나님께 향하는 저희 마
음이 정함이 없으며 그의 언약에
성실치 아니하였음이로다
38 오직 하나님은 자비하심으로 죄
악을 사하사 멸하지 아니하시고
그 진노를 여러 번 돌이키시며 그
분을 다 발하지 아니하셨으니
39 저희는 육체뿐이라 가고 다시
오지 못하는 바람임을 기억하셨
음이로다

• 다수의 사본들에는 "사랑하였고"

서 다시 돌아오지 않는 바람임을
기억하셨다
40 얼마나 자주 그들이 광야에서
그를 격노하시게 하고 물 없는 땅
에서 그를 진노하시게 하였던가
41 그리고 그들은 돌아서서 하나님
을 시험하였다 이스라일의 거룩
한 분을 격분하시게 하였다
42 그들은 그의 손과 그가 그들을
압제자의 손에서 속량하신 날을
기억하지 않았다
43 그가 자신의 표징들을 에깁뜨에
서 자신의 기적들을 따니스 평원
에서 어떻게 행하셨는지
44 그는 저들의 강들과 저들의 빗
물을 피로 바꾸셔서 저들이 마시
지 못하게 하셨다
45 또 저들에게 흡혈 파리를 보내
사 저들을 삼키게 하셨고 개구리
를 보내사 저들을 망하게 하셨다
46 또 그가 저들의 열매를 곰팡이
에게 저들의 수고한 것들을 메뚜
기에게 주셨다
47 그가 저들의 포도나무를 우박으
로 저들의 뽕나무들을 서리로 죽
이셨다

40 저희가 광야에서 그를 반항하며
사막에서 그를 슬프시게 함이 몇
번인고
41 저희가 돌이켜 하나님을 재삼
시험하며 이스라엘의 거룩한 자
를 격동하였도다
42 저희가 그의 권능을 기억지 아
니하며 대적에게서 구속하신 날
도 생각지 아니하였도다
43 그 때에 하나님이 애굽에서 그
징조를 소안 들에서 그 기사를 나
타내사
44 저희의 강과 시내를 피로 변하
여 저희로 마실 수 없게 하시며
45 파리 떼를 저희 중에 보내어 물
게 하시고 개구리를 보내어 해하
게 하셨으며
46 저희의 토산물을 황충에게 주시
며 저희의 수고한 것을 메뚜기에
게 주셨으며
47 저희 포도나무를 우박으로 저희
뽕나무를 서리로 죽이셨으며

칠십인역

48 또 저들의 가축을 우박에 저들
의 재산을 불에 넘기셨다
49 그가 자신의 격렬한 진노를 저들
에게 보내셨다 분노와 진노와 환
난을 임무를 맡은 악한 천사들을
50 자신의 진노로 길을 내셔서 저
들의 목숨을 죽음에서 건져내지
않으셨고 저들의 가축을 죽음에
가두셨다
51 그리고 에깁뜨에서 모든 초태생
을 치셨다 캄의 장막에서 저들의
수고의 첫 열매를
52 그리고 자신의 백성을 양 떼같
이 옮기시고 광야에서 그들을 목
축 떼같이 이끌어내셨다
53 그리고 그들을 소망 중에 인도
하셨으니 그들은 무서워하지 않
았다 그리고 그들의 원수들을 바
다가 덮어버렸다
54 또 그가 자신의 성역으로 그들
을 이끌어 들이셨다 자신의 오른
손으로 취하신 이 산이로다
55 그리고 그들의 면전에서 열방을
쫓아내셨고 그것들을 측량줄로
유업으로 나누어 주셨으며 이스
라일 지파들을 그들의 장막에 거

개역한글

48 저희 가축을 우박에 저희 양 떼
를 번갯불에 붙이셨으며
49 그 맹렬한 노와 분과 분노와 고
난 곧 벌하는 사자들을 저희에게
내려보내셨으며
50 그 노를 위하여 치도하사 저희
혼의 사망을 면케 아니하시고 저
희 생명을 염병에 붙이셨으며
51 애굽에서 모든 장자 곧 함의 장
막에 있는 그 기력의 시작을 치셨
으나
52 자기 백성을 양같이 인도하여
내시고 광야에서 양 떼같이 지도
하셨도다
53 저희를 안전히 인도하시니 저희
는 두려움이 없었으나 저희 원수
는 바다에 엄몰되었도다
54 저희를 그 성소의 지경 곧 그의
오른손이 취하신 산으로 인도하
시고
55 또 열방을 저희 앞에서 쫓아내
시며 줄로 저희 기업을 분배하시
고 이스라엘 지파로 그 장막에 거
하게 하셨도다

하게하셨다
56 그러나 그들이 지존하신 하나님
을 시험하고 격노하시게 하였고
그의 증거를 지키지 않았다
57 그리고 자기 조상과 같이 돌아
서서 배반하였다 그래서 구부러
진 활로 변해버렸다
58 그리고 그들의 언덕에서 그를
진노하시게 하였고 그들의 깎아
만든 것들로 그를 질투하시게 하
였다
59 하나님께서 들으셨고 외면하셨
다 그리고 이스라일을 심하게 경
멸하셨다
60 실롬의 장막을 거절하셨다 사
람들 가운데 거하셨던 자신의 장
막을
61 그래서 그가 그들의 소유를 포
로로 넘기셨다 곧 그들의 아름다
운 것을 원수의 손에
62 그리고 자신의 백성을 칼로 가두
셨고 자신의 유업을 외면하셨다
63 그들의 젊은이들을 불이 삼켜버
렸지만 그들의 처녀들은 슬퍼하
지도 못하였다
64 그들의 제사장들은 칼에 던져졌

56 그럴지라도 저희가 지존하신 하
나님을 시험하며 반항하여 그 증
거를 지키지 아니하며
57 저희 열조같이 배반하고 궤사를
행하여 속이는 활같이 빗가서
58 자기 산당으로 그 노를 격동하
며 저희 조각한 우상으로 그를 진
노케 하였으매
59 하나님이 들으시고 분내어 이스
라엘을 크게 미워하사
60 실로의 성막 곧 인간에 세우신
장막을 떠나시고
61 그 능력 된 자를 포로에 붙이시
며 자기 영광을 대적의 손에 붙이
시고
62 그 백성을 또 칼에 붙이사 그의
기업에게 분내셨으니
63 저희 청년은 불에 살라지고 저희
처녀에게는 혼인 노래가 없으며
64 저희 제사장들은 칼에 엎드러지

지만 그들의 과부들은 곡하지도
못할 것이다
65 그러자 주께서 잠자던 자같이
깨어나셨다 포도주로 달아오른
전사처럼
66 그리고 그가 자신의 원수들을
뒤로 물리치셨다 그들에게 영원
한 모욕을 주셨다
67 그리고 그가 요시프의 장막을 거
절하셨고 에프렘 지파를 택하지
않으셨다
68 오히려 그는 유다 지파를 택하
셨다 사랑하시던 시온 산을
69 그리고 자신의 성역을 코뿔소들
처럼 세우셨다 그 땅에 그것을 영
원히 기초 놓으셨다
70 그리고 자신의 종 다비드를 택
하셨고 그를 양떼 목장에서 뽑으
셨다
71 출산하는 양들을 뒷바라지하는
데서 그를 취하셨으니 자신의 백
성 야꼽과 자신의 유업 이스라일
을 목양하시기 위함이라
72 그리고 그는 자신의 마음의 순
전함으로 그들을 목양하였고 자
신의 손의 공교함으로 그들을 인

고 저희 과부들은 애곡하지 못하
였도다
65 때에 주께서 자다가 깬 자같이
포도주로 인하여 외치는 용사같
이 일어나사
66 그 대적들을 쳐 물리쳐서 길이
욕되게 하시고
67 또 요셉의 장막을 싫어 버리시
며 에브라임 지파를 택하지 아니
하시고
68 오직 유다 지파와 그 사랑하시
는 시온 산을 택하시고
69 그 성소를 산의 높음같이 영원
히 두신 땅같이 지으셨으며
70 또 그 종 다윗을 택하시되 양의
우리에서 취하시며
71 젖양을 지키는 중에서 저희를
이끄사 그 백성인 야곱 그 기업인
이스라엘을 기르게 하셨더니
72 이에 저가 그 마음의 성실함으
로 기르고 그 손의 공교함으로 지
도하였도다

도하였다

78 아사프에게 속한 시
하나님 열방이 당신의 기업
에 들어와서 당신의 거룩한 전을
모독하였고 예루살림을 움막으로
만들었습니다
2 저들이 당신의 종들의 시체를 공
중의 새들에게 당신의 경건한 자
들의 살을 땅의 짐승에게 먹이로
주었습니다
3 저들이 예루살림 사방에 그들의
피를 물같이 쏟았으나 묻어주는
자가 없었습니다
4 우리는 우리 이웃들에게 비방거
리가 우리 주변에 있는 이들에는
조롱거리와 웃음거리가 되었습
니다
5 언제까지 주여 영영 진노하시며
당신의 질투가 불같이 타오르겠
나이까
6 당신의 진노를 당신을 알지 못하
는 열방 위에 당신의 이름을 부르
지 않는 나라들 위에 쏟으소서
7 이는 저들이 야꼽을 집어삼켰고

아삽의 시

79 하나님이여 열방이 주의 기
업에 들어와서 주의 성전을
더럽히고 예루살렘으로 돌무더
기가 되게 하였나이다
2 저희가 주의 종들의 시체를 공중
의 새에게 밥으로 주며 주의 성도
들의 육체를 땅 짐승에게 주며
3 그들의 피를 예루살렘 사면에 물
같이 흘렸으며 그들을 매장하는
자가 없었나이다
4 우리는 우리 이웃에게 비방거리
가 되며 우리를 에운 자에게 조소
와 조롱거리가 되었나이다
5 여호와여 어느 때까지니이까 영
원히 노하시리이까 주의 진노가
불붙듯 하시리이까
6 주를 알지 아니하는 열방과 주의
이름을 부르지 아니하는 열국에
주의 노를 쏟으소서
7 저희가 야곱을 삼키고 그 거처를
황폐케 함이니이다

칠십인역

그의 처소를 황폐하게 만들었기
때문입니다
8 우리의 옛 불법을 기억하지 마시
고 속히 당신의 긍휼하심이 우리
를 사로잡게 하소서 우리가 매우
가난해졌기 때문입니다
9 우리의 구원자 하나님 우리를 도
와주소서 당신의 이름의 영광을
위하여 주여 우리를 건져주소서
당신의 이름을 위하여 우리의 죄
악을 사하소서
10 결코 열방이 말하지 못하게 하
소서 그들의 하나님이 어디 있느
냐 우리 눈 앞에서 열방 가운데
알려지게 하소서 당신의 종들이
쏟은 피의 응징이
11 묶인 자들의 신음이 당신 앞에
이르게 하소서 당신의 팔의 위대
하심을 따라 죽임당한 자들의 자
손을 보존하소서
12 우리의 이웃들에게 일곱 배로
갚아주소서 당신을 비방했던 저
들의 비방을 저들의 품에 주여
13 그러나 우리는 당신의 백성 당
신의 목장의 양들 당신께 영원히
감사하겠습니다 세세토록 당신

개역한글

8 우리 열조의 죄악을 기억하여 우
리에게 돌리지 마옵소서 우리가
심히 천하게 되었사오니 주의 긍
휼하심으로 속히 우리를 영접하
소서
9 우리 구원의 하나님이여 주의 이
름의 영광을 위하여 우리를 도우
시며 주의 이름을 위하여 우리를
건지시며 우리 죄를 사하소서
10 어찌하여 열방으로 저희 하나님
이 어디 있느냐 말하게 하리이까
주의 종들의 피 흘림당한 보수를
우리 목전에 열방 중에 알리소서
11 갇힌 자의 탄식으로 주의 앞에
이르게 하시며 죽이기로 정한 자
를 주의 크신 능력을 따라 보존하
소서
12 주여 우리 이웃이 주를 훼방한
그 훼방을 저희 품에 칠 배나 갚
으소서
13 그러하면 주의 백성 곧 주의 기
르시는 양 된 우리는 영원히 주께
감사하며 주의 영예를 대대로 전
하리이다

의 찬양을 선포하겠습니다

79 완성을 향하여 변화될 이들
에 관하여 아사프에게 속한
증거 앗시리아인에 관한• 시
2 이스라일을 목양하시는 이여 유
념하여 주소서 요시프를 양떼같
이 인도하시는 이여 케룹들 위에
좌정하신 이여 나타내소서
3 에프렘과 베냐민과 마낫시 앞에서
당신의 권능을 일깨우사 우리를
구원하러 오소서
4 하나님 우리를 회복시키시고 당
신의 얼굴을 보여주소서 그러면
우리가 구원을 받을 것입니다
5 주여 군대들의 하나님 언제까지
당신의 종의 기도에 진노하시겠
습니까
6 당신께서 우리를 눈물의 양식으
로 먹이시고 우리로 눈물을 재서
마시게 하시렵니까
7 당신께서 우리를 우리 이웃들에
게 논란거리로 세우셨고 우리의

아삽의 시 영장으로 소산님에둣에 맞춘 노래

80 요셉을 양 떼같이 인도하시
는 이스라엘의 목자여 귀를
기울이소서 그룹 사이에 좌정하
신 자여 빛을 비취소서
2 에브라임과 베냐민과 므낫세 앞
에서 주의 용력을 내사 우리를 구
원하러 오소서
3 하나님이여 우리를 돌이키시고
주의 얼굴 빛을 비취사 우리로 구
원을 얻게 하소서
4 만군의 하나님 여호와여 주의 백
성의 기도에 대하여 어느 때까지
노하시리이까
5 주께서 저희를 눈물 양식으로 먹
이시며 다량의 눈물을 마시게 하
셨나이다
6 우리로 우리 이웃에게 다툼거리
가 되게 하시니 우리 원수들이 서
로 웃나이다

• S에는 없음

원수들도 우리를 비웃었습니다
8 주여 군대들의 하나님 우리를 회
복시키시고 당신의 얼굴을 보여
주소서 그러면 우리가 구원을 받
을 것입니다

(간주)

9 당신께서 에깁뜨에서 포도나무를
옮기셔서 열방을 쫓아내고 그것
을 심으셨습니다
10 당신께서 그 앞에 길을 내시고
그 뿌리를 심으셔서 땅이 가득 차
게 되었습니다
11 그 그늘이 산들을 그 넝쿨들이
하나님의 백향목들을 덮었습니다
12 그 가지들이 바다까지 그 곁가
지들은 강까지 뻗어 나갔습니다
13 어찌하여 당신께서는 그 울타리
를 허무셔서 그 길을 지나던 모든
자가 그것을 땁니까
14 숲의 멧돼지가 그것을 황폐하게
하였고 홀로 사는 들짐승이 그것
을 먹이로 삼았습니다
15 군대들의 하나님 이제 회복시키
소서 하늘에서 살펴보소서 이 포
도나무를 심방하시고
16 당신의 오른손으로 심으신 그것

7 만군의 하나님이여 우리를 돌이
키시고 주의 얼굴 빛을 비취사 우
리로 구원을 얻게 하소서
8 주께서 한 포도나무를 애굽에서
가져다가 열방을 쫓아내시고 이
를 심으셨나이다
9 주께서 그 앞서 준비하셨으므로
그 뿌리가 깊이 박혀서 땅에 편만
하며
10 그 그늘이 산들을 가리우고 그
가지는 하나님의 백향목 같으며
11 그 가지가 바다까지 뻗고 넝쿨
이 강까지 미쳤거늘
12 주께서 어찌하여 그 담을 헐으
사 길에 지나는 모든 자로 따게
하셨나이까
13 수풀의 돼지가 상해하며 들짐승
들이 먹나이다
14 만군의 하나님이여 구하옵나니
돌이키사 하늘에서 굽어보시고
이 포도나무를 권고하소서
15 주의 오른손으로 심으신 줄기요

을 회복하소서 당신께서 몸소 강
하게 하신 사람의 아들 위에도
17 그것은 불이 붙고 파헤쳐졌습니
다 당신의 얼굴의 책망으로 인해
저들은 자멸할 것입니다
18 당신의 손이 당신의 오른편의
사람 위에 있게 하소서 당신께서
몸소 강하게 하신 사람의 아들 위
에도
19 그러면 우리가 결코 당신을 떠
나지 않겠습니다 당신께서 우리
를 살리시리니 우리가 당신의 이
름을 부르겠습니다
20 주여 군대들의 하나님 우리를
회복시키시고 당신의 얼굴을 보
여 주소서 그러면 우리가 구원을
받을 것입니다

주를 위하여 힘있게 하신 가지니
이다
16 그것이 소화되고 작벌을 당하며
주의 면책을 인하여 망하오니
17 주의 우편에 있는 자 곧 주를 위
하여 힘있게 하신 인자의 위에 주
의 손을 얹으소서
18 그러하면 우리가 주에게서 물러
가지 아니하오리니 우리를 소생
케 하소서 우리가 주의 이름을 부
르리이다
19 만군의 하나님 여호와여 우리를
돌이키시고 주의 얼굴 빛을 비취
소서 우리가 구원을 얻으리이다

80 완성을 향하여 포도즙틀을
위하여 아사프에게 속한 시
2 우리의 돕는 자이신 하나님을 즐
거워하여라 야곱의 하나님께 즐
거이 외쳐라
3 시를 읊고 드럼을 쳐라 키타라와
함께 즐거운 하프를

아삽의 시 영장으로 깃딧에 맞춘 노래

81 우리 능력 되신 하나님께
높이 노래하며 야곱의 하나
님께 즐거이 소리할지어다
2 시를 읊으며 소고를 치고 아름다
운 수금에 비파를 아우를지어다

칠십인역

4 초하루에 나팔을 불어라 우리의
절기의 축일에
5 이는 이스라일의 칙령이요 야꼽의
하나님의 법도이기 때문이다
6 그가 그것을 요시프에게 증거로
세우셨다 그가 에깁뜨에서 나올
때 그가 알지 못하는 언어를 들
었다
7 그가 그의 등에서 짐을 풀어주셨
다 그의 손이 바구니 속에서 종노
릇하였다
8 환난 중에 네가 나를 불렀고 내가
너를 구출하였노라 내가 폭풍 속
은밀한 곳에서 너를 경청하였고
내가 다툼의 물로 너를 시험하였
노라

(간주)

9 나의 백성아 들어라 내가 너에게
경고하노라 이스라일아 만약 네
가 나를 듣는다면
10 다른 신이 너에게 있지 않게 하
라 너는 이방 신에게 절하지도
말라
11 나는 에깁뜨 땅에서 너를 이끌어
낸 주 너의 하나님이다 네 입을
벌려라 내가 그것을 채워주리라

개역한글

3 월삭과 월망과 우리의 절일에 나
팔을 불지어다
4 이는 이스라엘의 율례요 야곱의
하나님의 규례로다
5 하나님이 애굽 땅을 치러 나가시
던 때에 요셉의 족속 중에 이를
증거로 세우셨도다 거기서 내가
알지 못하던 말씀을 들었나니
6 이르시되 내가 그 어깨에서 짐을
벗기고 그 손에서 광주리를 놓게
하였도다
7 네가 고난 중에 부르짖으매 내가
너를 건졌고 뇌성의 은은한 곳에
서 네게 응답하며 므리바 물가에
서 너를 시험하였도다 (셀라)
8 내 백성이여 들으라 내가 네게 증
거하리라 이스라엘이여 내게 듣
기를 원하노라
9 너희 중에 다른 신을 두지 말며
이방 신에게 절하지 말지어다
10 나는 너를 애굽 땅에서 인도하
여 낸 여호와 네 하나님이니 네
입을 넓게 열라 내가 채우리라 하
였으나

12 그러나 나의 백성이 나의 음성
을 듣지 않았도다 또 이스라일이
나에게 유의하지 않았도다
13 그래서 나는 그들의 마음의 습
관을 따라 그들을 내보냈노라
그들은 그들의 습관으로 걸어가
리라
14 나의 백성이 나를 들었더라면
이스라일이 나의 길들을 걸었더
라면
15 내가 그들의 원수들을 순식간에
낮추고 그들을 압제하는 자들 위
에 나의 손을 댔으리라
16 주의 원수들이 그를 속였으니
저들의 때는 영원하리라
17 그러나 그가 그들을 밀의 기름
진 것으로 먹이셨고 석청으로 그
들을 배불리셨도다

81 아사프에게 속한 시
하나님께서 신들의 모임에
서셨고 신들 가운데서 심판하신
다
2 언제까지 너희가 불의하게 판결
하고 죄인들의 낯을 봐주겠느냐

11 내 백성이 내 소리를 듣지 아니
하며 이스라엘이 나를 원치 아니
하였도다
12 그러므로 내가 그 마음의 강퍅
한 대로 버려 두어 그 임의대로
행케 하였도다
13 내 백성이 나를 청종하며 이스
라엘이 내 도 행하기를 원하노라
14 그리하면 내가 속히 저희 원수
를 제어하며 내 손을 돌려 저희
대적을 치리니
15 여호와를 한하는 자는 저에게
복종하는 체 할지라도 저희 시대
는 영원히 계속하리라
16 내가 또 밀의 아름다운 것으로
저희에게 먹이며 반석에서 나오
는 꿀로 너를 만족케 하리라 하셨
도다

아삽의 시

82 하나님이 하나님의 회 가운
데 서시며 재판장들 중에서
판단하시되
2 너희가 불공평한 판단을 하며 악
인의 낯 보기를 언제까지 하려느

칠십인역

(간주)
3 변호하여라 고아와 가난한 자를
비천한 자와 핍절한 자를 신원하
여라
4 건져주어라 핍절한 자와 가난한
자를 죄인의 손에서 구출하여라
5 저들은 알지도 깨닫지도 못하였
고 어둠 속에서 돌아다닌다 땅의
모든 터가 흔들릴 것이다
6 내가 말하였노라 너희는 신들이
고 모두 지존자의 아들들이다
7 그러나 너희는 사람처럼 죽고 통
치자 중의 하나처럼 엎드러진다
8 일어나소서 하나님 땅을 심판하
소서 당신께서 모든 열방을 상속
하실• 것이기 때문입니다

개역한글

냐 (셀라)
3 가난한 자와 고아를 위하여 판단
하며 곤란한 자와 빈궁한 자에게
공의를 베풀지며
4 가난한 자와 궁핍한 자를 구원하
여 악인들의 손에서 건질지니라
하시는도다
5 저희는 무지무각하여 흑암 중에
왕래하니 땅의 모든 터가 흔들리
도다
6 내가 말하기를 너희는 신들이며
다 지존자의 아들들이라 하였으
나
7 너희는 범인같이 죽으며 방백의
하나같이 엎더지리로다
8 하나님이여 일어나사 세상을 판
단하소서 모든 열방이 주의 기업
이 되겠음이니이다

82

아사프에게 속한 시의 노래
2 하나님 누가 당신과 같겠
습니까 조용하지 마소서 잠잠하
지 마소서 하나님

아삽의 시 곧 노래

83

하나님이여 침묵치 마소서
하나님이여 잠잠치 말고 고
요치 마소서

• S에서는 "멸절하실"

칠십인역

3 보소서 당신의 원수들이 소리쳤
고 당신을 미워하는 자들이 머리
를 쳐들었기 때문입니다
4 당신의 백성을 대항하여 저들이
음모를 꾸몄으며 당신의 거룩한
자들을 대적하여 모의하였습니다
5 저들이 말했습니다 오라 이들을
나라들에서 멸하여 이스라일의 이
름이 아예 기억되지 못하게 하자
6 이는 저들이 한마음으로 함께 모
의하였고 당신을 대적하여 조약
을 체결했기 때문입니다
7 이두메아인들의 장막과 이스마일
인들 모압과 아가린인들
8 게발과 암몬과 아말리끄 그리고
이방인들이 띠로의 거민들과 함
께
9 심지어 앗수르도 저들과 함께 와
서 로뜨의 자손에게 도움이 되었
습니다

(간주)

10 저들에게 행하소서 마디암과 시
사라에게처럼 끼손 시냇가의 야빈
처럼
11 저들이 아엔도르에서 전멸하였
고 땅의 분뇨같이 되었습니다

개역한글

2 대저 주의 원수가 훤화하며 주를
한하는 자가 머리를 들었나이다
3 저희가 주의 백성을 치려 하여 간
계를 꾀하며 주의 숨긴 자를 치려
고 서로 의논하여
4 말하기를 가서 저희를 끊어 다시
나라가 되지 못하게 하여 이스라
엘의 이름으로 다시는 기억되지
못하게 하자 하나이다
5 저희가 일심으로 의논하고 주를
대적하여 서로 언약하니
6 곧 에돔의 장막과 이스라엘인과
모압과 하갈인이며
7 그발과 암몬과 아말렉이며 블레
셋과 두로 거민이요
8 앗수르도 저희와 연합하여 롯 자
손의 도움이 되었나이다 (셀라)
9 주는 미디안인에게 행하신 것같
이 기손 시내에서 시스라와 야빈
에게 행하신 것같이 저희에게도
행하소서
10 그들은 엔돌에서 패망하여 땅에
거름이 되었나이다

칠십인역

12 저들의 통치자들을 오립과 집처럼 만드소서 또한 저들의 통치자 모두를 제베와 살마나처럼

13 저들은 말했습니다 우리가 하나님의 성소를 우리를 위하여 물려받자

14 나의 하나님 저들을 바퀴처럼 바람 앞에 지푸라기처럼 만드소서

15 숲을 태워버릴 불처럼 산을 불사를 화염처럼

16 그렇게 당신의 폭풍으로 저들을 쫓아가시고 당신의 진노로 저들을 혼란케 하실 것입니다

17 저들의 얼굴을 불명예로 가득 채우소서 그러면 저들이 당신의 이름을 찾을 것입니다 주여

18 저들이 영원무궁토록 창피당하고 떨게 하시며 굴욕당하고 자멸하게 하소서

19 그래서 당신의 이름이 주이심을 저들이 알게 하소서 당신만이 온 땅 위에 지존자이십니다

개역한글

11 저희 귀인으로 오렙과 스엡 같게 하시며 저희 모든 방백으로 세바와 살문나와 같게 하소서

12 저희가 말하기를 우리가 하나님의 목장을 우리의 소유로 취하자 하였나이다

13 나의 하나님이여 저희로 굴러가는 검불 같게 하시며 바람에 날리는 초개 같게 하소서

14 삼림을 사르는 불과 산에 붙는 화염같이

15 주의 광풍으로 저희를 쫓으시며 주의 폭풍으로 저희를 두렵게 하소서

16 여호와여 수치로 저희 얼굴에 가득케 하사 저희로 주의 이름을 찾게 하소서

17 저희로 수치를 당하여 영원히 놀라게 하시며 낭패와 멸망을 당케 하사

18 여호와라 이름하신 주만 온 세계의 지존자로 알게 하소서

83 완성을 향하여 포도즙틀을
위하여 꼬레 자손에게 속한
시
2 당신의 장막이 어찌 그리 사랑스
러운지요 군대들의 주여
3 나의 영혼이 주의 뜰을 사모하여
곤합니다 내 마음과 내 육신은 살
아계신 하나님을 즐거워하였습
니다
4 참으로 참새도 제 집을 비둘기도
자기 새끼 둘 제 둥지를 찾았습니
다 당신의 제단에서 군대들의 주
여 나의 왕 나의 하나님
5 복 받았습니다 당신의 집에 사는
자들은 영원무궁토록 그들은 당
신을 찬양할 것입니다
(간주)
6 복 받았습니다 그의 도움이 당
신에게서 오는 사람은 주여 그는
자기 마음에 오름길을 정하였습
니다
7 울음의 계곡에서 그가 세우신 장
소로 참으로 율법을 제정하신 이
가 복을 주실 것입니다
8 그들은 권능에서 권능으로 나아
갈 것입니다 신들 중의 하나님께

고라 자손의 시 영장으로 깃딧에 맞춘 노래

84 만군의 여호와여 주의 장막
이 어찌 그리 사랑스러운지
요
2 내 영혼이 여호와의 궁정을 사모
하여 쇠약함이여 내 마음과 육체
가 생존하시는 하나님께 부르짖
나이다
3 나의 왕 나의 하나님 만군의 여호
와여 주의 제단에서 참새도 제 집
을 얻고 제비도 새끼 둘 보금자리
를 얻었나이다
4 주의 집에 거하는 자가 복이 있나
이다 저희가 항상 주를 찬송하리
이다 (셀라)
5 주께 힘을 얻고 그 마음에 시온의
대로가 있는 자는 복이 있나이다
6 저희는 눈물 골짜기로 통행할 때
에 그 곳으로 많은 샘의 곳이 되
게 하며 이른 비도 은택을 입히나
이다
7 저희는 힘을 얻고 더 얻어 나아가
시온에서 하나님 앞에 각기 나타
나리이다

서 시온에 나타나실 것입니다
9 주여 군대들의 하나님 나의 기도
를 들으소서 귀를 기울이소서 야
곱의 하나님
(간주)
10 우리의 보호자시여 보소서 하나
님 당신의 크리스또의 얼굴을 돌
아보소서
11 당신의 뜰에서 하루가 수천 날
보다 좋기에 나는 죄인들의 장막
에 사느니 문가로 쫓겨나더라도
하나님의 집 안을 택하였습니다
12 주 하나님은 인애와 진리를 사
랑하시니 은혜와 영광을 주실 것
입니다 주께서 선하심을 거두지
않으실 것입니다 순전함으로 다
니는 자들에게서
13 군대들의 주여 복 받았습니다
당신을 소망하는 사람은

8 만군의 하나님 여호와여 내 기도
를 들으소서 야곱의 하나님이여
귀를 기울이소서 (셀라)
9 우리 방패이신 하나님이여 주의
기름 부으신 자의 얼굴을 살펴보
옵소서
10 주의 궁정에서 한 날이 다른 곳
에서 천 날보다 나은즉 악인의 장
막에 거함보다 내 하나님 문지기
로 있는 것이 좋사오니
11 여호와 하나님은 해요 방패시
라 여호와께서 은혜와 영화를 주
시며 정직히 행하는 자에게 좋은
것을 아끼지 아니하실 것임이니
이다
12 만군의 여호와여 주께 의지하는
자는 복이 있나이다

84 완성을 향하여 꼬레 자손에
게 속한 시
2 주여 당신께서 당신의 땅을 기뻐
하사 야꼽의 포로됨을 회복하셨
나이다

고라 자손의 시 영장으로 한 노래

85 여호와여 주께서 주의 땅에
은혜를 베푸사 야곱의 포로
된 자로 돌아오게 하셨으며

칠십인역

3 당신의 백성의 불법을 용서하셨
고 그들의 모든 죄를 덮으셨나
이다

(간주)

4 당신의 모든 진노를 멈추셨고 당
신의 격렬한 진노에서 돌이키셨
나이다

5 우리 구원의 하나님 우리를 회복
시키시고 우리에게서 당신의 분
노를 돌이키소서

6 영영토록 우리에게 진노하지는
않으시겠지요 세세토록 당신의
진노가 계속되지는 않겠지요

7 하나님 당신께서 우리를 회복시
켜 살리시리니 당신의 백성이 당
신으로 인해 기뻐할 것입니다

8 주여 우리에게 당신의 인애를 보
이시고 당신의 구원을 우리에게
주시기를 원합니다

9 주 하나님께서 내 안에 무엇을 말
씀하실지 내가 들으리라 이는 그
가 그의 백성과 그의 경건한 자들
에게 그리고 마음으로 그에게 돌
이키는 이들에게 평강을 말씀하
실 것이기 때문이다

10 그러나 그의 구원이 그를 경외

개역한글

2 주의 백성의 죄악을 사하시고 저
희 모든 죄를 덮으셨나이다 (셀
라)

3 주의 모든 분노를 거두시며 주의
진노를 돌이키셨나이다

4 우리 구원의 하나님이여 우리를
돌이키시고 우리에게 향하신 주
의 분노를 그치소서

5 주께서 우리에게 영원히 노하시
며 대대에 발분하시겠나이까

6 우리를 다시 살리사 주의 백성으
로 주를 기뻐하게 아니하시겠나
이까

7 여호와여 주의 인자하심을 우리
에게 보이시며 주의 구원을 우리
에게 주소서

8 내가 하나님 여호와의 하실 말씀
을 들으리니 대저 그 백성 그 성
도에게 화평을 말씀하실 것이라
저희는 다시 망령된 데로 돌아가
지 말지로다

9 진실로 그의 구원이 그를 경외하
는 자에게 가까우니 이에 영광이
우리 땅에 거하리이다

하는 이들에게 가까우니 우리의
땅에 영광이 거하기 위함이라
11 인애와 진리가 함께 만났고 의
와 평강이 입맞추었다
12 진리는 땅에서 솟아올랐고 의는
하늘에서 내려다보았다
13 참으로 주께서 관용을 베푸시고
우리의 땅은 그 소산을 낼 것이라
14 의가 그의 앞에서 나아가고 그
의 발걸음으로 길을 내리라

10 긍휼과 진리가 같이 만나고 의
와 화평이 서로 입맞추었으며
11 진리는 땅에서 솟아나고 의는
하늘에서 하감하였도다
12 여호와께서 좋은 것을 주시리니
우리 땅이 그 산물을 내리로다
13 의가 주의 앞에 앞서 행하며 주
의 종적으로 길을 삼으리로다

85 다비드에게 속한 기도
기울이소서 주여 당신의 귀
를 그리고 나를 경청하소서 내가
가난하고 궁핍하기 때문입니다
2 나의 영혼을 지켜주소서 나는 경
건하기 때문입니다 나의 하나님
당신을 소망하는 당신의 종을 구
원하소서
3 나를 긍휼히 여기소서 주여 당신
을 향하여 내가 온종일 부르짖을
것이기 때문입니다
4 당신의 종의 영혼을 기쁘게 하소
서 당신을 향하여 주여 내가 내
영혼을 들었기 때문입니다

다윗의 기도

86 여호와여 나는 곤고하고 궁
핍하오니 귀를 기울여 내게
응답하소서
2 나는 경건하오니 내 영혼을 보존
하소서 내 주 하나님이여 주를 의
지하는 종을 구원하소서
3 주여 나를 긍휼히 여기소서 내가
종일 주께 부르짖나이다
4 주여 내 영혼이 주를 우러러 보오
니 주여 내 영혼을 기쁘게 하소서
5 주는 선하사 사유하기를 즐기시
며 주께 부르짖는 자에게 인자함
이 후하심이니이다

5 당신께서는 주여 당신을 부르는
모든 자에게 선하시며 너그러우
시고 인애가 풍성하시기 때문입
니다
6 귀 기울이소서 주여 나의 기도에
그리고 내 간구 소리에 유념하소
서
7 내 환난의 날에 내가 당신께 부르
짖었습니다 당신께서 나를 들으
셨기 때문입니다
8 신들 가운데 당신과 같은 이 없습
니다 주여 당신의 공적과 같은 것
도 없습니다
9 당신께서 지으신 온 열방이 와서
당신 앞에 경배하며 주여 당신의
이름을 영화롭게 할 것입니다
10 당신께서는 위대하시며 기이한
일들을 행하시기 때문입니다 당
신께서는 홀로 위대하신 하나님
이십니다
11 주여 나를 당신의 길로 인도하
소서 그러면 내가 당신의 진리 가
운데서 행할 것입니다 당신의 이
름을 경외하도록 나의 마음을 기
쁘게 하소서
12 주여 나의 하나님 나의 온 마음

6 여호와여 나의 기도에 귀를 기울
이시고 나의 간구하는 소리를 들
으소서
7 나의 환난 날에 내가 주께 부르짖
으리니 주께서 내게 응답하시리
이다
8 주여 신들 중에 주와 같은 자 없
사오며 주의 행사와 같음도 없나
이다
9 주여 주의 지으신 모든 열방이 와
서 주의 앞에 경배하며 주의 이름
에 영화를 돌리리이다
10 대저 주는 광대하사 기사를 행하
시오니 주만 하나님이시니이다
11 여호와여 주의 도로 내게 가르
치소서 내가 주의 진리에 행하오
리니 일심으로 주의 이름을 경외
하게 하소서
12 주 나의 하나님이여 내가 전심

으로 당신께 감사찬양하며 당신
의 이름을 영원토록 영화롭게 할
것입니다
13 당신의 인애가 내게 크고 당신
께서 가장 깊은 아디스에서 나의
영혼을 건지셨기 때문입니다
14 하나님 무법자들이 나를 대항하
여 일어났습니다 강한 자들의 무
리가 나의 목숨을 찾았고 저들은
자기들 앞에 당신을 모시지 않았
습니다
15 그러나 주여 하나님 당신께서는
긍휼히 여기시고 자비로우시며
오래 참으시고 인애가 풍성하시
고 진실하시니
16 나를 돌아보시고 나를 불쌍히
여기소서 당신의 어린 종에게 당
신의 힘을 주시고 당신의 여종의
아들을 구원하소서
17 나를 위해 선하심의 징표를 만
드소서 그래서 나를 미워하는 자
들이 보고 창피당하게 하소서 당
신께서는 주여 나를 도우셨고 나
를 위로하셨기 때문입니다

으로 주를 찬송하고 영영토록 주
의 이름에 영화를 돌리오리니
13 이는 내게 향하신 주의 인자가
크사 내 영혼을 깊은 음부에서 건
지셨음이니이다
14 하나님이여 교만한 자가 일어나
나를 치고 강포한 자의 무리가 내
혼을 찾았사오며 자기 앞에 주를
두지 아니하였나이다
15 그러나 주여 주는 긍휼히 여기
시며 은혜를 베푸시며 노하기를
더디 하시며 인자와 진실이 풍성
하신 하나님이시오니
16 내게로 돌이키사 나를 긍휼히 여
기소서 주의 종에게 힘을 주시고
주의 여종의 아들을 구원하소서
17 은총의 표징을 내게 보이소서 그
러면 나를 미워하는 저희가 보고
부끄러워하오리니 여호와여 주는
나를 돕고 위로하심이니이다

86 꼬레 자손에게 속한 노래의
시
그의 기초들이 거룩한 산에 있도
다
2 주께서 시온의 문들을 사랑하신
다 야꼽의 모든 장막보다
3 하나님의 도성 너에 관한 영광스
러운 일들이 회자되었다
(간주)
4 라압과 바빌론을 나를 아는 자들
에게 상기시키리라 또 보라 이방
인들과 띠로와 에티오삐아인 백성
이들이 거기서 났도다
5 어머니 시온이라고 사람이 말하
리라 즉 사람이 그 안에서 태어났
고 지존자 그가 그 기초를 놓으셨
도다
6 주께서 백성과 통치자들의 기록
에 진술하시리라 이들이 그 성에
서 태어났다고
(간주)
7 이처럼 기뻐하는 모든 이의 거처
가 네 안에 있도다

고라 자손의 시 곧 노래

87 그 기지가 성산에 있음이여
2 여호와께서 야곱의 모든
거처보다 시온의 문들을 사랑하
시는도다
3 하나님의 성이여 너를 가리켜 영
광스럽다 말하는도다 (셀라)
4 내가 라합과 바벨론을 나를 아는
자 중에 있다 말하리라 보라 블레
셋과 두로와 구스여 이도 거기서
났다 하리로다
5 시온에 대하여 말하기를 이 사
람 저 사람이 거기서 났나니 지
존자가 친히 시온을 세우리라 하
리로다
6 여호와께서 민족들을 등록하실
때에는 그 수를 세시며 이 사람이
거기서 났다 하시리로다 (셀라)
7 노래하는 자와 춤추는 자는 말하
기를 나의 모든 근원이 네게 있다
하리로다

칠십인역

87 꼬레 자손에게 속한 시의 노
래 완성을 향하여 화답하기
위한 마엘레트를 위하여 이스라
일 사람 에만에게 속한 깨우침의
(시)
2 주여 내 구원의 하나님 낮에도 밤
에도 당신 앞에 내가 부르짖었습
니다
3 나의 기도가 당신 앞에 이르게 하
소서 나의 간구에 당신의 귀를 기
울이소서 주여
4 내 영혼이 곤란함으로 가득 찼고
내 생명은 아디스에 가까워졌기
때문입니다
5 나는 구덩이에 내려가는 자들과
함께 여겨졌습니다 시체들 가운
데 무력하고 맥빠진 사람처럼 되
었습니다
6 무덤에 누워 잠자는 사상자들처
럼 당신께서 더 이상 기억하지 않
으시는 자들 그들은 당신의 손에
서 쫓겨났습니다
7 저들이 나를 가장 깊은 구덩이에
두었습니다 어두운 곳과 죽음의
그늘에
8 당신의 분노가 나를 짓눌렀고 당

개역한글

고라 자손의 찬송 시 곧 에스라인 헤만의 미스
길 영장으로 마할랏르안놋에 맞춘 노래

88 여호와 내 구원의 하나님이
여 내가 주야로 주의 앞에
부르짖었사오니
2 나의 기도로 주의 앞에 달하게 하
시며 주의 귀를 나의 부르짖음에
기울이소서
3 대저 나의 영혼에 곤란이 가득하
며 나의 생명은 음부에 가까왔사
오니
4 나는 무덤에 내려가는 자와 함께
인정되고 힘이 없는 사람과 같으
며
5 사망자 중에 던지운 바 되었으며
살륙을 당하여 무덤에 누운 자 같
으니이다 주께서 저희를 다시 기
억지 아니하시니 저희는 주의 손
에서 끊어진 자니이다
6 주께서 나를 깊은 웅덩이 어두운
곳 음침한 데 두셨사오며
7 주의 노가 나를 심히 누르시고

신께서 당신의 모든 파도를 내 위
에 일으키셨습니다
(간주)
9 당신께서 나의 친구들을 내게서
멀어지게 하셨습니다 그들은 나
를 자기들에게 혐오스러운 것으
로 여겼기에 나는 넘겨졌고 빠져
나오지 못하였습니다
10 내 눈이 가난으로 쇠약해졌습니
다 내가 당신을 향하여 부르짖었
고 주여 온종일 당신을 향하여 내
손을 펼쳤습니다
11 당신께서는 죽은 자들에게 기이
한 일을 행하시겠습니까 혹 의사
들이 일으켜서 그들이 당신께 감
사찬양하겠습니까
12 누가 무덤에서 당신의 인애를
멸망 가운데서 당신의 진리를 이
야기하겠습니까
13 어둠 속에서 당신의 기이한 일
들이 또 잊힌 땅에서 당신의 의가
알려지겠습니까
14 나도 당신을 향하여 주여 부르
짖었습니다 또 아침에 나의 기도
가 당신께 다다를 것입니다
15 어찌하여 주여 내 영혼을 밀쳐

주의 모든 파도로 나를 괴롭게 하
셨나이다 (셀라)
8 주께서 나의 아는 자로 내게서 멀
리 떠나게 하시고 나로 저희에게
가증되게 하셨사오니 나는 갇혀
서 나갈 수 없게 되었나이다
9 곤란으로 인하여 내 눈이 쇠하였
나이다 여호와여 내가 매일 주께
부르며 주를 향하여 나의 두 손을
들었나이다
10 주께서 사망한 자에게 기사를
보이시겠나이까 유혼이 일어나
주를 찬송하리이까 (셀라)
11 주의 인자하심을 무덤에서 주의
성실하심을 멸망 중에서 선포할
수 있으리이까
12 흑암 중에서 주의 기사와 잊음
의 땅에서 주의 의를 알 수 있으
리이까
13 여호와여 오직 주께 내가 부르
짖었사오니 아침에 나의 기도가
주의 앞에 달하리이다
14 여호와여 어찌하여 나의 영혼을

내시며 당신의 얼굴을 내게서 돌
리십니까
16 나는 가난하고 내 어릴 적부터
고난 중에 있습니다 나는 높여졌
으나 낮아졌고 좌절하였습니다
17 당신의 진노가 나를 휩쓸었고
당신의 두려움이 나를 뒤흔들었
습니다
18 그것들이 온종일 물처럼 나를
둘러쌌고 일제히 나를 포위했습
니다
19 당신께서 나의 친구와 이웃과
친지들을 비참함으로 인해 내게
서 멀어지게 하셨습니다

버리시며 어찌하여 주의 얼굴을
내게 숨기시나이까
15 내가 소시부터 곤란을 당하여
죽게 되었사오며 주의 두렵게 하
심을 당할 때에 황망하였나이다
16 주의 진노가 내게 넘치고 주의
두렵게 하심이 나를 끊었나이다
17 이런 일이 물같이 종일 나를 에
우며 함께 나를 둘렀나이다
18 주께서 나의 사랑하는 자와 친구
를 내게서 멀리 떠나게 하시며 나
의 아는 자를 흑암에 두셨나이다

88 이스라일 사람 에탄에게 속
한 깨우침의 (시)
2 주여 당신의 인애를 영원토록 나
는 노래할 것입니다 세세토록 당
신의 진리를 나의 입으로 선포할
것입니다
3 당신께서 말씀하셨기 때문입니
다 영원토록 인애가 세워지리라
하늘들에서 당신의 진리가 예비
될 것입니다

에스라인 에단의 마스길

89 내가 여호와의 인자하심을
영원히 노래하며 주의 성실
하심을 내 입으로 대대에 알게 하
리이다
2 내가 말하기를 인자하심을 영원
히 세우시며 주의 성실하심을 하
늘에서 견고히 하시리라 하였나
이다

4 내가 나의 택한 자들과 언약을
맺고 나의 종 다비드에게 맹세하
였다
5 영원까지 내가 너의 씨를 예비할
것이며 세세토록 너의 보좌를 세
우리라
(간주)
6 하늘들이 당신의 기이한 일들을
감사찬양할 것입니다 주여 거룩
한 자들의 모임 가운데서 당신의
진리도
7 구름 가운데 누가 주와 동등하며
하나님의 아들들 가운데 누가 주
와 같겠습니까
8 하나님께서는 거룩한 자들의 의
회에서 영화로우시고 그를 둘러
선 모든 이에게 위대하시고 두려
우시도다
9 주여 군대들의 하나님 누가 당신
과 같습니까 당신은 능하시며 주
여 당신의 진리는 당신을 둘러서
있습니다
10 당신께서는 힘센 바다의 주인
이 되십니다 그리고 그 파도들의
격동을 당신께서 잠잠하게 하십
니다

3 주께서 이르시되 내가 나의 택한
자와 언약을 맺으며 내 종 다윗에
게 맹세하기를
4 내가 네 자손을 영원히 견고히 하
며 네 위를 대대에 세우리라 하였
다 하셨나이다 (셀라)
5 여호와여 주의 기사를 하늘이 찬
양할 것이요 주의 성실도 거룩한
자의 회중에서 찬양하리이다
6 대저 궁창에서 능히 여호와와 비
교할 자 누구며 권능 있는 자 중
에 여호와와 같은 자 누구리이까
7 하나님은 거룩한 자의 회중에서
심히 엄위하시오며 둘러 있는 모
든 자 위에 더욱 두려워할 자시니
이다
8 여호와 만군의 하나님이여 주와
같이 능한 자 누구리이까 여호와
여 주의 성실하심이 주를 둘렀나
이다
9 주께서 바다의 흉용함을 다스리
시며 그 파도가 일어날 때에 평정
케 하시나이다

11 당신께서는 교만한 자를 부상당
한 자처럼 낮추셨습니다 당신의
능력의 팔로 당신의 원수들을 흩
으셨습니다
12 하늘들이 당신의 것 땅도 당신의
것입니다 세상과 그 충만함도 당
신께서 그 기초를 놓으셨습니다
13 북쪽과 바다들도 당신께서 창조
하셨으니 타보르와 에르몬이 당신
의 이름을 즐거워할 것입니다
14 권능 있는 팔이 당신의 것입니
다 당신의 손을 강하게 하소서 당
신의 오른손을 높이소서
15 의와 정의가 당신의 보좌의 기
초입니다 인애와 진리가 당신의
얼굴 앞에서 나아갈 것입니다
16 복되도다 환호를 아는 백성 주
여 그들이 당신의 얼굴의 빛 가운
데서 걸어갈 것입니다
17 그리고 그들이 당신의 이름을
온종일 즐거워하며 당신의 의로
높여질 것입니다
18 이는 당신께서 그들의 능력의
자랑이시기 때문입니다 당신의
기뻐하심 가운데서 우리의 뿔이
높여질 것입니다

10 주께서 라합을 살륙당한 자같이
파쇄하시고 주의 원수를 주의 능
력의 팔로 흩으셨나이다
11 하늘이 주의 것이요 땅도 주의
것이라 세계와 그 중에 충만한 것
을 주께서 건설하셨나이다
12 남북을 주께서 창조하셨으니 다
볼과 헤르몬이 주의 이름을 인하
여 즐거워하나이다
13 주의 팔에 능력이 있사오며 주
의 손은 강하고 주의 오른손은 높
으시니이다
14 의와 공의가 주의 보좌의 기초
라 인자함과 진실함이 주를 앞서
행하나이다
15 즐거운 소리를 아는 백성은 유
복한 자라 여호와여 저희가 주의
얼굴 빛에 다니며
16 종일 주의 이름으로 기뻐하며
주의 의로 인하여 높아지오니
17 주는 저희 힘의 영광이심이라
우리 뿔이 주의 은총으로 높아지
오리니

19 이는 도움은 주의 것이며 우리
의 왕 이스라일의 거룩하신 분의
것이기 때문입니다
20 그때 당신께서 환상 가운데 당
신의 경건한 자들에게 말씀하셨
습니다 이렇게 말씀하셨습니다
내가 능한 자에게 도움을 주었노
라 내 백성에서 택한 자를 내가
높였노라
21 내가 나의 종 다비드를 발견하였
고 나의 거룩한 기름을 그에게 부
었노라
22 이는 나의 손이 그를 지지하고
나의 팔이 그를 강력하게 할 것이
기 때문이다
23 원수가 그에게서 이득을 얻지
못하며 불법의 아들이 그를 더 이
상 괴롭히지 못할 것이다
24 또한 내가 그의 원수들을 그의
면전에서 쳐부수며 그를 미워하
는 자들을 도망치게 할 것이다
25 그리고 나의 진리와 나의 인애
가 그와 함께하고 나의 이름으로
인하여 그의 뿔이 높여지리라
26 또한 내가 그의 손을 바다에 그
의 오른손을 강에 두리라

18 우리 방패는 여호와께 속하였고
우리 왕은 이스라엘의 거룩한 자
에게 속하였음이니이다
19 주께서 이상 중에 주의 성도에
게 말씀하시기를 내가 돕는 힘을
능력 있는 자에게 더하며 백성 중
에서 택한 자를 높였으되
20 내가 내 종 다윗을 찾아 나의 거
룩한 기름으로 부었도다
21 내 손이 저와 함께 하여 견고히
하고 내 팔이 그를 힘이 있게 하
리로다
22 원수가 저에게서 강탈치 못하
며 악한 자가 저를 곤고케 못하
리로다
23 내가 저의 앞에서 그 대적을 박
멸하며 저를 한하는 자를 치려
니와
24 나의 성실함과 인자함이 저와
함께 하리니 내 이름을 인하여 그
뿔이 높아지리로다
25 내가 또 그 손을 바다 위에 세우
며 오른손을 강들 위에 세우리니

칠십인역

27 그는 나를 부를 것이다 당신께
서는 나의 아버지 나의 하나님 내
구원의 보호자이십니다
28 나도 그를 장자로 삼고 땅의 왕
들보다 높게 하리라
29 영원히 그에게 나의 인애를 지
킬 것이며 나의 언약은 그에게 신
실하리라
30 또한 내가 영원무궁토록 그의
씨와 그의 보좌를 하늘의 날들같
게 하리라
31 만약 그의 후손이 나의 율법을
버리고 나의 판결을 따라 행하지
않는다면
32 그들이 나의 율례를 더럽히고
나의 계명을 지키지 않는다면
33 나는 막대기로 그들의 불법을
채찍으로 그들의 죄를 감찰할 것
이다
34 그러나 나의 인애는 결코 그를
떠나지 않으며 나의 진리 안에서
나는 불의하게 행하지 않을 것이
다
35 결코 나의 언약을 더럽히지 않
으며 나의 입술을 통해 나간 것들
을 폐하지 않을 것이다

개역한글

26 저가 내게 부르기를 주는 나의
아버지시요 나의 하나님이시요
나의 구원의 바위시라 하리로다
27 내가 또 저로 장자를 삼고 세계
열왕의 으뜸이 되게 하며
28 저를 위하여 나의 인자함을 영
구히 지키고 저로 더불어 한 나의
언약을 굳게 세우며
29 또 그 후손을 영구케 하여 그 위
를 하늘의 날과 같게 하리로다
30 만일 그 자손이 내 법을 버리며
내 규례대로 행치 아니하며
31 내 율례를 파하며 내 계명을 지
키지 아니하면
32 내가 지팡이로 저희 범과를 다
스리며 채찍으로 저희 죄악을 징
책하리로다
33 그러나 나의 인자함을 그에게서
다 거두지 아니하며 나의 성실함
도 폐하지 아니하며
34 내 언약을 파하지 아니하며 내
입술에서 낸 것도 변치 아니하리
로다

36 한번 나의 거룩함으로 맹세하였
으니 내가 다비드에게 거짓말을
하겠느냐
37 그의 씨가 영원히 그의 보좌도
내 앞에서 해와 같이
38 그리고 달이 영원히 세워진 것
처럼 있을 것이다 하늘의 증인도
신실하리라

(간주)

39 그러나 당신께서 당신의 크리스
또를 거절하셨고 멸시하셨고 내
치셨습니다
40 당신의 종과의 언약을 뒤집으셨
고 그의 성소를 땅에 더럽히셨습
니다
41 당신께서 그의 모든 울타리를
허무셨고 그의 요새를 공포로 만
드셨습니다
42 길을 가는 모든 자가 그를 약탈
하였고 그는 자기 이웃들에게 비
방거리가 되었습니다
43 당신께서 그의 원수들의 오른손
을 높이셨고 그의 모든 원수를 기
쁘게 하셨습니다
44 당신께서 그의 칼의 도움을 돌
이키시고 전쟁에서도 그를 지원

35 내가 나의 거룩함으로 한번 맹
세하였은즉 다윗에게 거짓을 아
니할 것이라
36 그 후손이 장구하고 그 위는 해
같이 내 앞에 항상 있으며
37 또 궁창의 확실한 증인 달같이
영원히 견고케 되리라 하셨도다
(셀라)
38 그러나 주께서 주의 기름 부음
받은 자를 노하사 물리쳐 버리셨
으며
39 주의 종의 언약을 미워하사 그
관을 땅에 던져 욕되게 하셨으며
40 저의 모든 울타리를 파괴하시며
그 보장을 훼파하셨으므로
41 길로 지나는 자들에게 다 탈취
를 당하며 그 이웃에게 욕을 당하
나이다
42 주께서 저의 대적의 오른손을
높이시고 저희 모든 원수로 기쁘
게 하셨으며
43 저의 칼날을 둔하게 하사 저로
전장에 서지 못하게 하셨으며

칠십인역

하지 않으셨습니다
45 당신께서 그를 정결예식에서 끊
으시고 그의 보좌를 땅으로 내리
치셨습니다
46 당신께서 그의 시대의 날들을
줄이셨고 그에게 수치를 부으셨
습니다

(간주)

47 언제까지입니까 주여 영영 돌아
서시겠습니까 당신의 진노가 불
같이 타오르겠습니까
48 나의 본질이 무엇인지 기억하소
서 당신께서 모든 인생을 헛되이
창조하신 것은 아니지 않습니까
49 살아서 죽음을 보지 않고 자신
의 영혼을 아디스의 손에서 건져
낼 사람이 누구입니까

(간주)

50 당신의 진리로 다비드에게 맹세
하신 주여 당신의 이전 인애는 어
디에 있습니까
51 기억하소서 당신의 종들의 굴욕
을 주여 나는 많은 열방의 굴욕을
내 품에 품었습니다
52 주여 이는 당신의 원수들이 비
방한 것이며 당신의 크리스또의

개역한글

44 저의 영광을 그치게 하시고 그
위를 땅에 엎으셨으며
45 그 소년의 날을 단축케 하시고
저를 수치로 덮으셨나이다 (셀라)
46 여호와여 언제까지니이까 스
스로 영원히 숨기시리이까 주의
노가 언제까지 불붙듯 하시겠나
이까
47 나의 때가 얼마나 단축한지 기억
하소서 주께서 모든 인생을 어찌
그리 허무하게 창조하셨는지요
48 누가 살아서 죽음을 보지 아니
하고 그 영혼을 음부의 권세에서
건지리이까 (셀라)
49 주여 주의 성실하심으로 다윗에
게 맹세하신 이전 인자하심이 어
디 있나이까
50 주는 주의 종들의 받은 훼방을
기억하소서 유력한 모든 민족의
훼방이 내 품에 있사오니
51 여호와여 이 훼방은 주의 원수
가 주의 기름 부음받은 자의 행동
을 훼방한 것이로소이다

대가를 비방한 것입니다
53 주께서는 영원히 송축 받으소서
그리 되기를 그리 되기를

52 여호와를 영원히 찬송할지어다
아멘 아멘

제4권

89 하나님의 사람 모이시의 기
도
주여 당신께서는 대대로 우리에
게 피난처가 되셨습니다 산들이
생겨나기 전 땅과 세상이 조성되
기 전 영원부터 영원까지 당신은
존재하십니다
3 사람을 비천함으로 돌려보내지
마소서 당신께서 말씀하셨습니
다 돌아오라 인생들아
4 당신의 눈에는 천 년이 지나간 어
제 하루와 같고 밤의 일경과도 같
기에
5 그들의 연수는 하찮은 것들이 될
것입니다 아침에 지는 풀과 같이
6 아침에 피었다가 지고 저녁에는
떨어져 굳어버리고 말라버립니다
7 이는 우리가 당신의 진노로 끝났
고 당신의 분노로 요동쳤기 때문
입니다
8 당신께서는 우리의 불법을 당신

하나님의 사람 모세의 기도

90 주여 주는 대대에 우리의
거처가 되셨나이다
2 산이 생기기 전 땅과 세계도 주께
서 조성하시기 전 곧 영원부터 영
원까지 주는 하나님이시니이다
3 주께서 사람을 티끌로 돌아가게
하시고 말씀하시기를 너희 인생
들은 돌아가라 하셨사오니
4 주의 목전에는 천 년이 지나간 어
제 같으며 밤의 한 경점 같을 뿐
임이니이다
5 주께서 저희를 홍수처럼 쓸어 가
시나이다 저희는 잠깐 자는 것 같
으며 아침에 돋는 풀 같으니이다
6 풀은 아침에 꽃이 피어 자라다가
저녁에는 벤 바 되어 마르나이다
7 우리는 주의 노에 소멸되며 주의
분내심에 놀라나이다
8 주께서 우리의 죄악을 주의 앞에

앞에 우리의 세월도 당신의 얼굴
의 빛 속에 두셨습니다
9 이는 우리의 모든 날이 끝났고 당
신의 진노로 우리는 끝났기 때문
입니다 우리의 연수는 거미줄 같
음을 묵상하곤 합니다
10 우리 연수의 날들 그것들은 칠
십 년 강건해도 팔십 년 그리고
그 대부분은 수고와 고통입니다
온유함이 우리 위에 임했기에 우
리는 훈육을 받을 것입니다
11 누가 당신의 진노의 힘과 두려
우신 당신에게서 나오는 당신의
분노를 알겠습니까
12 이처럼 당신의 오른손을 헤아리
는 법을 알게 하소서 마음에 막힌
자들도 지혜로 알게 하소서
13 돌아오소서 주여 언제까지입니
까 당신의 종들을 위로해 주소서
14 아침에 당신의 인애로 우리가
만족하였고 우리의 모든 날 동안
우리가 즐거워하고 기뻐하였습
니다
15 당신께서 우리를 낮추신 날 수
만큼 우리가 악한 것을 본 햇수만
큼 우리가 기뻐하였습니다

놓으시며 우리의 은밀한 죄를 주
의 얼굴 빛 가운데 두셨사오니
9 우리의 모든 날이 주의 분노 중에
지나가며 우리의 평생이 일식간
에 다하였나이다
10 우리의 연수가 칠십이요 강건하
면 팔십이라도 그 연수의 자랑은
수고와 슬픔뿐이요 신속히 가니
우리가 날아가나이다
11 누가 주의 노의 능력을 알며 누
가 주를 두려워하여야 할 대로 주
의 진노를 알리이까
12 우리에게 우리 날 계수함을 가르
치사 지혜의 마음을 얻게 하소서
13 여호와여 돌아오소서 언제까지
니이까 주의 종들을 긍휼히 여기
소서
14 아침에 주의 인자로 우리를 만
족케 하사 우리 평생에 즐겁고 기
쁘게 하소서
15 우리를 곤고케 하신 날수대로와
우리의 화를 당한 연수대로 기쁘
게 하소서

칠십인역

16 당신의 종들과 당신의 업적들
을 보시고 그들의 자손을 인도하
소서
17 우리 주 하나님의 광채가 우리
위에 있게 하소서 우리 위에 우리
손의 일들을 형통하게 하소서•

개역한글

16 주의 행사를 주의 종들에게 나
타내시며 주의 영광을 저희 자손
에게 나타내소서
17 주 우리 하나님의 은총을 우리
에게 임하게 하사 우리 손의 행사
를 우리에게 견고케 하소서 우리
손의 행사를 견고케 하소서

90

다비드에게 속한 노래의 찬
양
지존자의 도움으로 살아가는 자
하늘의 하나님의 그늘에 거하게
되리라
2 그가 주께 말하리라 당신은 나
의 보호자와 나의 피난처이십니
다 나의 하나님 나는 그를 소망
하리라
3 이는 그가 나를 사냥꾼들의 덫에
서 구출하실 것임이라 혼란스러
운 말에서도
4 그의 어깨로 네게 그늘을 제공하
시리니 그의 날개 아래서 네가 소
망하리라 그의 진리가 방패로 너

91

지존자의 은밀한 곳에 거하
는 자는 전능하신 자의 그늘
아래 거하리로다
2 내가 여호와를 가리켜 말하기
를 저는 나의 피난처요 나의 요
새요 나의 의뢰하는 하나님이라
하리니
3 이는 저가 너를 새 사냥꾼의 올무
에서와 극한 염병에서 건지실 것
임이로다
4 저가 너를 그 깃으로 덮으시리니
네가 그 날개 아래 피하리로다 그
의 진실함은 방패와 손 방패가 되
나니

• S A에는 이 문장이 한 번 더 있음.

를 둘러싸리라
5 너는 밤의 두려움을 낮에 날아드
는 화살을 두려워하지 않으리라
6 어둠 속을 통과하는 것들이나 사
고나 한낮의 악령도
7 네 곁에서 천 명이 네 우편에서
만 명이 쓰러져도 네게는 그것이
가까이 오지 못하리라
8 참으로 네 눈으로 주시하리라 네
가 죄인들의 보응을 보리라
9 주여 당신께서 나의 소망이시기
때문입니다 너는 지존자를 너의
피난처로 삼아라
10 악한 것이 네게 다가오지 못하
며 재앙이 네 거처에 가까이 오지
못할 것이다
11 이는 그가 그의 천사들에게 너
를 위하여 네 모든 길에서 너를
호위하라고 친히 명하실 것이기
때문이다
12 그들이 손으로 너를 들어 올리
리라 네 발이 돌에 부딪히지 않
도록
13 네가 독사와 코브라를 밟고 사
자와 용을 짓밟을 것이다
14 그가 나를 소망하였기에 내가

5 너는 밤에 놀램과 낮에 흐르는
살과
6 흑암 중에 행하는 염병과 백주에
황폐케 하는 파멸을 두려워 아니
하리로다
7 천인이 네 곁에서 만인이 네 우편
에서 엎드러지나 이 재앙이 네게
가까이 못하리로다
8 오직 너는 목도하리니 악인의 보
응이 네게 보이리로다
9 네가 말하기를 여호와는 나의 피
난처시라 하고 지존자로 거처를
삼았으므로
10 화가 네게 미치지 못하며 재앙
이 네 장막에 가까이 오지 못하
리니
11 저가 너를 위하여 그 사자들을
명하사 네 모든 길에 너를 지키게
하심이라
12 저희가 그 손으로 너를 붙들어
발이 돌에 부딪히지 않게 하리
로다
13 네가 사자와 독사를 밟으며 젊
은 사자와 뱀을 발로 누르리로다
14 하나님이 가라사대 저가 나를

그를 구출하리라 그가 나의 이
름을 알았기에 내가 그를 보호
하리라
15 그가 나를 부르면 내가 그를 들
으리라 환난 중에 내가 그와 함
께 있어 그를 건지고 영화롭게
하리라
16 장수로 그를 만족시키고 그에게
나의 구원을 보이리라

91 노래의 시 안식일(토요일)을 위하여

2 좋습니다 주께 감사찬양하는 것
과 당신의 이름을 찬송하는 것이
지존자시여
3 아침에 당신의 인애를 그리고 밤
마다 당신의 진리를 선포하기 위
함입니다
4 열줄 하프로 노래와 함께 키타
라로
5 주여 당신의 만드신 것들로 나를
기쁘게 하셨으니 당신의 손의 공
적들을 나는 즐거워할 것입니다
6 당신의 공적이 얼마나 위대한지

사랑한즉 내가 저를 건지리라 저
가 내 이름을 안즉 내가 저를 높
이리라
15 저가 내게 간구하리니 내가 응
답하리라 저희 환난 때에 내가 저
와 함께 하여 저를 건지고 영화롭
게 하리라
16 내가 장수함으로 저를 만족케
하며 나의 구원으로 보이리라 하
시도다

안식일의 찬송 시

92 지존자여 십현금과 비파와 수금의 정숙한 소리로 여호

와께 감사하며 주의 이름을 찬양
하며 아침에 주의 인자하심을 나
타내며 밤마다 주의 성실하심을
베풂이 좋으니이다
2 (절에 포함되어 있음)
3 (절에 포함되어 있음)
4 여호와여 주의 행사로 나를 기쁘
게 하셨으니 주의 손의 행사를 인
하여 내가 높이 부르리이다
5 여호와여 주의 행사가 어찌 그리
크신지요 주의 생각이 심히 깊으

요 주여 당신의 생각이 심히 깊습
니다
7 어리석은 인간은 알 수 없고 우둔
한 자는 이것들을 알아채지 못할
것입니다
8 죄인들이 풀같이 솟아날 때 불법
을 지어내는 모든 자가 몸을 굽
혀 들여다 보았으니 이는 저들이
영원무궁토록 진멸되기 위함입
니다
9 그러나 당신은 영원토록 지존하
십니다 주여
10 보소서 당신의 원수들이 자멸할
것이기에 불법을 지어내는 모든
자가 흩어질 것입니다
11 나의 뿔이 코뿔소처럼 높아질
것이며 나의 노년이 기름으로 윤
택할 것입니다
12 그리고 나의 눈이 나의 원수들
을 살펴보았고 나의 귀는 나를 대
항하여 일어나는 행악자들을 들
을 것입니다
13 의인은 종려나무같이 피어나리
리바논의 백향목처럼 번성하리
14 주의 집에 심겨서 우리 하나님
의 뜰에서 그들은 피어나리

시니이다
6 우준한 자는 알지 못하며 무지한
자도 이를 깨닫지 못하나이다
7 악인은 풀같이 생장하고 죄악을
행하는 자는 다 흥왕할지라도 영
원히 멸망하리이다
8 여호와여 주는 영원토록 지존하
시니이다
9 여호와여 주의 원수 곧 주의 원수
가 패망하리니 죄악을 행하는 자
는 다 흩어지리이다
10 그러나 주께서 내 뿔을 들소의
뿔같이 높이셨으며 내게 신선한
기름으로 부으셨나이다
11 내 원수의 보응받는 것을 내 눈
으로 보며 일어나 나를 치는 행악
자에게 보응하심을 내 귀로 들었
도다
12 의인은 종려나무같이 번성하며
레바논의 백향목같이 발육하리
로다
13 여호와의 집에 심겼음이여 우
리 하나님의 궁정에서 흥왕하리
로다

15 풍요로운 노년에 여전히 번성하
고 안락하게 사는 자들이 되리
16 이는 주 나의 하나님께서 올곧
으시며 그 안에 불의가 없으심을
전파하기 위함이라

92 안식일 전날(금요일)을 위하
여 땅에 사람이 살게 되었
을 때 다비드에게 속한 노래의 찬
양
주께서 왕으로 다스리시니 위엄
을 입으셨도다 주께서 능력으로
입으시고 친히 두르셨도다 그가
세상을 견고하게 하셨으니 그것
이 흔들리지 않으리로다
2 당신의 보좌는 그때부터 마련되
었습니다 영원부터 당신은 계십
니다
3 강들이 높였습니다 주여 강들이
그들의 소리를 높였습니다
4 많은 물소리로 인하여 경이롭습
니다 바다의 파도들이 경이로우
십니다 높은 곳에 계신 주께서
5 당신의 증거들은 매우 확실합니
다 당신의 집에는 거룩함이 합당

14 늙어도 결실하며 진액이 풍족하
고 빛이 청청하여
15 여호와의 정직하심을 나타내리
로다 여호와는 나의 바위시라 그
에게는 불의가 없도다

93 여호와께서 통치하시니 스
스로 권위를 입으셨도다 여
호와께서 능력을 입으시며 띠셨
으므로 세계도 견고히 서서 요동
치 아니하도다
2 주의 보좌는 예로부터 견고히 섰
으며 주는 영원부터 계셨나이다
3 여호와여 큰 물이 소리를 높였고
큰 물이 그 소리를 높였고 큰 물
이 그 물결을 높이나이다
4 높이 계신 여호와의 능력은 많은
물 소리와 바다의 큰 파도보다 위
대하시니이다
5 여호와여 주의 증거하심이 확실
하고 거룩함이 주의 집에 합당하
여 영구하리이다

합니다 주여 장구히

93 다비드에게 속한 시 주간의
넷째 날(수요일)에
복수의 하나님은 주님 복수의 하
나님께서 당당히 드러내셨도다
2 땅을 심판하시는 분 높임을 받으
소서 교만한 자들에게 보응으로
보복하소서
3 언제까지 죄인들이 주여 언제까
지 죄인들이 자랑하며
4 불의를 떠벌리며 말하고 불법을
지어내는 모든 자가 말하겠습니
까
5 주여 저들이 당신의 백성을 천
대하였고 당신의 기업을 해쳤습
니다
6 저들은 과부와 나그네를 죽였고
고아들을 살해하였습니다
7 그리고 말하였습니다 주가 보지
못할 것이다 야곱의 하나님은 알
아채지도 못할 것이다
8 그러면 알아채거라 백성 중에 생
각 없는 자들아 또 미련한 자들아
한 번이라도 생각해 보아라

94 여호와여 보수하시는 하나
님이여 보수하시는 하나님
이여 빛을 비취소서
2 세계를 판단하시는 주여 일어나
사 교만한 자에게 상당한 형벌을
주소서
3 여호와여 악인이 언제까지 악인
이 언제까지 개가를 부르리이까
4 저희가 지꺼리며 오만히 말을 하
오며 죄악을 행하는 자가 다 자긍
하나이다
5 여호와여 저희가 주의 백성을 파
쇄하며 주의 기업을 곤고케 하며
6 과부와 나그네를 죽이며 고아를
살해하며
7 말하기를 여호와가 보지 못하며
야곱의 하나님이 생각지 못하리
라 하나이다
8 백성 중 우준한 자들아 너희는 생
각하라 무지한 자들아 너희가 언
제나 지혜로울꼬

9 귀를 심으신 이가 들으시지 않으며 눈을 만드신 이가 보시지 않겠느냐

10 열방을 훈육하시는 이가 책망하시지 않겠느냐 사람을 지식으로 가르치시는 이가

11 주께서는 사람의 생각이 헛됨을 아신다

12 복됩니다 주여 당신께서 훈육하시고 당신의 율법으로 그를 가르치시는 사람은

13 이는 악한 날에 그를 온유하게 하려 하심이니 죄인을 위한 구덩이가 파질 때까지입니다

14 이는 주께서 자기 백성을 거절하지 않으시고 자기 기업을 버리지 않으실 것이기 때문입니다

15 의가 판결로 돌아오고 마음이 올곧은 자들이 모두 그것을 소유할 때까지

(간주)

16 악행하는 자들을 대항하여 누가 나를 위해 일어서겠습니까 혹은 불법을 지어내는 자들을 대항하여 누가 나를 위해 방어하겠습니까

9 귀를 지으신 자가 듣지 아니하시랴 눈을 만드신 자가 보지 아니하시랴

10 열방을 징벌하시는 자 곧 지식으로 사람을 교훈하시는 자가 징치하지 아니하시랴

11 여호와께서 사람의 생각이 허무함을 아시느니라

12 여호와여 주의 징벌을 당하며 주의 법으로 교훈하심을 받는 자가 복이 있나니

13 이런 사람에게는 환난의 날에 벗어나게 하사 악인을 위하여 구덩이를 팔 때까지 평안을 주시리이다

14 여호와께서는 그 백성을 버리지 아니하시며 그 기업을 떠나지 아니하시리로다

15 판단이 의로 돌아가리니 마음이 정직한 자가 다 좇으리로다

16 누가 나를 위하여 일어나서 행악자를 치며 누가 나를 위하여 일어서서 죄악 행하는 자를 칠꼬

칠십인역

17 주께서 나를 돕지 않으셨다면
나의 영혼은 거의 아디스에 거할
뻔했습니다
18 내 발이 흔들린다고 내가 말하
면 주여 당신의 인애가 나를 돕습
니다
19 주여 내 마음에 있는 내 수많은
고통을 따라 당신의 위로가 내 영
혼을 사랑했습니다
20 불법의 보좌가 당신과 공존하겠
습니까 칙령을 빌미로 고통을 초
래하는 자가
21 저들은 의인의 목숨을 사냥하고
순전한 자의 피를 죄 있다고 선언
할 것입니다
22 그러나 주는 내게 피난처가 되
셨고 나의 하나님은 나의 소망의
도움이 되셨도다
23 또한 저들의 불법을 저들에게
되갚아 주시며 저들의 악을 따라
주 우리 하나님께서 저들을 쓸어
버리시리라

94 다비드에게 속한 노래의 찬
양

개역한글

17 여호와께서 내게 도움이 되지
아니하셨더면 내 혼이 벌써 적막
중에 처하였으리로다
18 여호와여 나의 발이 미끄러진다
말할 때에 주의 인자하심이 나를
붙드셨사오며
19 내 속에 생각이 많을 때에 주의
위안이 내 영혼을 즐겁게 하시나
이다
20 율례를 빙자하고 잔해를 도모하
는 악한 재판장이 어찌 주와 교제
하리이까
21 저희가 모여 의인의 영혼을 치
려 하며 무죄자를 정죄하여 피를
흘리려 하나
22 여호와는 나의 산성이시요 나의
하나님은 나의 피할 반석이시라
23 저희 죄악을 저희에게 돌리시며
저희의 악을 인하여 저희를 끊으
시리니 여호와 우리 하나님이 저
희를 끊으시리로다

95 오라 우리가 여호와께 노래
하며 우리 구원의 반석을

오라 우리가 주를 즐거워하자 우
리 구원자 하나님께 즐거이 외치
자
2 감사찬양으로 그의 얼굴로 나아
가자 시로 그에게 즐거이 외치자
3 주는 위대한 하나님이시며 모든
신 위에 위대한 왕이시기 때문
이라
4 땅의 끝이 그의 손안에 있고 산꼭
대기도 그의 것이기 때문이라
5 그의 것이라 바다도 그가 그것을
만드셨고 마른 땅도 그의 손이 조
성하였기 때문이라
6 오라 우리가 그에게 경배하며 엎
드리자 우리를 지으신 주 앞에서
울자
7 그는 우리의 하나님이시며 우리
는 그의 목장의 백성이고 그의 손
의 양들이기 때문이라 오늘 너희
가 그의 음성을 듣거든
8 너희 마음을 딱딱하게 하지 말아
라 광야에서 시험의 날에 반역할
때와 같이
9 거기서 너희 조상은 시험하였고
검증하였고 나의 일들을 보았느
니라

향하여 즐거이 부르자
2 우리가 감사함으로 그 앞에 나아
가며 시로 그를 향하여 즐거이 부
르자
3 대저 여호와는 크신 하나님이시
요 모든 신 위에 크신 왕이시로다
4 땅의 깊은 곳이 그 위에 있으며
산들의 높은 것도 그의 것이로다
5 바다가 그의 것이라 그가 만드셨
고 육지도 그의 손이 지으셨도다
6 오라 우리가 굽혀 경배하며 우
리를 지으신 여호와 앞에 무릎을
꿇자
7 대저 저는 우리 하나님이시요 우
리는 그의 기르시는 백성이며 그
손의 양이라 너희가 오늘날 그 음
성 듣기를 원하노라
8 이르시기를 너희는 므리바에서와
같이 또 광야 맛사의 날과 같이 너
희 마음을 강퍅하게 말지어다
9 그 때에 너희 열조가 나를 시험하
며 나를 탐지하고 나의 행사를 보
았도다

10 사십 년 동안 내가 저 세대에게
싫증이 나서 말하였다 항상 저들
은 마음에 미혹되어 나의 길을 알
지 못하였다
11 나의 진노 중에 내가 맹세하였
듯이 저들이 나의 안식에 들어온
다면!

10 내가 사십 년을 그 세대로 인하
여 근심하여 이르기를 저희는 마
음이 미혹된 백성이라 내 도를 알
지 못한다 하였도다
11 그러므로 내가 노하여 맹세하기
를 저희는 내 안식에 들어오지 못
하리라 하였도다

95

포로 이후에 집이 지어질
때 다비드에게 속한 노래
주께 새 노래로 노래하여라 주께
노래하여라 온 땅아
2 주께 노래하여라 그의 이름을 송
축하여라 날마다 그의 구원을 전
파하여라
3 열방에 그의 영광을 모든 백성
에게 그의 기이한 일들을 선포하
여라
4 주께서는 위대하시고 지극히 찬
양받으실 분이며 모든 신 위에 두
려우신 분이기 때문이다
5 열방의 모든 신은 악령이지만 주
께서는 하늘들을 지으셨기 때문
이다
6 감사찬양과 아름다움이 그의 앞

96

새 노래로 여호와께 노래하
라 온 땅이여 여호와께 노
래할지어다
2 여호와께 노래하여 그 이름을 송
축하며 그 구원을 날마다 선파할
지어다
3 그 영광을 열방 중에 그 기이한
행적을 만민 중에 선포할지어다
4 여호와는 광대하시니 극진히 찬
양할 것이요 모든 신보다 경외할
것임이여
5 만방의 모든 신은 헛것이요 여
호와께서는 하늘을 지으셨음이
로다
6 존귀와 위엄이 그 앞에 있으며
능력과 아름다움이 그 성소에 있
도다

에 성결과 위엄이 그의 성소에 있
도다
7 주께 드려라 열방의 종족들아 주
께 드려라 영광과 존귀를
8 주께 드려라 그의 이름에 영광
을 예물을 올리고 그의 뜰로 들
어가라
9 그의 거룩한 뜰에서 주께 경배하
여라 온 땅은 그의 얼굴 앞에서
흔들려라
10 너희는 열방에 말하여라 주께서
왕으로 다스리신다 그가 세상을
바로 세우셨으니 흔들리지 않으
리라 그가 백성을 올곧음으로 심
판하시리라
11 하늘들아 기뻐하여라 땅아 즐거
워하여라 바다와 그 충만함도 흔
들려라
12 들판과 그 안에 있는 모든 것들
아 기뻐하여라 그때 숲의 모든 나
무가 즐거워하리라
13 주의 얼굴 앞에서 그가 오시기
때문이다 그가 땅을 심판하러
오시기 때문이다 그가 의로 세
상을 심판하시리라 그의 진리로
백성도

7 만방의 족속들아 영광과 권능을
여호와께 돌릴지어다 여호와께
돌릴지어다
8 여호와의 이름에 합당한 영광을
그에게 돌릴지어다 예물을 가지
고 그 궁정에 들어갈지어다
9 아름답고 거룩한 것으로 여호와
께 경배할지어다 온 땅이여 그 앞
에서 떨지어다
10 열방 중에서는 이르기를 여호
와께서 통치하시니 세계가 굳게
서고 흔들리지 못할지라 저가 만
민을 공평히 판단하시리라 할지
로다
11 하늘은 기뻐하고 땅은 즐거워
하며 바다와 거기 충만한 것은
외치며
12 밭과 그 가운데 모든 것은 즐거
워할지로다 그리할 때에 삼림의
나무들이 여호와 앞에서 즐거이
노래하리니
13 저가 임하시되 땅을 판단하려
임하실 것임이라 저가 의로 세계
를 판단하시며 그의 진실하심으
로 백성을 판단하시리로다

96 다비드에게 속한 (시) 그의
땅이 세워질 때
주께서 왕으로 다스리신다 땅은
즐거워하여라 많은 섬은 기뻐하
여라
2 구름과 어둠이 그의 주위에 의와
정의는 그의 보좌의 토대
3 불이 그의 앞에서 나아가 그의 원
수들을 사방에서 태우리라
4 그의 번개가 세상에 번쩍였다 땅
은 보고 흔들렸다
5 주의 얼굴 앞에서 산들은 밀랍처
럼 녹았다 온 땅의 주의 얼굴 앞
에서
6 하늘들은 그의 의를 선포하였고
모든 백성은 그의 영광을 보았다
7 깎아 만든 것들에 절하는 자는 모
두 수치를 당할지어다 자기 우상
을 자랑하는 자들도 그의 모든 천
사들아 그에게 경배하여라
8 시온은 듣고 기뻐하였고 유데아
의 딸들은 즐거워하였습니다 당
신의 판결로 인하여 주여
9 당신은 온 땅 위에서 지존하신 주
이시기에 모든 신 위에 지극히 높
임 받으셨습니다

97 여호와께서 통치하시나니
땅은 즐거워하며 허다한 섬
은 기뻐할지어다
2 구름과 흑암이 그에게 둘렸고 의
와 공평이 그 보좌의 기초로다
3 불이 그 앞에서 발하여 사면의 대
적을 사르는도다
4 그의 번개가 세계를 비추니 땅이
보고 떨었도다
5 산들이 여호와의 앞 곧 온 땅의
주 앞에서 밀같이 녹았도다
6 하늘이 그 의를 선포하니 모든 백
성이 그 영광을 보았도다
7 조각 신상을 섬기며 허무한 것으
로 자긍하는 자는 다 수치를 당할
것이라 너희 신들아 여호와께 경
배할지어다
8 여호와여 주의 판단을 시온이 듣
고 기뻐하며 유다의 딸들이 인하
여 즐거워하였나이다
9 여호와여 주는 온 땅 위에 지존
하시고 모든 신 위에 초월하시니
이다

10 주를 사랑하는 자들아 악을 미
워하여라 주께서 자신의 경건한
자들의 영혼을 지키신다 그가 죄
인들의 손에서 그들을 구출하시
리라
11 의인에게는 빛이 마음이 올곧은
자들에게는 기쁨이 솟아났다
12 의인들아 주로 인하여 기뻐하여
라 그리고 그의 거룩함을 기억하
여 감사찬양하여라

10 여호와를 사랑하는 너희여 악을
미워하라 저가 그 성도의 영혼을
보전하사 악인의 손에서 건지시
느니라
11 의인을 위하여 빛을 뿌리고 마
음이 정직한 자를 위하여 기쁨을
뿌렸도다
12 의인이여 너희는 여호와로 인하
여 기뻐하며 그 거룩한 기념에 감
사할지어다

97 다비드에게 속한 시
주께 새 노래로 노래하여라
주께서 기이한 일들을 행하셨기
때문이다 그의 오른손과 그의 거
룩한 팔이 자기를 위하여 구원하
셨다
2 주께서 그의 구원을 알리셨다 열
방 앞에서 그의 의를 드러내셨다
3 그가 야곱을 향한 그의 인애와 이
스라일 집을 향한 그의 진리를 기
억하셨다 땅의 모든 끝이 우리 하
나님의 구원을 보았다
4 하나님께 환호하여라 온 땅아 노
래하여라 즐거워하여라 찬송하

시

98 새 노래로 여호와께 찬송하
라 대저 기이한 일을 행하
사 그 오른손과 거룩한 팔로 자기
를 위하여 구원을 베푸셨도다
2 여호와께서 그 구원을 알게 하시
며 그 의를 열방의 목전에 명백히
나타내셨도다
3 저가 이스라엘 집에 향하신 인자
와 성실을 기억하셨으므로 땅의
모든 끝이 우리 하나님의 구원을
보았도다
4 온 땅이여 여호와께 즐거이 소리
할지어다 소리를 발하여 즐거이

여라
5 찬송하여라 주께 키타라로 키타
라와 찬송의 소리로
6 쳐서 만든 나팔들과 뿔 나팔 소리
로 왕이신 주 앞에서 환호하여라
7 바다와 그 충만함도 흔들려라 세
상과 그 안에 거하는 자들도
8 강들은 일제히 손뼉을 치고 산들
은 즐거워하리라
9 그가 땅을 심판하러 임하시기 때
문이다 그가 의로 세상을 심판하
시리라 올곧음으로 백성도

노래하며 찬송할지어다
5 수금으로 여호와를 찬양하라 수
금과 음성으로 찬양할지어다
6 나팔과 호각으로 왕 여호와 앞에
즐거이 소리할지어다
7 바다와 거기 충만한 것과 세계와
그 중에 거하는 자는 다 외칠지
어다
8 여호와 앞에서 큰 물이 박수하
며 산악이 함께 즐거이 노래할지
어다
9 저가 땅을 판단하려 임하실 것임
이로다 저가 의로 세계를 판단하
시며 공평으로 그 백성을 판단하
시리로다

98 다비드에게 속한 시
주께서 왕으로 다스리시니
백성은 떨지어다 케룹들 위에 좌
정하신 분 땅은 요동할지어다
2 주께서는 시온에서 위대하시고
그는 모든 백성 위에 높으시다
3 그들이 당신의 위대한 이름에 감
사찬양하게 하소서 그것은 두렵
고 거룩하기 때문입니다

99 여호와께서 통치하시니 만
민이 떨 것이요 여호와께서
그룹 사이에 좌정하시니 땅이 요
동할 것이로다
2 여호와께서 시온에서 광대하시
고 모든 민족 위에 높으시도다
3 주의 크고 두려운 이름을 찬송할
지어다 그는 거룩하시도다

칠십인역

4 또 왕의 명예는 공의를 사랑합니
다 당신께서 올곧음을 예비하셨
습니다 당신께서 공의와 의를 야
꼽에게 행하셨습니다
5 너희는 주 우리 하나님을 높이고
그의 발의 발판에 절하여라 그가
거룩하시기 때문이다
6 모이시와 아론이 그의 제사장들
가운데 사무일이 그의 이름을 부
르는 자들 가운데 있다 그들이 주
를 늘 불렀고 그가 그들을 경청하
셨다
7 그가 구름 기둥 가운데 그들에게
말씀하시곤 하였다 그들은 자신
들에게 주신 그의 증거와 명령을
줄곧 지켰다
8 주여 우리 하나님 당신께서는 그
들을 늘 경청하셨습니다 하나님
당신께서는 그들에게 늘 너그러
우시면서도 그들의 모든 행실에
는 응징하셨습니다
9 너희는 주 우리 하나님을 높이고
그의 거룩한 산을 향하여 절하여
라 주 우리 하나님은 거룩하시기
때문이다

개역한글

4 왕의 능력은 공의를 사랑하는 것
이라 주께서 공평을 견고히 세우
시고 야곱 중에서 공과 의를 행하
시나이다
5 너희는 여호와 우리 하나님을 높
여 그 발등상 앞에서 경배할지어
다 그는 거룩하시도다
6 그 제사장 중에는 모세와 아론이
요 그 이름을 부르는 자 중에는
사무엘이라 저희가 여호와께 간
구하매 응답하셨도다
7 여호와께서 구름 기둥에서 저희
에게 말씀하시니 저희가 그 주신
증거와 율례를 지켰도다
8 여호와 우리 하나님이여 주께서
는 저희에게 응답하셨고 저희 행
한 대로 갚기는 하셨으나 저희를
사하신 하나님이시니이다
9 너희는 여호와 우리 하나님을 높
이고 그 성산에서 경배할지어다
대저 여호와 우리 하나님은 거룩
하시도다

99

감사찬양을 위한 시
주께 환호성을 울려라 온
땅아
2 너희는 기쁨으로 주를 섬겨라 즐
거움으로 그의 앞에 들어가라
3 너희는 알아라 주 그가 하나님이
심을 우리가 아니라 그가 우리를
만드셨도다 우리는 그의 백성 그
의 목장의 양떼
4 감사찬양함으로 그의 문들로 들
어가라 찬송함으로 그의 뜰로 들
어가라 그에게 감사찬양하고 그
의 이름을 찬양하여라
5 주는 선하시며 그의 인애는 영원
하고 그의 진리는 세대와 세대까
지 이어지기 때문이다

감사의 시

100

온 땅이여 여호와께 즐
거이 부를지어다
2 기쁨으로 여호와를 섬기며 노래
하면서 그 앞에 나아갈지어다
3 여호와가 우리 하나님이신 줄 너
희는 알지어다 그는 우리를 지으
신 자시요 우리는 그의 것이니 그
의 백성이요 그의 기르시는 양이
로다
4 감사함으로 그 문에 들어가며 찬
송함으로 그 궁정에 들어가서 그
에게 감사하며 그 이름을 송축할
지어다
5 대저 여호와는 선하시니 그 인자
하심이 영원하고 그 성실하심이
대대에 미치리로다

100

다비드에게 속한 시
내가 당신께 인애와 공의
를 노래하겠습니다 주여
2 내가 찬송하고 흠 없는 길을 깨달
을 것입니다 언제 내게 오시렵니
까 내 집안에서 내 마음의 순전함
으로 행하였습니다

다윗의 시

101

내가 인자와 공의를 찬송
하겠나이다 여호와여 내
가 주께 찬양하리이다
2 내가 완전한 길에 주의하오리니
주께서 언제나 내게 임하시겠나
이까 내가 완전한 마음으로 내 집

칠십인역

3 내 눈앞에 무법한 행위를 두지 않
았습니다 범죄자들을 미워하였
습니다
4 삐뚤어진 마음이 내게 붙지 못했
습니다 악이 내게서 비껴갈 때 나
는 알려고도 하지 않았습니다
5 그의 이웃을 몰래 험담하는 자 이
를 내가 쫓아내곤 하였습니다 교
만한 눈과 탐욕스러운 마음 이런
자와는 함께 먹지도 않았습니다
6 나의 눈은 땅의 신실한 자들에게
향하니 그들을 나와 함께 앉히기
위함입니다 흠 없는 길을 걷는
자 이 사람이 나를 섬기곤 하였
습니다
7 교만하게 행하는 자는 내 집안에
거하지도 못하였습니다 불의를
말하는 자는 내 눈앞에서 형통하
지 못하였습니다
8 아침마다 나는 이 땅의 모든 죄인
을 죽이려고 했습니다 이는 불법
을 자행하는 모든 자를 주의 도성
에서 진멸하기 위함입니다

개역한글

안에서 행하리이다
3 나는 비루한 것을 내 눈 앞에서
두지 아니할 것이요 배도자들의
행위를 미워하니 이것이 내게 붙
접지 아니하리이다
4 사특한 마음이 내게서 떠날 것이
니 악한 일을 내가 알지 아니하리
로다
5 그 이웃을 그윽히 허는 자를 내가
멸할 것이요 눈이 높고 마음이 교
만한 자를 내가 용납지 아니하리
로다
6 내 눈이 이 땅의 충성된 자를 살
펴 나와 함께 거하게 하리니 완전
한 길에 행하는 자가 나를 수종하
리로다
7 거짓 행하는 자가 내 집 안에 거
하지 못하며 거짓말하는 자가 내
목전에 서지 못하리로다
8 아침마다 내가 이 땅의 모든 악인
을 멸하리니 죄악 행하는 자는 여
호와의 성에서 다 끊어지리로다

101 가난한 자에게 속한 기
도 그가 지쳐서 주 앞에
그의 탄원을 쏟아놓을 때
2 들어주소서 주여 나의 기도를 그
리고 나의 부르짖음이 당신께 다
다르게 하소서
3 당신의 얼굴을 내게서 돌리지 마
소서 내가 압제당하는 날에 당신
의 귀를 내게 기울이소서 내가 당
신을 부르는 날에 속히 나를 들어
주소서
4 나의 날들이 연기같이 사라졌고
나의 뼈들이 불쏘시개같이 타버
렸기 때문입니다
5 나의 심장은 풀같이 꺾여 말라버
렸습니다 나의 밥 먹는 것을 잊어
버렸기 때문입니다
6 나의 신음 소리로 인하여 내 뼈가
내 살에 붙어버렸습니다
7 나는 사막에 사는 펠리컨과 같아
졌고 빈 터의 부엉이같이 되었습
니다
8 나는 잠을 못 이루며 지붕에서 홀
로 사는 참새와 같이 되었습니다
9 온종일 내 원수들이 나를 비방했
고 나를 칭찬하던 자들이 나를 대

곤고한 자가 마음이 상하여 그 근심을 여호와
앞에 토하는 기도

102 여호와여 내 기도를 들으
시고 나의 부르짖음을 주
께 상달케 하소서
2 나의 괴로운 날에 주의 얼굴을 내
게 숨기지 마소서 주의 귀를 기울
이사 내가 부르짖는 날에 속히 내
게 응답하소서
3 대저 내 날이 연기같이 소멸하며
내 뼈가 냉과리같이 탔나이다
4 내가 음식 먹기도 잊었음으로 내
마음이 풀같이 쇠잔하였사오며
5 나의 탄식 소리를 인하여 나의 살
이 뼈에 붙었나이다
6 나는 광야의 당아새 같고 황폐한
곳의 부엉이같이 되었사오며
7 내가 밤을 새우니 지붕 위에 외로
운 참새 같으니이다
8 내 원수들이 종일 나를 훼방하며
나를 대하여 미칠 듯이 날치는 자

적하여 맹세하곤 하였습니다
10 내가 재를 밥처럼 먹었고 나의
음료에 눈물을 섞곤 하였기 때문
입니다
11 당신의 진노와 당신의 분노의
얼굴로 인하여 당신께서 나를 들
었다가 내리치셨기 때문입니다
12 나의 날들이 그림자같이 기울
어졌고 나는 풀같이 말라버렸습
니다
13 그러나 주여 당신께서는 영원히
계십니다 당신의 기억도 세세토
록 이어집니다
14 당신께서 일어나 시온을 긍휼히
여기시리니 그것(시온)을 긍휼히
여기실 때이기 때문 입니다 때가
왔기 때문입니다
15 당신의 종들이 그것의 돌들을
기뻐하였고 그 먼지를 긍휼히 여
길 것이기 때문입니다
16 그리고 열방은 주의 이름을 두
려워할 것입니다 땅의 모든 왕도
당신의 영광을
17 주께서 시온을 세우시고 그의
영광 중에 나타나실 것이기 때문
이다

들이 나를 가리켜 맹세하나이다
9 나는 재를 양식같이 먹으며 나의
마심에는 눈물을 섞었사오니
10 이는 주의 분과 노를 인함이라
주께서 나를 드셨다가 던지셨나
이다
11 내 날이 기울어지는 그림자 같
고 내가 풀의 쇠잔함 같으니이다
12 여호와여 주는 영원히 계시고
주의 기념 명칭은 대대에 이르리
이다
13 주께서 일어나사 시온을 긍휼히
여기시리니 지금은 그를 긍휼히
여기실 때라 정한 기한이 옴이니
이다
14 주의 종들이 시온의 돌들을 즐
거워하며 그 티끌도 연휼히 여기
나이다
15 이에 열방이 여호와의 이름을
경외하며 세계 열왕이 주의 영광
을 경외하리니
16 대저 여호와께서 시온을 건설하
시고 그 영광 중에 나타나셨음이
라

18 그가 비천한 자들의 기도를 돌
아보셨고 그들의 탄원을 멸시하
지 않으셨다
19 이것을 다른 세대를 위하여 기
록하여라 그러면 창조될 백성은
주를 찬양하리라
20 이는 그의 거룩한 높은 곳에서
굽어보셨음이니 주께서 하늘에
서 땅을 내려다보셨다
21 묶인 자들의 신음을 들으시고
죽임당한 자들의 자손을 풀어주
시며
22 시온에서 주의 이름을 예루살림
에서 그의 찬양을 선포하시기 위
함이었다
23 백성과 왕들이 일제히 주를 섬
기려고 함께 모일 때
24 그가 자기 힘의 길에서 그분께
대답하였다 나의 날들의 짧음을
나에게 알려 주소서
25 나의 날들의 절반쯤에 나를 데
려가지 마소서 당신의 연수는 세
세토록입니다
26 주여 당신께서 태초에 땅을 기
초 놓으셨고 하늘들은 당신의 손
의 작품입니다

17 여호와께서 빈궁한 자의 기도를
돌아보시며 저희 기도를 멸시치
아니하셨도다
18 이 일이 장래 세대를 위하여 기
록되리니 창조함을 받을 백성이
여호와를 찬송하리로다
19 여호와께서 그 높은 성소에서
하감하시며 하늘에서 땅을 감찰
하셨으니
20 이는 갇힌 자의 탄식을 들으시
며 죽이기로 정한 자를 해방하사
21 여호와의 이름을 시온에서 그
영예를 예루살렘에서 선포케 하
려 하심이라
22 때에 민족들과 나라들이 모여
여호와를 섬기리로다
23 저가 내 힘을 중도에 쇠약케 하
시며 내 날을 단축케 하셨도다
24 나의 말이 나의 하나님이여 나
의 중년에 나를 데려가지 마옵소
서 주의 연대는 대대에 무궁하니
이다
25 주께서 옛적에 땅의 기초를 두
셨사오며 하늘도 주의 손으로 지
으신 바니이다

칠십인역

27 그것들은 멸망할 것이나 당신
은 영원히 계실 것입니다 모든
것은 옷과 같이 낡아질 것입니다
당신께서 그것들을 외투같이 바
꾸실 것이기에 그것들은 바뀔 것
입니다
28 그러나 당신은 동일하십니다 그
리고 당신의 연수는 끝나지 않을
것입니다
29 당신의 종들의 자손은 거하고
그들의 씨는 영원토록 번성할 것
입니다

개역한글

26 천지는 없어지려니와 주는 영존
하시겠고 그것들은 다 옷같이 낡
으리니 의복같이 바꾸시면 바뀌
려니와
27 주는 여상하시고 주의 연대는
무궁하리이다
28 주의 종들의 자손이 항상 있고
그 후손이 주의 앞에 굳게 서리이
다 하였도다

102 다비드에게 속한 (시)
주를 송축하여라 나의 영
혼아 내 속에 있는 모든 것도 그
의 거룩한 이름을
2 주를 송축하여라 나의 영혼아 그
리고 잊지 말아라 그의 모든 상
급을
3 네 모든 불법을 용서하시는 분을
네 모든 질병을 치료하시는 분
4 네 생명을 파멸에서 속량하시는
분 너를 인애와 긍휼로 왕관을 씌
우시는 분

다윗의 시

103 내 영혼아 여호와를 송축
하라 내 속에 있는 것들
아 다 그 성호를 송축하라
2 내 영혼아 여호와를 송축하며 그
모든 은택을 잊지 말지어다
3 저가 네 모든 죄악을 사하시며 네
모든 병을 고치시며
4 네 생명을 파멸에서 구속하시고
인자와 긍휼로 관을 씌우시며

5 좋은 것들로 네 갈망을 만족시키
시는 분을 네 젊음이 독수리같이
새롭게 되리라
6 주는 불의를 당하는 모든 자에게
자비와 정의를 행하신다
7 그의 길을 모이시에게 그의 뜻을
이스라일 자손에게 알리셨도다
8 주는 긍휼히 여기시고 자비로우
시며 오래 참으시고 인애가 풍성
하시도다
9 그는 끝까지 진노하지 않으시며
영영 노하지 않으시리라
10 그는 우리의 죄를 따라 우리에
게 행하지 않으셨고 우리의 불법
을 따라 우리에게 되갚지 않으셨
도다
11 이는 땅에서 하늘이 높음같이
주께서 그를 경외하는 자들 위에
그의 인애를 강하게 하셨기 때문
이라
12 동이 서에서 먼 것같이 그가 우
리의 불법을 우리에게서 멀리 옮
기셨도다
13 아버지가 아들들을 긍휼히 여김
같이 주께서 자기를 경외하는 자
들을 긍휼히 여기셨도다

5 좋은 것으로 네 소원을 만족케 하
사 네 청춘으로 독수리같이 새롭
게 하시는도다
6 여호와께서 의로운 일을 행하시
며 압박당하는 모든 자를 위하여
판단하시는도다
7 그 행위를 모세에게 그 행사를 이
스라엘 자손에게 알리셨도다
8 여호와는 자비로우시며 은혜로
우시며 노하기를 더디 하시며 인
자하심이 풍부하시도다
9 항상 경책지 아니하시며 노를 영
원히 품지 아니하시리로다
10 우리의 죄를 따라 처치하지 아
니하시며 우리의 죄악을 따라 갚
지 아니하셨으니
11 이는 하늘이 땅에서 높음같이
그를 경외하는 자에게 그 인자하
심이 크심이로다
12 동이 서에서 먼 것같이 우리 죄
과를 우리에게서 멀리 옮기셨으
며
13 아비가 자식을 불쌍히 여김같이
여호와께서 자기를 경외하는 자
를 불쌍히 여기시나니

칠십인역

14 그가 우리의 형질을 아셨기 때
문이라 너는 우리가 먼지임을 기
억하여라
15 인생은 그 날들이 풀과 같아서
들의 꽃처럼 그렇게 필 것이다
16 바람이 그 속에 지나가면 그것
은 존재하지 않으며 그 있던 자리
도 알 수 없을 것이다
17 그러나 주의 인애는 그를 경외
하는 자들 위에 영원부터 영원까
지 있을 것이다 그의 의도 자손의
자손 위에
18 그의 언약을 지키는 자들에게
또한 그것들을 행하기 위하여 그
의 계명을 기억하는 자들에게
19 주께서 하늘에 그의 보좌를 마
련하셨고 그의 왕국은 모든 것을
다스린다
20 주를 송축하여라 그의 모든 천
사들아 그의 말씀을 힘차게 실행
하면서 그의 말씀 소리를 들으려
는 능력자들아
21 주를 송축하여라 그의 모든 군
대들아 그의 뜻을 실행하는 그의
섬김이들아
22 주를 송축하여라 그의 모든 작품

개역한글

14 이는 저가 우리의 체질을 아시
며 우리가 진토임을 기억하심이
로다
15 인생은 그 날이 풀과 같으며 그
영화가 들의 꽃과 같도다
16 그것은 바람이 지나면 없어지나
니 그 곳이 다시 알지 못하거니와
17 여호와의 인자하심은 자기를 경
외하는 자에게 영원부터 영원까
지 이르며 그의 의는 자손의 자손
에게 미치리니
18 곧 그 언약을 지키고 그 법도를
기억하여 행하는 자에게로다
19 여호와께서 그 보좌를 하늘에
세우시고 그 정권으로 만유를 통
치하시도다
20 능력이 있어 여호와의 말씀을
이루며 그 말씀의 소리를 듣는 너
희 천사여 여호와를 송축하라
21 여호와를 봉사하여 그 뜻을 행
하는 너희 모든 천군이여 여호와
를 송축하라
22 여호와의 지으심을 받고 그

들아 그가 다스리시는 모든 곳에
서 주를 송축하여라 나의 영혼아

103 다비드에게 속한 (시)
주를 송축하여라 나의 영
혼아 주여 나의 하나님 당신은 지
극히 위대해지셨습니다 찬양과
위엄을 친히 입으셨습니다
2 빛을 의복처럼 입으시고 하늘을
휘장처럼 펼치심으로
3 자신의 지붕들을 물로 덮으시는
분 구름을 자신의 계단으로 삼으
시는 분 바람의 날개 위에서 다니
시는 분
4 자신의 천사들을 영들로 자신의
사역자들을 타오르는 불로 만드
시는 분
5 그가 땅을 그 견고함 위에 세우셨
으니 그것이 영원무궁토록 기울
어지지 않으리라
6 심연이 의복처럼 그의 겉옷이 되
고 물들이 산들 위에 서리라
7 당신의 책망으로 인하여 그것들
은 도망가고 당신의 천둥소리로

다스리시는 모든 곳에 있는 너희
여 여호와를 송축하라 내 영혼아
여호와를 송축하라

104 내 영혼아 여호와를 송
축하라 여호와 나의 하
나님이여 주는 심히 광대하시며
존귀와 권위를 입으셨나이다
2 주께서 옷을 입음같이 빛을 입으
시며 하늘을 휘장같이 치시며
3 물에 자기 누각의 들보를 얹으시
며 구름으로 자기 수레를 삼으시
고 바람 날개로 다니시며
4 바람으로 자기 사자를 삼으시며
화염으로 자기 사역자를 삼으시
며
5 땅의 기초를 두사 영원히 요동치
않게 하셨나이다
6 옷으로 덮음같이 땅을 바다로 덮
으시매 물이 산들 위에 섰더니
7 주의 견책을 인하여 도망하여 주
의 우뢰 소리를 인하여 빨리 가서

인하여 겁을 먹을 것입니다
8 산들은 올라가고 평원들은 내려
갑니다 당신께서 그것들의 기초
를 세우신 지점을 향하여
9 당신께서 경계를 정하셨으니 그
것들이 넘어가지 못하고 땅을 덮
기 위해 돌이키지도 못할 것입니
다
10 산골짜기에 샘들을 보내시는 분
산 사이에서 물이 흘러서
11 들판의 모든 짐승이 마시게 하
며 들나귀들이 그들의 목마름을
해갈할 것입니다
12 그것들 위에 하늘의 새들이 깃
들여서 바위들 틈에서 소리를 낼
것입니다
13 그의 지붕들에서 산에 물을 대
시면 땅은 당신의 만드신 것들의
열매로 흡족할 것입니다
14 가축을 위하여 풀을 인생의 노
고를 통해서 푸성귀를 솟게 하시
니 땅에서 곡식이 나오도록 하심
입니다
15 또한 포도주는 사람의 마음을
기쁘게 합니다 기름으로 얼굴을
빛나게 하고 곡식은 사람의 마음

8 주의 정하신 처소에 이르렀고
산은 오르고 골짜기는 내려갔나
이다
9 주께서 물의 경계를 정하여 넘치
지 못하게 하시며 다시 돌아와 땅
을 덮지 못하게 하셨나이다
10 여호와께서 샘으로 골짜기에서
솟아나게 하시고 산 사이에 흐르
게 하사
11 들의 각 짐승에게 마시우시니
들나귀들도 해갈하며
12 공중의 새들이 그 가에서 깃들
이며 나뭇가지 사이에서 소리를
발하는도다
13 저가 그 누각에서 산에 물을 주
시니 주의 행사의 결과가 땅에 풍
족하도다
14 저가 가축을 위한 풀과 사람의
소용을 위한 채소를 자라게 하시
며 땅에서 식물이 나게 하시고
15 사람의 마음을 기쁘게 하는 포
도주와 사람의 얼굴을 윤택케 하
는 기름과 사람의 마음을 힘있게
하는 양식을 주셨도다

을 강하게 합니다
16 들판의 나무들도 흡족할 것입니
다 그가 심으신 리바논의 백향목
들도
17 거기에 참새들이 둥지를 틀 것
입니다 왜가리의 집은 저들을 앞
서갑니다
18 높은 산은 사슴들을 위한 것 바
위는 바위너구리들을 위한 피난
처
19 그가 때를 위하여 달을 만드셨도
다 해도 자기의 질 때를 아는도다
20 당신께서 어둠을 세우시니 밤이
되었습니다 그동안 숲의 모든 짐
승이 지나갈 것입니다
21 젊은 사자들이 포효하면서 하나
님에게서 나오는 자기들의 먹이
를 낚아채려고 쫓아갑니다
22 해가 떠오르면 그들은 함께 모
였고 자기들의 굴속에 누워서 잠
들 것입니다
23 사람은 그의 일터로 나와서 저녁
까지 그의 노동에 임할 것입니다
24 당신의 작품들이 얼마나 위대한
지요 주여 당신께서 지혜로 모든
것을 만드셨습니다 땅이 당신의

16 여호와의 나무가 우택에 흡족함
이여 곧 그의 심으신 레바논 백향
목이로다
17 새들이 그 속에 깃을 들임이여
학은 잣나무로 집을 삼는도다
18 높은 산들은 산양을 위함이여
바위는 너구리의 피난처로다
19 여호와께서 달로 절기를 정하심
이여 해는 그 지는 것을 알도다
20 주께서 흑암을 지어 밤이 되게
하시니 삼림의 모든 짐승이 기어
나오나이다
21 젊은 사자가 그 잡을 것을 쫓아
부르짖으며 그 식물을 하나님께
구하다가
22 해가 돋으면 물러가서 그 굴혈
에 눕고
23 사람은 나와서 노동하며 저녁까
지 수고하는도다
24 여호와여 주의 하신 일이 어찌
그리 많은지요 주께서 지혜로 저
희를 다 지으셨으니 주의 부요가
땅에 가득하니이다

소유물로 충만해졌습니다
25 이 거대하고 드넓은 바다 거기
에 기어 다니는 것들은 수를 헤아
릴 수 없습니다 미세한 생물이 거
대한 것들과 함께
26 거기에 배들이 지나가고 이 용
은 당신께서 그 안에서 놀도록 지
으셨습니다
27 모두가 당신을 향하여 기다립니
다 정해진 때에 그들에게 양식을
주시기를
28 당신께서 그들에게 주실 때 그
들이 모으고 당신께서 손을 펴실
때 모든 것이 후함으로 충만해질
것입니다
29 그러나 당신께서 얼굴을 돌리시
면 그들은 불안할 것입니다 당신
께서 그들의 숨을 거두시면 그들
은 사라지고 자기들의 먼지로 돌
아갈 것입니다
30 당신께서 당신의 숨을 보내시면
그들이 창조되고 당신께서 땅의
얼굴을 새롭게 하실 것입니다
31 주의 영광이 영원히 있을지어다
주께서 자신의 작품들로 인하여
기뻐하시리라

25 저기 크고 넓은 바다가 있고 그
속에 동물 곧 대소 생물이 무수하
니이다
26 선척이 거기 다니며 주의 지으
신 악어가 그 속에서 노나이다
27 이것들이 다 주께서 때를 따라
식물 주시기를 바라나이다
28 주께서 주신즉 저희가 취하며
주께서 손을 펴신즉 저희가 좋은
것으로 만족하다가
29 주께서 낯을 숨기신즉 저희가
떨고 주께서 저희 호흡을 취하신
즉 저희가 죽어 본 흙으로 돌아가
나이다
30 주의 영을 보내어 저희를 창조
하사 지면을 새롭게 하시나이다
31 여호와의 영광이 영원히 계속할
지며 여호와는 자기 행사로 인하
여 즐거워하실지로다
32 저가 땅을 보신즉 땅이 진동하
며

32 땅을 살펴보사 그것을 떨게 하
시는 분 그가 산들을 만지시니 그
것들이 연기를 냅니다
33 내 생애 동안 주께 노래하겠습
니다 내가 살아있는 한 나의 하나
님께 찬송하겠습니다
34 나의 대화가 그를 흐뭇하시게
하길 원합니다 그리고 나는 주로
인하여 기뻐할 것입니다
35 죄인들이 땅에서 사라지고 불법
자들은 존재하지 않기를 원합니
다 주를 송축하여라 나의 영혼아

산들에 접촉하신즉 연기가 발하
도다
33 나의 평생에 여호와께 노래하며
나의 생존한 동안 내 하나님을 찬
양하리로다
34 나의 묵상을 가상히 여기시기를
바라나니 나는 여호와로 인하여
즐거워하리로다
35 죄인을 땅에서 소멸하시며 악인
을 다시 있지 못하게 하실지로다
내 영혼아 여호와를 송축하라 할
렐루야

104 알릴루야
너희는 주께 감사찬양하
고 그의 이름을 불러라 그의 행사
를 열방 중에 선포하여라
2 그에게 노래하고 그에게 찬송하
여라 그의 모든 기이한 일을 이야
기하여라
3 그의 거룩한 이름을 칭송하여라
주를 찾는 이들의 마음은 기뻐할
지어다
4 너희는 주를 찾고 강하여져라 항
상 그의 얼굴을 찾아라

105 여호와께 감사하며 그 이
름을 불러 아뢰며 그 행
사를 만민 중에 알게 할지어다
2 그에게 노래하며 그를 찬양하며
그의 모든 기사를 말할지어다
3 그 성호를 자랑하라 무릇 여호와
를 구하는 자는 마음이 즐거울지
로다
4 여호와와 그 능력을 구할지어다
그 얼굴을 항상 구할지어다

칠십인역

5 그가 행하신 그의 기이한 일들을
기억하여라 그의 기적과 그의 입
의 판결을
6 아브라암의 씨 그의 종들 야꼽의
자손 그의 선택받은 자들아
7 그가 바로 주 우리 하나님 온 땅
에 그의 판결이 있도다
8 그가 그의 언약을 영원토록 기억
하셨으니 곧 천 대에 이르도록 명
하신 말씀
9 아브라암과 이사아끄와 그의 맹세
로 친히 언약하셨던 것을
10 그가 그것을 야꼽과 칙령으로 이
스라일과 영원한 언약으로 세우
셨다
11 그가 말씀하셨다 너에게 내가
카나안 땅을 주리라 너희 유산의
분깃으로
12 그들이 수가 적을 때 그 안에서
가장 적고 나그네였을 때
13 민족에서 민족으로 돌아다녔다
왕국에서 다른 백성에게로
14 그는 아무도 그들에게 해를 끼
치지 못하도록 하셨고 그들 때문
에 왕들을 책망하셨다
15 너희는 나의 크리스또들을 손대

개역한글

5 그 종 아브라함의 후손 곧 택하신
야곱의 자손 너희는 그의 행하신
기사와 그 이적과 그 입의 판단을
기억할지어다
6 (5절에 포함되어 있음)
7 그는 여호와 우리 하나님이시라
그의 판단이 온 땅에 있도다
8 그는 그 언약 곧 천 대에 명하신
말씀을 영원히 기억하셨으니
9 이것은 아브라함에게 하신 언약
이며 이삭에게 하신 맹세며
10 야곱에게 세우신 율례 곧 이스
라엘에게 하신 영영한 언약이라
11 이르시기를 내가 가나안 땅을
네게 주어 너희 기업의 지경이 되
게 하리라 하셨도다
12 때에 저희 인수가 적어 매우 영
성하며 그 땅에 객이 되어
13 이 족속에게서 저 족속에게로
이 나라에서 다른 민족에게로 유
리하였도다
14 사람이 그들을 해하기를 용납지
아니하시고 그들의 연고로 열왕
을 꾸짖어
15 이르시기를 나의 기름 부은

지 말아라 나의 대언자들에게도
악행하지 말아라
16 그리고 그가 땅에 기근을 부르셔
서 온갖 양식의 공급을 끊으셨다
17 그가 그들보다 미리 한 사람을
보내셨다 요시프가 종으로 팔렸다
18 저들이 그의 발을 족쇄로 낮추
었으니 그의 영혼이 쇠를 통과하
였다
19 그의 말씀이 이를 때까지 주의
말씀이 그를 단련하였다
20 한 왕이 보내어 그를 풀어주었
다 백성의 통치자가 그를 석방하
였다
21 그가 그를 자기 집의 주인으로
또 자기 모든 소유의 통치자로 세
웠다
22 그의 관료들을 자신처럼 훈육하
고 그의 장로들을 지혜롭게 하려
함이었다
23 그리고 이스라일이 에깁뜨로 들
어갔다 야꼽도 캄 땅에 거류하였
다
24 그가 자기 백성을 심히 번창하
게 하시고 그를 그의 원수들보다
강하게 하셨다

자를 만지지 말며 나의 선지자를
상하지 말라 하셨도다
16 그가 또 기근을 불러 그 땅에 임
하게 하여 그 의뢰하는 양식을 다
끊으셨도다
17 한 사람을 앞서 보내셨음이여
요셉이 종으로 팔렸도다
18 그 발이 착고에 상하며 그 몸이
쇠사슬에 매였으니
19 곧 여호와의 말씀이 응할 때까지
라 그 말씀이 저를 단련하였도다
20 왕이 사람을 보내어 저를 방석
함이여 열방의 통치자가 저로 자
유케 하였도다
21 저로 그 집의 주관자를 삼아 그
모든 소유를 관리케 하고
22 임의로 백관을 제어하며 지혜로
장로들을 교훈하게 하였도다
23 이에 이스라엘이 애굽에 들어
감이여 야곱이 함 땅에 객이 되
었도다
24 여호와께서 그 백성을 크게 번
성케 하사 그들의 대적보다 강하
게 하셨으며

25 그가 저들의 마음을 바꾸어 그
의 백성을 미워하고 그의 종들을
속이게 하셨다
26 그가 자신의 종 모이시를 그가
택한 아론을 보내셨다
27 캄 땅에서 그들에게 그의 표징
의 말씀과 기적을 맡기셨다
28 그가 어둠을 보내시자 어두워졌
으나 저들은 그의 말씀을 거역하
였다
29 저들의 물을 피로 변하게 하셔
서 저들의 물고기들을 죽이셨다
30 저들의 땅이 개구리들로 우글거
렸다 저들의 왕들의 내실들에도
31 그가 말씀하시자 흡혈 파리와
모기들이 저들의 모든 지역에 들
이닥쳤다
32 그가 저들의 폭우를 우박으로 저
들의 땅에 타오르는 불을 두셨다
33 또 저들의 포도나무와 저들의
무화과나무를 치시고 저들 지역
의 모든 나무를 부수셨다
34 그가 말씀하시자 메뚜기와 황충
이 몰려왔으니 그 수를 헤아릴 수
없었다
35 그리고 저들 땅의 모든 풀을 먹

25 또 저희 마음을 변하여 그 백성
을 미워하게 하시며 그 종들에게
교활히 행하게 하셨도다
26 또 그 종 모세와 그 택하신 아론
을 보내시니
27 저희가 그 백성 중에 여호와의
표징을 보이고 함 땅에서 기사를
행하였도다
28 여호와께서 흑암을 보내사 어둡
게 하시니 그 말씀을 어기지 아니
하였도다
29 저희 물을 변하여 피가 되게 하
사 저희 물고기를 죽이셨도다
30 그 땅에 개구리가 번성하여 왕
의 궁실에도 있었도다
31 여호와께서 말씀하신즉 파리
떼가 오며 저희 사경에 이가 생
겼도다
32 비 대신 우박을 내리시며 저희
땅에 화염을 내리셨도다
33 저희 포도나무와 무화과나무를
치시며 저희 사경의 나무를 찍으
셨도다
34 여호와께서 말씀하신즉 황충과
무수한 메뚜기가 이르러
35 저희 땅에 모든 채소를 먹으며

어치우고 저들 땅의 열매도 먹어
치웠다
36 또 그가 저들 땅의 온갖 초태생
을 치셨다 저들의 온갖 수고의 첫
열매를
37 그리고 그가 그들을 은과 금과
함께 이끌어 내셨으며 그들의 지
파들에는 약한 자가 없었다
38 그들이 탈출할 때 에깁뜨는 기뻐
하였으니 그들의 두려움이 저들
에게 임했기 때문이었다
39 그가 구름을 그들에게 덮개로
펼쳐주시고 밤에는 불이 그들에
게 비취게 하셨다
40 그들이 요청하자 메추라기가 왔
고 그가 하늘의 양식으로 그들을
배불리셨다
41 그가 바위를 가르시니 물이 흘
러나와 물 없는 곳에 강이 흘러
갔다
42 그가 자신의 종 아브라암에게 주
신 자신의 거룩한 말씀을 기억하
셨기 때문이었다
43 그리고 그의 백성을 즐거움으로
그의 택한 자들을 기쁨으로 이끌
어 내셨다

그 밭에 열매를 먹었도다
36 여호와께서 또 저희 땅의 모든
장자를 치시니 곧 저희 모든 기력
의 시작이로다
37 그들을 인도하여 은금을 가지고
나오게 하시니 그 지파 중에 약한
자가 하나도 없었도다
38 그들의 떠날 때에 애굽이 기뻐
하였으니 저희가 그들을 두려워
함이로다
39 여호와께서 구름을 펴사 덮개를
삼으시고 밤에 불로 밝히셨으며
40 그들이 구한즉 메추라기로 오게
하시며 또 하늘 양식으로 그들을
만족케 하셨도다
41 반석을 가르신즉 물이 흘러나서
마른 땅에 강같이 흘렀으니
42 이는 그 거룩한 말씀과 그 종 아
브라함을 기억하셨음이로다
43 그 백성으로 즐거이 나오게 하
시며 그 택한 자로 노래하며 나오
게 하시고

칠십인역

44 또 그들에게 이방의 지경을 주
셔서 백성이 수고한 것들을 그들
이 유업으로 받았다
45 그들이 그의 율례를 지키고 그의
율법을 추구하도록 하심이었다

105

알릴루야
너희는 주께 감사찬양하
여라 그는 선하심이라 그의 인애
는 영원함이라
2 누가 주의 권능을 말하며 그의 모
든 찬양을 들리게 할 것인가
3 복되도다 공의를 지키며 언제나
의를 행하는 자들은
4 우리를 기억하소서 주여 당신의
백성을 기뻐하심으로 우리를 심
방하소서 당신의 구원으로
5 이는 우리가 당신의 택하신 자들
에게 관대하심을 보고 당신의 민
족의 기쁨 가운데서 기뻐하며 당
신의 유업과 함께 칭송받기 위함
입니다
6 우리가 우리 조상과 함께 범죄하
였습니다 불법을 행하였습니다

개역한글

44 열방의 땅을 저희에게 주시며
민족들의 수고한 것을 소유로 취
하게 하셨으니
45 이는 저희로 그 율례를 지키며
그 법을 좇게 하려 하심이로다 할
렐루야

106

할렐루야 여호와께 감사
하라 그는 선하시며 그
인자하심이 영원함이로다
2 뉘 능히 여호와의 능하신 사적을
전파하며 그 영예를 다 광포할꼬
3 공의를 지키는 자들과 항상 의를
행하는 자는 복이 있도다
4 여호와여 주의 백성에게 베푸시
는 은혜로 나를 기억하시며 주의
구원으로 나를 권고하사
5 나로 주의 택하신 자의 형통함을
보고 주의 나라의 기업으로 즐거
워하게 하시며 주의 기업과 함께
자랑하게 하소서
6 우리가 열조와 함께 범죄하여 사
특을 행하며 악을 지었나이다

불의를 행하였습니다
7 우리의 조상이 에깁뜨에서 당신
의 기이한 일들을 깨닫지 못하였
습니다 당신의 인애의 풍성함을
기억하지 않았습니다 그리고 그
들이 홍해로 올라가면서 반역하
였습니다
8 그러나 그는 자신의 이름을 위하
여 그들을 구원하셨다 그의 권능
을 알리시기 위함이었다
9 그리고 그가 홍해를 꾸짖으시니
그것이 말랐다 또 그가 그들을
광야에서처럼 심연에서 인도하
셨다
10 그리고 그들을 미워하는 자들의
손에서 구원하시고 그들을 원수
의 손에서 속량하셨다
11 그리고 물이 그들을 압제하던
자들을 덮었다 저들 중에 하나도
살아남지 못하였다
12 그러자 그들은 그의 말씀을 믿
고 그의 찬양을 노래하였다
13 그들은 그의 행사를 서둘러 잊
고 그의 자문을 기다리지 않았다
14 그래서 그들은 광야에서 욕심을
욕심내고 물 없는 땅에서 하나님

7 우리 열조가 애굽에서 주의 기사
를 깨닫지 못하며 주의 많은 인자
를 기억지 아니하고 바다 곧 홍해
에서 거역하였나이다
8 그러나 여호와께서 자기 이름을
위하여 저희를 구원하셨으니 그
큰 권능을 알게 하려 하심이로다
9 이에 홍해를 꾸짖으시니 곧 마르
매 저희를 인도하여 바다 지나기
를 광야를 지남 같게 하사
10 저희를 그 미워하는 자의 손에
서 구원하시며 그 원수의 손에서
구속하셨고
11 저희 대적은 물이 덮으매 하나
도 남지 아니하였도다
12 이에 저희가 그 말씀을 믿고 그
찬송을 불렀도다
13 저희가 미구에 그 행사를 잊어
버리며 그 가르침을 기다리지 아
니하고
14 광야에서 욕심을 크게 발하며 사
막에서 하나님을 시험하였도다

칠십인역

을 시험하였다
15 그러자 그는 그들의 구하는 바
를 그들에게 주시고 그들의 목숨
을 위하여 풍성하게 보내셨다
16 그리고 그들이 진영에서 모이시
를 화나게 하였다 주의 거룩한 아
론도
17 땅이 열려서 다탄을 삼키고 아비
론의 회중을 덮었다
18 그리고 그들의 회중에 불이 붙어
서 화염이 죄인들을 태워버렸다
19 그러나 그들이 코립에서 송아지
를 만들고 깎아 만든 것에 절하
였다
20 그래서 그들은 자기들의 영광을
풀을 먹는 송아지의 모양으로 바
꾸었다
21 그들은 자기들을 구원하신 하나
님을 잊었다 에깁뜨에서 위대한
일들을 행하신 분을
22 캄 땅에서 기이한 일들을 홍해
에서 두려움을
23 그러자 그가 그들을 진멸하겠다
고 말씀하셨다 만약 그의 택한 자
모이시가 진멸하지 않게 그의 진
노를 돌이키시도록 그의 앞에서

개역한글

15 여호와께서 저희의 요구한 것을
주셨을지라도 그 영혼을 파리하
게 하셨도다
16 저희가 진에서 모세와 여호와의
성도 아론을 질투하매
17 땅이 갈라져 다단을 삼키며 아
비람의 당을 덮었으며
18 불이 그 당 중에 붙음이여 화염
이 악인을 살랐도다
19 저희가 호렙에서 송아지를 만들
고 부어 만든 우상을 숭배하여
20 자기 영광을 풀 먹는 소의 형상
으로 바꾸었도다
21 애굽에서 큰 일을 행하신 그 구
원자 하나님을 저희가 잊었나니
22 그는 함 땅에서 기사와 홍해에
서 놀랄 일을 행하신 자로다
23 그러므로 여호와께서 저희를 멸
하리라 하셨으나 그 택하신 모세
가 그 결렬된 중에서 그 앞에 서
서 그 노를 돌이켜 멸하시지 않게
하였도다

멸망의 자리에 서 있지 않았다면
24 그러나 그들이 사모할 만한 땅
을 멸시하고 그의 말씀을 믿지 않
았다
25 그리고 그들은 자기들의 장막에
서 불평하고 주의 음성을 듣지 않
았다
26 그러자 그는 그들에게 그의 손
을 드셨다 그들을 광야에서 쓰러
뜨리시기 위하여
27 또 그들의 씨를 열방 가운데 쓰
러뜨리시고 그들을 그 땅에 흩으
시기 위하여
28 그러나 그들은 베엘페고르에게
바쳐지고 죽은 자들의 희생제물
을 먹었다
29 그래서 그들은 자기들의 행실로
그를 화나시게 하였다 타락이 그
들 가운데 많아졌다
30 그러자 피네에스가 일어나 속죄
하니 도륙이 멈추었다
31 그리고 그것이 그에게 의로 여
겨졌다 세세토록 영원까지
32 그런데 그들이 다툼의 물가에서
그를 화나게 하여서 그들 때문에
모이시가 어려움을 당하였다

24 저희가 낙토를 멸시하며 그 말
씀을 믿지 아니하고
25 저희 장막에서 원망하며 여호와
의 말씀을 청종치 아니하였도다
26 이러므로 저가 맹세하시기를 저
희로 광야에 엎더지게 하고
27 또 그 후손을 열방 중에 엎드러
뜨리며 각지에 흩어지게 하리라
하셨도다
28 저희가 또 바알브올과 연합하
여 죽은 자에게 제사한 음식을
먹어서
29 그 행위로 주를 격노케 함을 인
하여 재앙이 그 중에 유행하였도
다
30 때에 비느하스가 일어나 처벌하
니 이에 재앙이 그쳤도다
31 이 일을 저에게 의로 정하였으
니 대대로 무궁하리로다
32 저희가 또 므리바 물에서 여호와
를 노하시게 하였으므로 저희로
인하여 얼이 모세에게 미쳤나니

칠십인역

33 그들이 그의 영을 비통하게 하
였기에 그가 그의 입술을 벌렸기
때문이다
34 주께서 그들에게 말씀하신 열방
을 그들은 진멸하지 않았다
35 그리하여 그들이 이방과 섞여서
저들의 행실을 배웠다
36 그래서 그들이 저들의 깎아 만
든 것들을 섬겼기에 그것이 그들
에게 걸림돌이 되었다
37 그리고 그들은 자기 아들들과
자기 딸들을 악령들에게 제물로
바쳤다
38 또 무죄한 자의 피를 흘렸다 자
기 아들들과 딸들의 피를 이것으
로 카나안의 깎아 만든 것들에게
제물로 바쳐서 그 땅이 피로 더럽
혀졌다
39 그것은 그들의 행습으로 오염되
었고 그들은 그들의 행실로 간통
하였다
40 그래서 주께서 분노로 자기 백
성에게 진노하시고 자기 유업을
몹시 싫어하셔서
41 그들을 이방의 손에 넘겨버리셨
다 그리고 그들을 미워하는 자들

개역한글

33 이는 저희가 그 심령을 거역함
을 인하여 모세가 그 입술로 망령
되이 말하였음이로다
34 저희가 여호와의 명을 좇지 아니
하여 이족들을 멸하지 아니하고
35 열방과 섞여서 그 행위를 배우며
36 그 우상들을 섬기므로 그것이
저희에게 올무가 되었도다
37 저희가 그 자녀로 사신에게 제
사하였도다
38 무죄한 피 곧 저희 자녀의 피를
흘려 가나안 우상에게 제사하므
로 그 땅이 피에 더러웠도다
39 저희는 그 행위로 더러워지며
그 행동이 음탕하도다
40 그러므로 여호와께서 자기 백성
에게 맹렬히 노하시며 자기 기업
을 미워하사
41 저희를 열방의 손에 붙이시매
저희를 미워하는 자들이 저희를
치리하였도다

이 그들을 다스리게 되었으며
42 그들의 원수들이 그들을 압제하
였고 그들이 저들의 손 아래로 낮
아졌다
43 그가 자주 그들을 구출하셨으나
그들은 자기들의 의향대로 그를
화나시게 했다 그래서 자기들의
불법으로 낮아졌다
44 그러나 그는 그들이 압제당할
때 보셨다 그들의 간구를 들으셨
을 때
45 또 자신의 언약을 기억하사 자
신의 인애의 풍성함을 따라 돌이
키셨다
46 그리고 그는 그들에게 긍휼을
베푸셨다 그들을 사로잡은 자들
모두 앞에서
47 우리를 구원하소서 주여 우리
하나님 그리고 열방으로부터 우
리를 모으소서 당신의 거룩한 이
름에 감사찬양하고 당신의 찬양
으로 자랑하도록
48 송축 받으소서 주 이스라일의 하
나님 영원부터 영원까지 그리고
모든 백성은 말할지어다 그리 되
기를 그리 되기를

42 저희가 원수들의 압박을 받고
그 수하에 복종케 되었도다
43 여호와께서 여러 번 저희를 건
지시나 저희가 꾀로 거역하며 자
기 죄악으로 인하여 낮아짐을 당
하였도다
44 그러나 여호와께서 저희의 부르
짖음을 들으실 때에 그 고통을 권
고하시며
45 저희를 위하여 그 언약을 기억
하시고 그 많은 인자하심을 따라
뜻을 돌이키사
46 저희로 사로잡은 모든 자에게서
긍휼히 여김을 받게 하셨도다
47 여호와 우리 하나님이여 우리를
구원하사 열방 중에서 모으시고
우리로 주의 성호를 감사하며 주
의 영예를 찬양하게 하소서
48 여호와 이스라엘의 하나님을 영
원부터 영원까지 찬양할지어다
모든 백성들아 아멘 할지어다 할
렐루야

제5권

106 알릴루야
너희는 주께 감사찬양하
여라 그는 선하심이라 그의 인애
는 영원함이라
2 주께 속량받은 자들은 말하여라
그가 원수의 손에서 속량하신 자
들은
3 여러 지역에서 그들을 모으셨다
동과 서 북과 바다에서
4 그들은 물 없는 광야에서 방황하
였고 거할 도성의 길을 발견하지
못하였다
5 허기지고 목말라서 그들의 영혼
이 그들 안에서 지쳤다
6 그러나 그들이 억압당할 때 주께
부르짖자 그가 그들의 곤경에서
그들을 건지셨다
7 그리고 그들을 곧은 길로 인도하
셨다 거할 도성으로 가도록
8 그들은 주께 그의 인애를 감사찬
양할지어다 인생들을 위한 그의

107 여호와께 감사하라 그는
선하시며 그 인자하심이
영원함이로다
2 여호와께 구속함을 받은 자는 이
같이 말할지어다 여호와께서 대
적의 손에서 저희를 구속하사
3 동서 남북 각 지방에서부터 모으
셨도다
4 저희가 광야 사막 길에서 방황하
며 거할 성을 찾지 못하고
5 주리고 목마름으로 그 영혼이 속
에서 피곤하였도다
6 이에 저희가 그 근심 중에 여호와
께 부르짖으매 그 고통에서 건지
시고
7 또 바른 길로 인도하사 거할 성에
이르게 하셨도다
8 여호와의 인자하심과 인생에게
행하신 기이한 일을 인하여 그를
찬송할지로다

기이한 일들도
9 그가 텅 빈 영혼을 만족시키시고
주린 영혼을 좋은 것들로 채워주
셨기 때문이다
10 그들은 어둠과 죽음의 그늘에
앉아서 가난과 쇠사슬에 묶여 있
었다
11 그들이 하나님의 말씀을 거역하
였고 지존자의 자문을 거슬렀기
때문이다
12 그리고 어려움으로 그들의 마음
이 낮아져서 그들이 약해졌으나
돕는 자가 없었다
13 그러나 그들이 억압당할 때 주
께 부르짖자 그가 그들의 곤경에
서 그들을 구원하셨다
14 또 그들을 어둠과 죽음의 그늘
에서 끌어내시고 그들의 사슬들
을 끊어내셨다
15 그들은 주께 그의 인애를 감사
찬양할지어다 인생들을 위한 그
의 기이한 일들도
16 그가 놋문들을 박살내고 쇠빗장
들을 부수셨기 때문이다
17 그가 그들의 불법의 길에서 그
들을 도우셨으니 그들의 불법으

9 저가 사모하는 영혼을 만족케 하
시며 주린 영혼에게 좋은 것으로
채워주심이로다
10 사람이 흑암과 사망의 그늘에
앉으며 곤고와 쇠사슬에 매임은
11 하나님의 말씀을 거역하며 지존
자의 뜻을 멸시함이라
12 그러므로 수고로 저희 마음을
낮추셨으니 저희가 엎드러져도
돕는 자가 없었도다
13 이에 저희가 그 근심 중에 여호
와께 부르짖으매 그 고통에서 구
원하시되
14 흑암과 사망의 그늘에서 인도
하여 내시고 그 얽은 줄을 끊으
셨도다
15 여호와의 인자하심과 인생에게
행하신 기이한 일을 인하여 그를
찬송할지로다
16 저가 놋문을 깨뜨리시며 쇠빗장
을 꺾으셨음이로다
17 미련한 자는 저희 범과와 죄악
의 연고로 곤난을 당하매

로 그들이 낮아졌기 때문이다
18 그들의 영혼이 온갖 음식을 역
겨워하고 그들은 죽음의 문들까
지 가까이 갔었다
19 그러나 그들이 억압당할 때 주
께 부르짖자 그가 그들의 곤경에
서 그들을 구원하셨다
20 그가 그의 말씀을 보내사 그들
을 치료하셨고 그들의 멸망에서
그들을 건져내셨다
21 그들은 주께 그의 인애를 감사
찬양할지어다 인생들을 위한 그
의 기이한 일들도
22 그리고 그들은 찬양의 제사를
드리고 즐거움으로 그의 행하신
일들을 선포할지어다
23 배들로 바다에 내려가는 자들이
많은 물 가운데서 일을 하는 동안
24 이들은 주의 일들을 보았다 깊
은 곳에서 그의 기이한 일들도
25 그가 말씀하시자 돌풍이 일어났
고 바다의 파도들이 높아졌다
26 그것들이 하늘까지 올라갔다가
심연까지 내려갔다 그들의 영혼
은 재앙으로 녹아내리곤 하였다
27 그들은 취한 사람처럼 비틀거리

18 저희 혼이 각종 식물을 싫어하
여 사망의 문에 가깝도다
19 이에 저희가 그 근심 중에서 여
호와께 부르짖으매 그 고통에서
구원하시되
20 저가 그 말씀을 보내어 저희를
고치사 위경에서 건지시는도다
21 여호와의 인자하심과 인생에게
행하신 기이한 일을 인하여 그를
찬송할지로다
22 감사제를 드리며 노래하여 그
행사를 선포할지로다
23 선척을 바다에 띄우며 큰 물에
서 영업하는 자는
24 여호와의 행사와 그 기사를 바
다에서 보나니
25 여호와께서 명하신즉 광풍이
일어나서 바다 물결을 일으키는
도다
26 저희가 하늘에 올랐다가 깊은
곳에 내리니 그 위험을 인하여 그
영혼이 녹는도다
27 저희가 이리저리 구르며 취한

며 휘청거렸다 그들의 모든 지혜
가 삼켜졌다
28 그러나 그들이 억압당할 때 주
께 부르짖자 그가 그들의 곤경에
서 그들을 이끌어 내셨다
29 그리고 그가 폭풍에 명하시자
미풍이 되었고 그 파도가 잠잠해
졌다
30 그러자 그들이 기뻐하였으니 그
것들이 고요해졌기 때문이었다
그리고 그가 그들의 소원의 항구
로 그들을 인도하셨다
31 그들은 주께 그의 인애를 감사
찬양할지어다 인생들을 위한 그
의 기이한 일들도
32 그들은 백성의 회중에서 그를
높이고 장로들의 자리에서 그를
찬양할지어다
33 그는 강들을 광야로 물 많은 시
내를 메마른 곳으로 만드셨다
34 열매 맺는 땅을 소금땅이 되게
하셨으니 거기에 거하는 자들의
악 때문이라
35 그가 광야를 물 많은 호수로 물
없는 땅을 물 많은 시내로 만드
셨다

자같이 비틀거리니 지각이 혼돈
하도다
28 이에 저희가 그 근심 중에서 여
호와께 부르짖으매 그 고통에서
인도하여 내시고
29 광풍을 평정히 하사 물결로 잔
잔케 하시는도다
30 저희가 평온함을 인하여 기뻐하
는 중에 여호와께서 저희를 소원
의 항구로 인도하시는도다
31 여호와의 인자하심과 인생에게
행하신 기이한 일을 인하여 그를
찬송할지로다
32 백성의 회에서 저를 높이며 장
로들의 자리에서 저를 찬송할지
로다
33 여호와께서는 강을 변하여 광야
가 되게 하시며 샘으로 마른 땅이
되게 하시며
34 그 거민의 악을 인하여 옥토로
염밭이 되게 하시며
35 또 광야를 변하여 못이 되게 하
시며 마른 땅으로 샘물이 되게 하
시고

칠십인역

36 그리고 거기에 굶주린 자들을
거하게 하셨으니 그들이 거할 도
성을 세웠다
37 그래서 그들이 들판에 씨를 뿌
리고 포도나무들을 심어서 소산
의 열매를 생산해 내었다
38 그가 그들을 복 주시니 그들이
심히 번성하였고 그들의 가축도
줄어들지 않았다
39 그러나 그들은 줄어들고 재앙을
당하였으니 이는 재앙의 환난과
고통 때문이었다
40 멸시가 통치자들에게 쏟아지고
다닐 수 없고 길 아닌 곳에서 그
들이 방황하게 하셨다
41 그리고 그가 궁핍한 자를 가난
에서 도우시고 가족을 양떼같이
세우셨다
42 올곧은 자들이 보고 기뻐하고
온갖 불법이 자기의 입을 봉할 것
이다
43 누가 지혜로워서 이것들을 지키
며 주의 인애를 깨닫겠는가

개역한글

36 주린 자로 거기 거하게 하사 저
희로 거할 성을 예비케 하시고
37 밭에 파종하며 포도원을 재배하
여 소산을 취케 하시며
38 또 복을 주사 저희로 크게 번성
케 하시고 그 가축이 감소치 않게
하실지라도
39 다시 압박과 곤란과 우환을 인
하여 저희로 감소하여 비굴하게
하시는도다
40 여호와께서는 방백들에게 능욕
을 부으시고 길 없는 황야에서 유
리케 하시나
41 궁핍한 자는 곤란에서 높이 드
시고 그 가족을 양 무리 같게 하
시나니
42 정직한 자는 보고 기뻐하며 모
든 악인은 자기 입을 봉하리로다
43 지혜 있는 자들은 이 일에 주의
하고 여호와의 인자하심을 깨달
으리로다

107 다비드에게 속한 시의 노래

2 내 마음이 준비되었습니다 하나
님 내 마음이 준비되었습니다 내
가 내 영광 안에서 노래하고 찬송
하겠습니다
3 하프와 키타라야 깨어나라 내가
새벽에 깨어나리라
4 내가 백성 중에서 당신께 감사찬
양하겠습니다 주여 또 열방 중에
서 당신께 찬송하겠습니다
5 당신의 인애가 하늘보다 크고 당
신의 진리가 구름까지 미치기 때
문입니다
6 하늘들 위에 높임을 받으소서 하
나님 당신의 영광도 온 땅 위에
7 당신의 사랑하시는 자들이 구출
되도록 당신의 오른손으로 구원
하시고 나를 경청하소서
8 하나님께서 그의 성소에서 말씀
하셨다 내가 높이 되어 시끼마를
나누고 장막의 골짜기를 측량하
리라
9 갈라드가 내 것이고 마낫시도 내
것이다 에프렘도 내 머리의 지지
대 유다는 내 왕이다

다윗의 찬송 시

108 하나님이여 내 마음을 정하였사오니 내가 노래하

며 내 심령으로 찬양하리로다
2 비파야 수금아 깰지어다 내가 새
벽을 깨우리로다
3 여호와여 내가 만민 중에서 주께
감사하고 열방 중에서 주를 찬양
하오리니
4 대저 주의 인자하심이 하늘 위에
광대하시며 주의 진실은 궁창에
미치나이다
5 하나님이여 주는 하늘 위에 높이
들리시며 주의 영광이 온 세계 위
에 높으시기를 원하나이다
6 주의 사랑하는 자를 건지시기 위
하여 우리에게 응답하사 오른손
으로 구원하소서
7 하나님이 그 거룩하심으로 말씀
하시되 내가 뛰놀리라 내가 세겜
을 나누며 숙곳 골짜기를 척량하
리라
8 길르앗이 내 것이요 므낫세도 내
것이며 에브라임은 내 머리의 보
호자요 유다는 나의 홀이며

10 모압은 내 소망의 놋대야 이두메
아 위에 내 신발을 두리라 이방인
들이 나에게 복종하였다
11 누가 나를 요새화된 도성으로
이끌어 줄 것인가 누가 나를 이두
메아까지 인도해 줄 것인가
12 당신이 아니십니까 하나님 우리
를 거절하신 이가 하나님 그러면
우리의 군대와 함께 나아가지 않
으시리이다
13 환난에서 우리에게 도움을 주소
서 사람의 구원은 헛됩니다
14 하나님 안에서 우리가 능력을
행하리니 그가 우리의 원수들을
경멸하시리라

9 모압은 내 목욕통이라 에돔에는
내 신을 던질지며 블레셋 위에서
내가 외치리라 하셨도다
10 누가 나를 이끌어 견고한 성에
들이며 누가 나를 에돔에 인도할
꼬
11 하나님이여 주께서 우리를 버리
지 아니하셨나이까 하나님이여
주께서 우리 군대와 함께 나아가
지 아니하시나이다
12 우리를 도와 대적을 치게 하소
서 사람의 구원은 헛됨이니이다
13 우리가 하나님을 의지하고 용감
히 행하리니 저는 우리의 대적을
밟으실 자이심이로다

108 완성을 향하여 다비드에
게 속한 시
하나님 나의 찬양에 침묵하지 마
소서
2 죄인의 입과 속이는 자의 입이 나
에게 열려서 거짓된 혀로 나를 대
적하여 말하였기 때문입니다
3 저들이 증오의 말로 나를 둘러
싸고 이유 없이 나와 전쟁하였습

다윗의 시 영장으로 한 노래

109 나의 찬송하는 하나님이
여 잠잠하지 마옵소서
2 대저 저희가 악한 입과 궤사한 입
을 열어 나를 치며 거짓된 혀로
내게 말하며
3 또 미워하는 말로 나를 두르고 무
고히 나를 공격하였나이다

니다
4 나는 사랑하지만 저들은 나를 비
방하였기에 나는 기도할 뿐이었
습니다
5 저들은 나에게 선을 악으로 나의
사랑을 증오로 갚았습니다
6 그의 위에 죄인을 세우시고 참소
자가 그의 오른편에 서게 하소서
7 그가 심판받을 때 죄 있다고 나오
기를 원합니다 또 그의 기도가 죄
가 되게 하소서
8 그의 날들이 짧아지게 하소서 또
한 그의 직분을 타인이 취하기를
원합니다
9 그의 아들들은 고아가 그의 아내
는 과부가 되게 하소서
10 그의 아들들은 비틀거리며 떠돌
아다니고 구걸하게 하소서 저들
의 집터에서 쫓겨나게 하소서
11 빚쟁이가 그에게 있는 모든 것
을 찾아 나서게 하소서 그의 수고
한 것들을 이방인들이 강탈하게
하소서
12 그에게 보호자가 없게 하시며
그의 고아들에게 긍휼히 여기는
자도 없게 하소서

4 나는 사랑하나 저희는 도리어 나
를 대적하니 나는 기도할 뿐이라
5 저희가 악으로 나의 선을 갚으며
미워함으로 나의 사랑을 갚았사
오니
6 악인으로 저를 제어하게 하시며
대적으로 그 오른편에 서게 하
소서
7 저가 판단을 받을 때에 죄를 지고
나오게 하시며 그 기도가 죄로 변
케 하시며
8 그 연수를 단축케 하시며 그 직분
을 타인이 취하게 하시며
9 그 자녀는 고아가 되고 그 아내는
과부가 되며
10 그 자녀가 유리 구걸하며 그 황
폐한 집을 떠나 빌어먹게 하소서
11 고리대금하는 자로 저의 소유를
다 취하게 하시며 저의 수고한 것
을 외인이 탈취하게 하시며
12 저에게 은혜를 계속할 자가 없
게 하시며 그 고아를 연휼할 자도
없게 하시며

13 그의 자녀가 멸망에 이르게 하
소서 그의 이름이 당대에 지워지
게 하소서
14 그의 조상의 불법이 주 앞에서
기억되게 하소서 또한 그의 어머
니의 죄가 지워지지 않기를 원합
니다
15 그것들이 주 앞에 항상 있게 하
소서 그러나 저들에 대한 기억은
땅에서 없어지기를 원합니다
16 그는 인애를 행하는 것은 기억
조차 않고 오히려 궁핍하고 가난
한 사람을 박해하였고 마음에 상
처받은 사람을 죽음으로 내몰았
기 때문입니다
17 그가 저주를 사랑하더니 그것이
그에게 이를 것이고 또 축복을 원
하지 않더니 그것이 그에게서 멀
어질 것입니다
18 또 그가 저주를 옷처럼 입자 그
것이 물처럼 그의 속으로 기름처
럼 그의 뼛속으로 들어갔습니다
19 그것이 그에게 그가 휘감은 옷
처럼 항상 두르는 띠같이 되게 하
소서
20 이것이 나를 비방하는 자들과

13 그 후사가 끊어지게 하시며 후
대에 저희 이름이 도말되게 하
소서
14 여호와는 그 열조의 죄악을 기
억하시며 그 어미의 죄를 도말하
지 마시고
15 그 죄악을 항상 여호와 앞에 있
게 하사 저희 기념을 땅에서 끊으
소서
16 저가 긍휼히 여길 일을 생각지
아니하고 가난하고 궁핍한 자와
마음이 상한 자를 핍박하여 죽이
려 한 연고니이다
17 저가 저주하기를 좋아하더니 그
것이 자기에게 임하고 축복하기
를 기뻐 아니하더니 복이 저를 멀
리 떠났으며
18 또 저주하기를 옷 입듯 하더니
저주가 물같이 그 내부에 들어
가며 기름같이 그 뼈에 들어갔
나이다
19 저주가 그 입는 옷 같고 항상 띠
는 띠와 같게 하소서
20 이는 대적 곧 내 영혼을 대적하

내 영혼을 거슬러 악을 말하는 자
들에게 주께서 행하신 일입니다
21 그러나 당신께서는 주여 주여
당신의 이름을 위하여 나에게 인
애를 베푸소서 당신의 인애는 선
하기 때문입니다
22 나를 친히 건지소서 나는 가난
하고 궁핍하기 때문입니다 내 마
음이 내 속에서 불안합니다
23 그것이 기울어질 때 그림자처럼
나는 사그라졌습니다 나는 메뚜
기처럼 털렸습니다
24 내 무릎은 금식으로 약해졌고 내
살은 기름기가 빠져 변했습니다
25 그리고 나는 저들에게 비방거리
가 되었고 저들이 나를 보고 자기
들의 머리를 흔들었습니다
26 나를 도우소서 주여 나의 하나
님 당신의 인애를 따라 나를 구원
하소서
27 이것이 당신의 손임을 저들이
알게 하소서 그리고 주여 당신께
서 이를 행하셨습니다
28 저들은 저주하나 당신께서는 복
주실 것입니다 나를 대적하여 일
어난 자들은 창피를 당하게 하소

여 악담하는 자가 여호와께 받는
보응이니이다
21 주 여호와여 주의 이름을 인하여
나를 선대하시며 주의 인자하심
이 선함을 인하여 나를 건지소서
22 나는 가난하고 궁핍하여 중심이
상함이니이다
23 나의 가는 것은 석양 그림자 같
고 또 메뚜기같이 불려 가오며
24 금식함을 인하여 내 무릎은 약
하고 내 육체는 수척하오며
25 나는 또 저희의 훼방거리라 저희
가 나를 본즉 머리를 흔드나이다
26 여호와 나의 하나님이여 나를
도우시며 주의 인자하심을 좇아
나를 구원하소서
27 이것이 주의 손인 줄을 저희로
알게 하소서 여호와께서 이를 행
하셨나이다
28 저희는 저주하여도 주는 내게
복을 주소서 저희는 일어날 때에
수치를 당할지라도 주의 종은 즐
거워하리이다

칠십인역

서 그러나 당신의 종은 기뻐할 것
입니다
29 나를 비방하는 자들이 굴욕을
옷 입게 하소서 저들의 부끄러움
을 겹옷같이 휘감게 하소서
30 나는 내 입으로 주께 크게 감사
찬양하리라 또 많은 이들 사이에
서 그를 찬양하리라
31 이는 내 영혼을 박해하는 자들
에게서 구원하시기 위하여 그가
궁핍한 자의 오른편에 서 계셨기
때문이다

개역한글

29 나의 대적으로 욕을 옷 입듯 하
게 하시며 자기 수치를 겉옷같이
입게 하소서
30 내가 입으로 여호와께 크게 감
사하며 무리 중에서 찬송하리니
31 저가 궁핍한 자의 우편에 서사
그 영혼을 판단하려 하는 자에게
구원하실 것임이로다

칠십인역

109 다비드에게 속한 시
주께서 내 주께 말씀하
셨습니다 너는 내 오른편에 앉아
있어라 내가 네 원수들을 네 발의
발판으로 만들 때까지
2 주께서 시온에서 당신의 권능의
홀을 보내시리니 당신의 원수들
가운데서 다스리소서
3 당신의 권능의 날에 주권이 당신
과 함께 있었습니다 거룩한 자들
의 광채 속에서 태에서 샛별 전에
내가 너를 낳았다

개역한글

다윗의 시

110 여호와께서 내 주에게 말
씀하시기를 내가 네 원수
로 네 발등상 되게 하기까지 너는
내 우편에 앉으라 하셨도다
2 여호와께서 시온에서부터 주의
권능의 홀을 내어 보내시리니 주
는 원수 중에서 다스리소서
3 주의 권능의 날에 주의 백성이 거
룩한 옷을 입고 즐거이 헌신하니
새벽 이슬 같은 주의 청년들이 주
께 나오는도다

4 주께서 맹세하셨으니 바꾸지 않
으실 것입니다 너는 멜키세데끄의
순서를 따라 영원히 제사장이다
5 주께서 당신의 오른편에서 그의
진노의 날에 왕들을 박살내셨습
니다
6 그가 열방 중에서 심판하시리니
시체들로 가득 채우시고 드넓은
땅에서 머리들을 박살내실 것입
니다
7 그가 길가의 시내에서 마시리니
이로 인하여 머리를 드실 것입니
다

4 여호와는 맹세하고 변치 아니하
시리라 이르시기를 너는 멜기세
덱의 반차를 좇아 영원한 제사장
이라 하셨도다
5 주의 우편에 계신 주께서 그 노하
시는 날에 열왕을 쳐서 파하실 것
이라
6 열방 중에 판단하여 시체로 가득
하게 하시고 여러 나라의 머리를
쳐서 파하시며
7 길가의 시냇물을 마시고 인하여
그 머리를 드시리로다

110

알릴루야
내가 당신께 감사찬양하
겠습니다 주여 나의 온 마음으로
올곧은 자들의 의회와 회중 가운
데서
2 주의 행사가 위대하며 그의 모든
뜻에 부합되도다
3 그의 행사는 감사찬양과 위엄이
며 그의 의는 영원무궁토록 있
도다
4 그가 자신의 기이한 일들을 친히

111

할렐루야 내가 정직한 자
의 회와 공회 중에서 전심
으로 여호와께 감사하리로다
2 여호와의 행사가 크시니 이를 즐
거워하는 자가 다 연구하는도다
3 그 행사가 존귀하고 엄위하며 그
의가 영원히 있도다
4 그 기이한 일을 사람으로 기억케
하셨으니 여호와는 은혜로우시
고 자비하시도다

칠십인역

언급하셨다 주는 자비로우시며 긍휼히 여기신다

5 자신을 경외하는 자들에게 음식을 주셨다 자신의 언약을 영원토록 기억하실 것이다

6 그의 행하심의 강력을 그의 백성에게 선포하셨다 그들에게 열방의 유업을 주시려고

7 그의 손의 행사는 진리와 공의라 그의 모든 계명은 신실하다

8 그것들은 영원무궁토록 세워졌고 진리와 올곧음으로 이루어졌다

9 그의 백성에게 속량을 보내셔서 그의 언약을 영원토록 명하셨다 그의 이름이 거룩하고 두렵다

10 지혜의 근본은 주를 경외함이라 깨달음은 그것을 행하는 모든 자에게 좋다 그의 찬양은 영원무궁토록 있도다

111 알릴루야

복되도다 주를 경외하는 사람 그는 그의 계명을 크게 소원할 것이다

2 그의 씨는 땅에서 힘이 있을 것이

개역한글

5 여호와께서 자기를 경외하는 자에게 양식을 주시며 그 언약을 영원히 기억하시리로다

6 저가 자기 백성에게 열방을 기업으로 주사 그 행사의 능을 저희에게 보이셨도다

7 그 손의 행사는 진실과 공의며 그 법도는 다 확실하니

8 영원 무궁히 정하신 바요 진실과 정의로 행하신 바로다

9 여호와께서 그 백성에게 구속을 베푸시며 그 언약을 영원히 세우셨으니 그 이름이 거룩하고 지존하시도다

10 여호와를 경외함이 곧 지혜의 근본이라 그 계명을 지키는 자는 다 좋은 지각이 있나니 여호와를 찬송함이 영원히 있으리로다

112 할렐루야 여호와를 경외하며 그 계명을 크게 즐거워하는 자는 복이 있도다

2 그 후손이 땅에서 강성함이여

다 올곧은 자들의 세대는 복을 받
으리라
3 그의 집안에는 영광과 풍요가 또
그의 의는 영원무궁토록 있다
4 어둠 속에서 올곧은 자들에게 빛
이 솟아났다 그는 자비로우시고
긍휼히 여기시며 의로우시다
5 선하도다 긍휼히 여기고 꾸어주
는 사람 그는 그의 일을 공의로
경영할 것이다
6 그는 영원히 흔들리지 않으리니
의인은 영원히 기억되리라
7 그는 악한 소문을 두려워하지 않
으리니 그의 마음은 주를 소망할
준비가 되어 있다
8 그의 마음은 견고하여 결코 두려
워하지 않으리라 그의 원수들을
목도할 때까지
9 그는 핍절한 자들에게 흩어서 나
누어 주었으니 그의 의가 영원무
궁토록 있으리라 그의 뿔은 영광
중에 높아지리라
10 죄인은 보고 분노하고 그의 이
를 갈며 녹아내릴 것이다 죄인들
의 욕망은 사라지리라

정직자의 후대가 복이 있으리로
다
3 부요와 재물이 그 집에 있음이여
그 의가 영원히 있으리로다
4 정직한 자에게는 흑암 중에 빛이
일어나나니 그는 어질고 자비하
고 의로운 자로다
5 은혜를 베풀며 꾸이는 자는 잘 되
나니 그 일을 공의로 하리로다
6 저가 영영히 요동치 아니함이여
의인은 영원히 기념하게 되리로
다
7 그는 흉한 소식을 두려워 아니함
이여 여호와를 의뢰하고 그 마음
을 굳게 정하였도다
8 그 마음이 견고하여 두려워 아니
할 것이라 그 대적의 받는 보응을
필경 보리로다
9 저가 재물을 흩어 빈궁한 자에게
주었으니 그 의가 영원히 있고 그
뿔이 영화로이 들리리로다
10 악인은 이를 보고 한하여 이를
갈면서 소멸하리니 악인의 소욕
은 멸망하리로다

112 알릴루야
종들아 주를 찬양하여라
주의 이름을 찬양하여라
2 주의 이름이 송축 받으시기를 원
합니다 이제부터 영원까지
3 해 뜨는 곳에서 지는 곳까지 너희
는 주의 이름을 찬양하여라
4 주는 온 열방 위에 높으시다 그의
영광은 하늘들 위에
5 누가 주 우리 하나님과 같은가 그
는 높은 곳에 거하시나
6 낮은 것들을 바라보시는 분 하늘
과 땅에서
7 그는 땅에서 가난한 자를 일으키
시고 거름더미에서 핍절한 자를
들어 올리시는 분
8 이는 그를 통치자들과 함께 앉히
시기 위함이다 자기 백성의 통치
자들과 함께
9 그는 잉태치 못한 여인을 자녀들
의 기뻐하는 어머니로 집 안에 살
게 하시는 분

113 할렐루야 여호와의 종들
아 찬양하라 여호와의 이
름을 찬양하라
2 이제부터 영원까지 여호와의 이
름을 찬송할지로다
3 해 돋는 데서부터 해지는 데까지
여호와의 이름이 찬양을 받으시
리로다
4 여호와는 모든 나라 위에 높으시
며 그 영광은 하늘 위에 높으시
도다
5 여호와 우리 하나님과 같은 자 누
구리요 높은 위에 앉으셨으나
6 스스로 낮추사 천지를 살피시고
7 가난한 자를 진토에서 일으키시
며 궁핍한 자를 거름 무더기에서
드셔서
8 방백들 곧 그 백성의 방백들과 함
께 세우시며
9 또 잉태하지 못하던 여자로 집에
거하게 하사 자녀의 즐거운 어미
가 되게 하시는도다 할렐루야

113 알릴루야
이스라일이 에깁뜨에서 야

114 이스라엘이 애굽에서 나
오며 야곱의 집이 방언 다

꼽의 집이 낯선 말 쓰는 백성에게
서 탈출할 때
2 유데아는 그의 성소가 이스라일은
그의 권세가 되었다
3 바다는 보고 도망하였고 요르단
은 뒤로 물러갔다
4 산들은 숫양들같이 언덕들은 양
떼의 어린 양들같이 뛰었다
5 바다야 네가 도망가다니 네게 무
슨 일이냐 요르단아 네가 뒤로 물
러나다니 네게 무슨 일이냐
6 산들아 어찌하여 너희는 숫양들
같이 언덕들은 양떼의 어린 양들
같이 뛰었느냐
7 주의 얼굴 앞에서 땅이 흔들렸다
야곱의 하나님의 얼굴 앞에서
8 바위를 물 웅덩이로 암벽을 물의
샘으로 변하게 하신 분
9 우리에게가 아니라 주여 우리에
게가 아니라 다만 당신의 이름에
영광을 돌리소서 당신의 인애와
당신의 진리로 인하여
10 열방이 말하지 못하게 하소서
그들의 하나님은 어디 있느냐
11 그러나 우리 하나님은 하늘 위
에 계시고 하늘들과 땅에서 그가

른 민족에게서 나올 때에
2 유다는 여호와의 성소가 되고 이
스라엘은 그의 영토가 되었도다
3 바다는 이를 보고 도망하며 요단
은 물러갔으며
4 산들은 숫양같이 뛰놀며 작은 산
들은 어린 양같이 뛰었도다
5 바다야 네가 도망함은 어찜이며
요단아 네가 물러감은 어찜인고
6 너희 산들아 숫양같이 뛰놀며 작
은 산들아 어린 양같이 뛰놂은 어
찜인고
7 땅이여 너는 주 앞 곧 야곱의 하
나님 앞에서 떨지어다
8 저가 반석을 변하여 못이 되게
하시며 차돌로 샘물이 되게 하셨
도다

115 여호와여 영광을 우리에
게 돌리지 마옵소서 우리
에게 돌리지 마옵소서 오직 주의
인자하심과 진실하심을 인하여
주의 이름에 돌리소서
2 어찌하여 열방으로 저희 하나님
이 이제 어디 있느냐 말하게 하리
이까

원하신 모든 것을 지으셨다
12 열방의 우상들은 은과 금 사람
의 손으로 만든 것들
13 그것들은 입은 있으나 말하지
못하며 눈은 있으나 보지 못할 것
이다
14 귀는 있으나 듣지 못하며 코는
있으나 냄새 맡지 못할 것이다
15 손은 있으나 만지지 못하며 발
은 있으나 걷지 못할 것이다 그것
들의 목구멍으로 소리 내지 못할
것이다
16 그것들과 같게 되기를 원한다
그것들을 만들고 그것들을 신뢰
하는 모든 자가
17 이스라일의 집은 주를 소망하였
다 그는 그들의 돕는 자와 그들의
보호자이시다
18 아론의 집은 주를 소망하였다
그는 그들의 돕는 자와 그들의 보
호자이시다
19 주를 경외하는 자들은 주를 소
망하였다 그는 그들의 돕는 자와
그들의 보호자이시다
20 주께서 우리를 기억하사 우리에
게 복 주셨다 이스라일의 집에 복

3 오직 우리 하나님은 하늘에 계셔
서 원하시는 모든 것을 행하셨나
이다
4 저희 우상은 은과 금이요 사람의
수공물이라
5 입이 있어도 말하지 못하며 눈이
있어도 보지 못하며
6 귀가 있어도 듣지 못하며 코가 있
어도 맡지 못하며
7 손이 있어도 만지지 못하며 발이
있어도 걷지 못하며 목구멍으로
소리도 못하느니라
8 우상을 만드는 자와 그것을 의지
하는 자가 다 그와 같으리로다
9 이스라엘아 여호와를 의지하라
그는 너희 도움이시요 너희 방패
시로다
10 아론의 집이여 여호와를 의지하
라 그는 너희 도움이시요 너희 방
패시로다
11 여호와를 경외하는 너희는 여호
와를 의지하라 그는 너희 도움이
시요 너희 방패시로다
12 여호와께서 우리를 생각하사
복을 주시되 이스라엘 집에도 복
을 주시고 아론의 집에도 복을

주셨다 아론의 집에 복 주셨다
21 그는 주를 경외하는 자들에게
복 주셨다 작은 자들을 큰 자들과
함께
22 주께서 너희에게 더하시기를 원
한다 너희와 너희 자손에게
23 너희는 주께 복 받은 자들이다
하늘과 땅을 만드신 이에게
24 하늘의 하늘은 주께 속하나 땅
은 인생들에게 주셨다
25 죽은 자들은 당신을 찬양하지
못할 것입니다 주여 아디스에 내
려가는 모든 자도
26 그러나 살아있는 우리는 주를
송축하겠습니다 지금부터 영원
까지

주시며
13 대소 무론하고 여호와를 경외하
는 자에게 복을 주시리로다
14 여호와께서 너희 곧 너희와 또
너희 자손을 더욱 번창케 하시기
를 원하노라
15 너희는 천지를 지으신 여호와께
복을 받는 자로다
16 하늘은 여호와의 하늘이라도 땅
은 인생에게 주셨도다
17 죽은 자가 여호와를 찬양하지
못하나니 적막한 데 내려가는 아
무도 못하리로다
18 우리는 이제부터 영원까지 여호
와를 송축하리로다 할렐루야

114 알릴루야
내가 사랑하였다 주께서
내 간구의 소리를 친히 들으실 것
이기 때문이다
2 그의 귀를 내게 기울이셨으니 내
날들 동안 내가 부르리라
3 죽음의 진통이 나를 둘러쌌다 아
디스의 위험이 나를 찾았다 나는

116 여호와께서 내 음성과 내
간구를 들으시므로 내가
저를 사랑하는도다
2 그 귀를 내게 기울이셨으므로 내
가 평생에 기도하리로다
3 사망의 줄이 나를 두르고 음부의
고통이 내게 미치므로 내가 환난
과 슬픔을 만났을 때에

칠십인역

환난과 고통을 접했다
4 그래서 내가 주의 이름을 불렀다
오 주여 내 영혼을 건지소서
5 주께서는 자비로우시며 의로우
시고 우리 하나님은 자비를 베푸
신다
6 주께서는 어린 것들을 지키시는
분이니 내가 낮아졌으나 그가 나
를 구원하셨다
7 내 영혼아 네 안식으로 돌아가
라 주께서 너를 선대하셨기 때문
이다
8 그가 내 영혼을 죽음에서 내 눈을
눈물에서 그리고 내 발을 미끄러
짐에서 구출하셨기 때문이다
9 나는 산 자들의 땅에서 주 앞에서
기쁘시게 행하리라

115 알릴루야
내가 믿었다 그러므로 말
했다 그러나 나는 심히 낮아졌다
2 나는 내 경황 중에 말하였다 인간
은 모두 거짓말쟁이다
3 내가 무엇으로 주께 보답할까 그
가 내게 보상하신 모든 것에 대

개역한글

4 내가 여호와의 이름으로 기도하
기를 여호와여 주께 구하오니 내
영혼을 건지소서 하였도다
5 여호와는 은혜로우시며 의로우시
며 우리 하나님은 자비하시도다
6 여호와께서는 어리석은 자를 보
존하시나니 내가 낮게 될 때에 나
를 구원하셨도다
7 내 영혼아 네 평안함에 돌아갈지
어다 여호와께서 너를 후대하심
이로다
8 주께서 내 영혼을 사망에서 내 눈
을 눈물에서 내 발을 넘어짐에서
건지셨나이다
9 내가 생존 세계에서 여호와 앞에
행하리로다

10 내가 믿는 고로 말하리라 내가
큰 곤란을 당하였도다
11 내가 경겁 중에 이르기를 모든
사람은 거짓말쟁이라 하였도다
12 여호와께서 내게 주신 모든 은
혜를 무엇으로 보답할꼬

하여
4 내가 구원의 잔을 부여잡고 주의
이름을 부르리라
5 •
6 주 앞에서 귀중하다 그의 경건한
자들의 죽음은
7 오 주여 나는 당신의 종입니다 나
는 당신의 종이며 당신의 여종의
아들입니다 당신께서 나의 사슬
들을 끊으셨습니다
8 당신께 내가 찬양의 제사를 드리
겠습니다
9 나의 서원을 주께 갚겠습니다 그
의 모든 백성 앞에서
10 주의 집 뜰에서 예루살림 네 가
운데서

13 내가 구원의 잔을 들고 여호와
의 이름을 부르며
14 여호와의 모든 백성 앞에서 나
의 서원을 여호와께 갚으리로다
15 성도의 죽는 것을 여호와께서
귀중히 보시는도다
16 여호와여 나는 진실로 주의 종
이요 주의 여종의 아들 곧 주의
종이라 주께서 나의 결박을 푸셨
나이다
17 내가 주께 감사제를 드리고 여
호와의 이름을 부르리이다
18 내가 여호와의 모든 백성 앞에서
나의 서원을 여호와께 갚을지라
19 예루살렘아 네 가운데서 여호와
의 전 정에서 내가 갚으리로다 할
렐루야

116 알릴루야
모든 열방아 주를 찬양하
여라 모든 백성아 그를 칭송하여
라

117 너희 모든 나라들아 여호
와를 찬양하며 너희 모든
백성들아 저를 칭송할지어다

• 5절에 L에만 9절의 내용이 있음

칠십인역

2 이는 우리를 향한 그의 인애가 강
하였고 주의 진리가 영원히 있기
때문이다

117 알릴루야
너희는 주께 감사찬양하
여라 그는 선하심이라 그의 인애
는 영원함이라
2 이제 이스라일의 집은 말할지어
다 그는 선하심이라 그의 인애는
영원함이라
3 이제 아론의 집은 말할지어다 그
는 선하심이라 그의 인애는 영원
함이라
4 이제 주를 경외하는 모든 자는 말
할지어다 그는 선하심이라 그의
인애는 영원함이라
5 환난 중에 내가 주를 불렀더니 그
가 나를 경청하시고 넓은 곳으로
인도하셨다
6 주가 나의 돕는 자이시니 나는 두
려워 아니하리라 사람이 내게 어
찌할까
7 주가 나의 돕는 자이시니 나도 내
원수들을 목도하리라

개역한글

2 우리에게 향하신 여호와의 인자
하심이 크고 진실하심이 영원함
이로다 할렐루야

118 여호와께 감사하라 저는
선하시며 그 인자하심이
영원함이로다
2 이제 이스라엘은 말하기를 그 인
자하심이 영원하다 할지로다
3 이제 아론의 집은 말하기를 그 인
자하심이 영원하다 할지로다
4 이제 여호와를 경외하는 자는 말
하기를 그 인자하심이 영원하다
할지로다
5 내가 고통 중에 여호와께 부르짖
었더니 여호와께서 응답하시고
나를 광활한 곳에 세우셨도다
6 여호와는 내 편이시라 내게 두
려움이 없나니 사람이 내게 어찌
할꼬
7 여호와께서 내 편이 되사 나를 돕
는 자 중에 계시니 그러므로 나를
미워하는 자에게 보응하시는 것
을 내가 보리로다

칠십인역

8 주를 신뢰하는 것이 낫다 사람을
신뢰하는 것보다
9 주를 소망하는 것이 낫다 통치자
들을 소망하는 것보다
10 모든 열방이 나를 에워쌌지만
나는 주의 이름으로 저들을 물리
쳤다
11 저들이 나를 에워싸고 에워쌌지
만 나는 주의 이름으로 저들을 물
리쳤다
12 저들이 나를 벌집의 벌들처럼
에워쌌고 가시덤불의 불처럼 불
태웠지만 나는 주의 이름으로 저
들을 물리쳤다
13 나는 밀쳐져 넘어질 지경이었으
나 주는 나를 도와주셨다
14 주는 나의 힘이시요 나의 찬송
이시다 또 그는 나의 구원이 되
셨다
15 즐거움과 구원의 소리가 의인들
의 장막에 있고 주의 오른손이 능
력을 행하셨다
16 주의 오른손이 나를 높이시고
주의 오른손이 능력을 행하셨다
17 내가 죽지 않고 오히려 살아서
주의 행사를 낱낱이 이야기하리

개역한글

8 여호와께 피함이 사람을 신뢰함
보다 나으며
9 여호와께 피함이 방백들을 신뢰
함보다 낫도다
10 열방이 나를 에워쌌으니 내가
여호와의 이름으로 저희를 끊으
리로다
11 저희가 나를 에워싸고 에워쌌으
니 내가 여호와의 이름으로 저희
를 끊으리로다
12 저희가 벌과 같이 나를 에워쌌
으나 가시덤불의 불같이 소멸되
었나니 내가 여호와의 이름으로
저희를 끊으리로다
13 네가 나를 밀쳐 넘어뜨리려 하
였으나 여호와께서 나를 도우셨
도다
14 여호와는 나의 능력과 찬송이시
요 또 나의 구원이 되셨도다
15 의인의 장막에 기쁜 소리 구원
의 소리가 있음이여 여호와의 오
른손이 권능을 베푸시며
16 여호와의 오른손이 높이 들렸으
며 여호와의 오른손이 권능을 베
푸시는도다
17 내가 죽지 않고 살아서 여호와

칠십인역

라
18 주께서 나를 훈육하시고 훈육하
셨으나 나를 죽음에는 넘기지 않
으셨다
19 너희는 내게 의의 문들을 열어
라 내가 그 안에 들어가 주께 감
사찬양하리라
20 이것이 주의 문이니 의인들이
그 안으로 들어갈 것이다
21 내가 당신께 감사찬양하리니 당
신께서 나를 경청하시고 나의 구
원이 되셨기 때문입니다
22 집 짓는 자들이 버린 돌 이것이
모퉁이의 머리가 되었다
23 이것이 주에게서 되었으니 우리
의 눈에는 기이한 일이다
24 이것은 주께서 만드신 날이니
그 안에서 우리가 즐거워하고 기
뻐하자
25 오 주여 이제 구원하소서 오 주
여 이제 형통하게 하소서
26 송축 받으소서 주의 이름으로
오시는 이 주의 집에서 우리가 너
희를 축복하였다
27 주는 하나님이시며 우리에게 비
추셨다 너희는 무성한 가지들로

개역한글

의 행사를 선포하리로다
18 여호와께서 나를 심히 경책하셨
어도 죽음에는 붙이지 아니하셨
도다
19 내게 의의 문을 열지어다 내가
들어가서 여호와께 감사하리로다
20 이는 여호와의 문이라 의인이
그리로 들어가리로다
21 주께서 내게 응답하시고 나의
구원이 되셨으니 내가 주께 감사
하리이다
22 건축자의 버린 돌이 집 모퉁이
의 머릿돌이 되었나니
23 이는 여호와의 행하신 것이요
우리 눈에 기이한 바로다
24 이 날은 여호와의 정하신 것이
라 이 날에 우리가 즐거워하고 기
뻐하리로다
25 여호와여 구하옵나니 이제 구원
하소서 여호와여 우리가 구하옵
나니 이제 형통케 하소서
26 여호와의 이름으로 오는 자가
복이 있음이여 우리가 여호와의
집에서 너희를 축복하였도다
27 여호와는 하나님이시라 우리에
게 비취셨으니 줄로 희생을 제단

절기를 베풀어라 제단의 뿔들에
까지
28 당신께서 나의 하나님이시니 내
가 당신께 감사찬양하겠습니다
당신께서 나의 하나님이시니 내
가 당신을 높이겠습니다 내가 당
신께 감사찬양하리니 당신께서
나를 경청하시고 나의 구원이 되
셨기 때문입니다
29 너희는 주께 감사찬양하여라 그
는 선하심이라 그의 인애는 영원
함이라

뿔에 맬지어다

28 주는 나의 하나님이시라 내가 주
께 감사하리이다 주는 나의 하나
님이시라 내가 주를 높이리이다
29 여호와께 감사하라 그는 선하시
며 그 인자하심이 영원함이로다

118 알릴루야

1 알프
복되도다 길에 흠 없는 이들 주의
율법 안에 행하는 이들
2 복되도다 그의 증거를 탐구하는
이들 그들은 온 마음으로 그를 추
구할 것이다
3 이들은 불법을 행하는 자들이 아
니니 그의 길 안에서 행하였기 때
문이다
4 당신께서 당신의 계명을 명하셨
습니다 부지런히 지키도록

119 행위 완전하여 여호와의

법에 행하는 자가 복이 있
음이여
2 여호와의 증거를 지키고 전심으
로 여호와를 구하는 자가 복이 있
도다
3 실로 저희는 불의를 행치 아니하
고 주의 도를 행하는도다
4 주께서 주의 법도로 명하사 우리
로 근실히 지키게 하셨나이다
5 내 길을 굳이 정하사 주의 율례를
지키게 하소서

칠십인역

5 내 길이 인도되기를 원합니다 당
신의 율례를 지키도록
6 그때 나는 결코 부끄럽지 않을 것
입니다 내가 당신의 모든 계명에
주목할 때
7 당신께 감사찬양하겠습니다 주
여 올곧은 마음으로 내가 당신의
의의 판결을 배울 때
8 당신의 율례를 내가 지키겠습니
다 나를 완전히 버리지 마소서
9 2 비트
무엇으로 청년이 자신의 길을 똑
바로 가겠습니까 당신의 말씀을
지킴으로입니다
10 나의 온 마음으로 당신을 추구
하였습니다 당신의 계명에서 나
를 밀쳐내지 마소서
11 내 마음속에 당신의 말씀을 숨
겼습니다 당신께 내가 범죄하지
않기 위함입니다
12 당신은 송축 받으실 분입니다
주여 당신의 율례로 나를 가르치
소서
13 내 입술로 선포하였습니다 당신
의 입의 모든 판결을
14 당신의 증거의 길을 나는 만끽하

개역한글

6 내가 주의 모든 계명에 주의할 때
에는 부끄럽지 아니하리이다
7 내가 주의 의로운 판단을 배울 때
에는 정직한 마음으로 주께 감사
하리이다
8 내가 주의 율례를 지키오리니 나
를 아주 버리지 마옵소서
9 청년이 무엇으로 그 행실을 깨끗
케 하리이까 주의 말씀을 따라 삼
갈 것이니이다
10 내가 전심으로 주를 찾았사오
니 주의 계명에서 떠나지 말게
하소서
11 내가 주께 범죄치 아니하려 하
여 주의 말씀을 내 마음에 두었나
이다
12 찬송을 받으실 여호와여 주의
율례를 내게 가르치소서
13 주의 입의 모든 규례를 나의 입
술로 선포하였으며
14 내가 모든 재물을 즐거워함같이
주의 증거의 도를 즐거워하였나
이다

칠십인역

였습니다 온갖 풍요를 대하듯이
15 당신의 계명을 나는 읊조리고
당신의 길을 관찰하겠습니다
16 당신의 율례를 나는 묵상하고
당신의 말씀을 잊지 않겠습니다
17 3 김알
당신의 종에게 갚아주소서 내가
살아서 당신의 말씀을 지키겠습
니다
18 나의 눈을 열어주소서 그러면
당신의 율법에서 당신의 기이한
일들을 내가 관찰하겠습니다
19 나는 땅에서 나그네이니 당신의
계명을 내게 숨기지 마소서
20 내 영혼은 항상 당신의 판결을
열망하고 갈망하였습니다
21 당신께서는 오만한 자들을 책망
하셨습니다 저주받았습니다 당
신의 계명에서 벗어나는 자들은
22 내게서 비방과 멸시를 거두어주
소서 내가 당신의 증거를 추구하
였기 때문입니다
23 관원들이 앉아서 늘 나를 거슬
러서 험담하였으나 당신의 종은
당신의 율례를 읊조릴 뿐이었습
니다

개역한글

15 내가 주의 법도를 묵상하며 주
의 도에 주의하며
16 주의 율례를 즐거워하며 주의
말씀을 잊지 아니하리이다
17 주의 종을 후대하여 살게 하소
서 그리하시면 주의 말씀을 지키
리이다
18 내 눈을 열어서 주의 법의 기이
한 것을 보게 하소서
19 나는 땅에서 객이 되었사오니
주의 계명을 내게 숨기지 마소서
20 주의 규례를 항상 사모함으로
내 마음이 상하나이다
21 교만하여 저주를 받으며 주의
계명에서 떠나는 자를 주께서 꾸
짖으셨나이다
22 내가 주의 증거를 지켰사오니
훼방과 멸시를 내게서 떠나게 하
소서
23 방백들도 앉아 나를 훼방하였사
오나 주의 종은 주의 율례를 묵상
하였나이다

칠십인역

24 진실로 당신의 증거는 나의 묵
상이고 당신의 율례는 나의 자문
단입니다
25 4 델트
내 영혼이 땅바닥에 붙었습니다
당신의 말씀을 따라 나를 살리
소서
26 내가 내 길을 알렸더니 당신께
서 나를 경청하셨습니다 당신의
율례로 나를 가르치소서
27 당신의 율례의 길로 나를 깨우
치소서 그러면 내가 당신의 기이
한 일들을 읊조리겠습니다
28 내 영혼이 곤함으로 흘러내렸으
니 당신의 말씀으로 나를 굳세게
하소서
29 불의의 길을 내게서 멀어지게
하시고 당신의 율법으로 나를 긍
휼히 여기소서
30 진리의 길을 내가 택하였고 당
신의 판결을 잊지 않았습니다
31 내가 당신의 증거에 붙어있습
니다 주여 나를 부끄럽지 않게
하소서
32 당신의 계명의 길로 내가 달렸
습니다 당신께서 나의 마음을 넓

개역한글

24 주의 증거는 나의 즐거움이요
나의 모사니이다
25 내 영혼이 진토에 붙었사오니
주의 말씀대로 나를 소성케 하
소서
26 내가 나의 행위를 고하매 주께
서 내게 응답하셨으니 주의 율례
를 내게 가르치소서
27 나로 주의 법도의 길을 깨닫게
하소서 그리하시면 내가 주의 기
사를 묵상하리이다
28 나의 영혼이 눌림을 인하여 녹
사오니 주의 말씀대로 나를 세우
소서
29 거짓 행위를 내게서 떠나게 하
시고 주의 법을 내게 은혜로이 베
푸소서
30 내가 성실한 길을 택하고 주의
규례를 내 앞에 두었나이다
31 내가 주의 증거에 밀접하였사오
니 여호와여 나로 수치를 당케 마
소서
32 주께서 내 마음을 넓히시오면
내가 주의 계명의 길로 달려가리
이다

히셨을 때
33 5 이
나를 교훈하소서 주여 당신의 율
례의 길로 그러면 내가 항상 그것
을 추구하겠습니다
34 나를 깨우치소서 그러면 당신의
율법을 탐구하고 나의 온 마음으
로 그것을 지키겠습니다
35 나를 당신의 계명의 길로 인도
하소서 내가 그것을 원하였기 때
문입니다
36 나의 마음을 기울게 하소서 당
신의 증거를 향하고 탐욕을 향하
지 않도록
37 헛것을 보지 않도록 나의 눈을
돌이켜 주소서 당신의 길로 나를
살리소서
38 당신의 말씀을 당신의 종에게
세우소서 당신을 경외하도록
39 내가 근심하였던 나의 수치를
없애주소서 당신의 판결은 선하
기 때문입니다
40 보소서 내가 당신의 계명을 열
망하였습니다 당신의 의로 나를
살리소서
41 6 우아브

33 여호와여 주의 율례의 도를 내
게 가르치소서 내가 끝까지 지키
리이다
34 나로 깨닫게 하소서 내가 주의
법을 준행하며 전심으로 지키리
이다
35 나로 주의 계명의 첩경으로 행
케 하소서 내가 이를 즐거워함이
니이다
36 내 마음을 주의 증거로 향하게
하시고 탐욕으로 향치 말게 하소
서
37 내 눈을 돌이켜 허탄한 것을 보
지 말게 하시고 주의 도에 나를
소성케 하소서
38 주를 경외케 하는 주의 말씀을
주의 종에게 세우소서
39 나의 두려워하는 훼방을 내게서
떠나게 하소서 주의 규례는 선하
심이니이다
40 내가 주의 법도를 사모하였사오
니 주의 의에 나를 소성케 하소서
41 여호와여 주의 말씀대로 주의

이제 당신의 인애가 주어 당신의
말씀을 따른 당신의 구원이 내게
임하기를 원합니다
42 그러면 나를 비방하는 자들에게
내가 말로 대답할 것입니다 내가
당신의 말씀을 소망하였기 때문
입니다
43 또 나의 입에서 진리의 말씀을
완전히 거두지 마소서 내가 당신
의 판결에 소망을 걸었기 때문입
니다
44 그러면 내가 당신의 율법을 항
상 영원히 영원무궁토록 지키겠
습니다
45 그리고 내가 줄곧 넓은 곳으로
다녔습니다 내가 당신의 계명을
추구하였기 때문입니다
46 그리고 내가 당신의 증거를 왕
들 앞에서 늘 말하였고 수치를 당
하지 않았습니다
47 또 내가 당신의 계명을 묵상하
곤 하였고 그것들을 심히 사랑하
였습니다
48 그리고 내가 사랑한 당신의 계
명을 향하여 내 손을 들었고 당신
의 율례를 읊조리곤 하였습니다

인자하심과 주의 구원을 내게 임
하게 하소서
42 그리하시면 내가 나를 훼방하
는 자에게 대답할 말이 있사오리
니 내가 주의 말씀을 의뢰함이니
이다
43 진리의 말씀이 내 입에서 조금
도 떠나지 말게 하소서 내가 주의
규례를 바랐음이니이다
44 내가 주의 율법을 항상 영영히
끝없이 지키리이다
45 내가 주의 법도를 구하였사오니
자유롭게 행보할 것이오며
46 또 열왕 앞에 주의 증거를 말할
때에 수치를 당치 아니하겠사오
며
47 나의 사랑하는 바 주의 계명을
스스로 즐거워하며
48 또 나의 사랑하는 바 주의 계명
에 내 손을 들고 주의 율례를 묵
상하리이다

49 7 제
당신의 종을 향한 당신의 말씀을
기억하소서 그것으로 당신께서
나로 소망을 걸게 하셨습니다
50 이것이 나의 비천함 가운데서
나를 위로하였습니다 당신의 말
씀이 나를 살렸기 때문입니다
51 오만한 자들은 온통 범법하곤
하였으나 나는 당신의 율법에서
벗어나지 않았습니다
52 옛적부터 내리신 당신의 판결을
내가 기억하였습니다 주여 그리
고 위로를 받았습니다
53 죄인들로 인하여 낙심이 나를
차지하였습니다 저들은 당신의
율법을 버린 자들입니다
54 당신의 율례가 내게 늘 찬송이
었습니다 내 나그네 처소에서
55 내가 밤에 당신의 이름을 기억
하고 주여 당신의 율법을 지켰습
니다
56 이것이 나에게 있습니다 당신의
율례를 내가 추구한 것입니다
57 8 이트
나의 분깃은 주여 당신의 율법을
지키는 것이라고 내가 말하였습

49 주의 종에게 하신 말씀을 기억
하소서 주께서 나로 소망이 있게
하셨나이다
50 이 말씀은 나의 곤란 중에 위로
라 주의 말씀이 나를 살리셨음이
니이다
51 교만한 자가 나를 심히 조롱하
였어도 나는 주의 법을 떠나지 아
니하였나이다
52 여호와여 주의 옛 규례를 내가
기억하고 스스로 위로하였나이다
53 주의 율법을 버린 악인들을 인하
여 내가 맹렬한 노에 잡혔나이다
54 나의 나그네 된 집에서 주의 율
례가 나의 노래가 되었나이다
55 여호와여 내가 밤에 주의 이름을
기억하고 주의 법을 지켰나이다
56 내 소유는 이것이니 곧 주의 법
도를 지킨 것이니이다
57 여호와는 나의 분깃이시니 나
는 주의 말씀을 지키리라 하였나
이다

니다

58 나의 온 마음으로 당신의 얼굴
을 구하였습니다 당신의 말씀대
로 나를 긍휼히 여기소서

59 내가 당신의 길들을 생각하고
나의 발을 당신의 증거로 돌이켰
습니다

60 내가 준비되었고 흔들리지 않았
습니다 당신의 계명을 지키기 위
하여

61 죄인들의 줄들이 내게 얽혔으나
나는 당신의 율법을 잊지 않았습
니다

62 한밤중에 당신께 감사찬양하기
위하여 깨어나곤 하였습니다 당
신의 의의 판결로 인하여

63 나는 당신을 경외하는 모든 이
와 당신의 계명을 지키는 이들의
동무입니다

64 당신의 인애로 주여 땅이 충만
합니다 당신의 율례로 나를 가르
치소서

65 9 띠트

당신께서 당신의 종에게 관대함
을 베푸셨습니다 주여 당신의 말
씀을 따라

58 내가 전심으로 주의 은혜를 구
하였사오니 주의 말씀대로 나를
긍휼히 여기소서

59 내가 내 행위를 생각하고 주의
증거로 내 발을 돌이켰사오며

60 주의 계명을 지키기에 신속히
하고 지체치 아니하였나이다

61 악인의 줄이 내게 두루 얽혔을
지라도 나는 주의 법을 잊지 아니
하였나이다

62 내가 주의 의로운 규례를 인하
여 밤중에 일어나 주께 감사하리
이다

63 나는 주를 경외하는 모든 자와
주의 법도를 지키는 자의 동무라

64 여호와여 주의 인자하심이 땅에
충만하였사오니 주의 율례로 나
를 가르치소서

65 여호와여 주의 말씀대로 주의
종을 선대하셨나이다

66 내가 주의 계명을 믿었사오니
명철과 지식을 내게 가르치소서

66 관대함과 훈육과 지식으로 나를
가르치소서 내가 당신의 계명을
믿었기 때문입니다
67 내가 낮아지기 전에는 내가 범
죄하였습니다 이 때문에 당신의
말씀을 지켰습니다
68 당신은 관대하시니 주여 당신의
관대하심으로 당신의 율례로 나
를 가르치소서
69 오만한 자들의 불의가 내게 많
아졌습니다 그러나 나는 내 마음
다해 당신의 계명을 탐구하겠습
니다
70 저들의 마음이 우유같이 굳어졌
습니다 그러나 나는 당신의 율법
을 묵상하였습니다
71 당신께서 나를 낮추신 것이 내
게 좋습니다 내가 당신의 율례를
배우게 되었습니다
72 당신의 입의 율법이 내게 좋습
니다 수 천 금 은보다 더

73 10 요트

당신의 손이 나를 만드시고 나를
조성하셨습니다 나를 깨우치소
서 그러면 내가 당신의 계명을 배
우겠습니다

67 고난당하기 전에는 내가 그릇
행하였더니 이제는 주의 말씀을
지키나이다
68 주는 선하사 선을 행하시오니
주의 율례로 나를 가르치소서
69 교만한 자가 거짓을 지어 나를
치려 하였사오나 나는 전심으로
주의 법도를 지키리이다
70 저희 마음은 살쪄 지방 같으나
나는 주의 법을 즐거워하나이다
71 고난당한 것이 내게 유익이라
이로 인하여 내가 주의 율례를 배
우게 되었나이다
72 주의 입의 법이 내게는 천천 금
은보다 승하니이다

73 주의 손이 나를 만들고 세우셨
사오니 나로 깨닫게 하사 주의 계
명을 배우게 하소서
74 주를 경외하는 자가 나를 보고
기뻐할 것은 내가 주의 말씀을 바

칠십인역

74 당신을 경외하는 이들이 나를
보고 기뻐할 것입니다 내가 당신
의 말씀에 소망을 걸었기 때문입
니다
75 주여 당신의 판결이 의로움을
내가 알았습니다 당신께서 진리
로 나를 낮추셨음도
76 이제 당신의 인애가 나를 위로
하게 하소서 당신의 종에 관한 당
신의 말씀을 따라
77 당신의 긍휼이 내게 미치게 하
소서 그러면 내가 살 것입니다 당
신의 율법이 나의 묵상이기 때문
입니다
78 저들이 불의하게 내게 불법을
행하였으니 오만한 저들이 수치
를 당하게 하소서 그러나 나는 당
신의 계명을 읊조리겠습니다
79 당신을 경외하는 자들이 나에게
돌아오게 하소서 당신의 증거를
아는 자들도
80 당신의 율례로 나의 마음이 흠
없게 하소서 내가 수치를 당하지
않기 위함입니다
81 11 카프
나의 영혼이 당신의 구원을 향하

개역한글

라는 연고니이다
75 여호와여 내가 알거니와 주의
판단은 의로우시고 주께서 나를
괴롭게 하심은 성실하심으로 말
미암음이니이다
76 구하오니 주의 종에게 하신 말
씀대로 주의 인자하심이 나의 위
안이 되게 하시며
77 주의 긍휼히 여기심이 내게 임
하사 나로 살게 하소서 주의 법은
나의 즐거움이니이다
78 교만한 자가 무고히 나를 엎드
러뜨렸으니 저희로 수치를 당케
하소서 나는 주의 법도를 묵상하
리이다
79 주를 경외하는 자로 내게 돌아
오게 하소서 그리하시면 저희가
주의 증거를 알리이다
80 내 마음으로 주의 율례에 완전
케 하사 나로 수치를 당치 않게
하소서
81 나의 영혼이 주의 구원을 사모
하기에 피곤하오나 나는 오히려

여 쇠잔합니다 그리고 나는 당신
의 말씀에 소망을 걸었습니다
82 나의 눈이 당신의 말씀을 향하
여 쇠잔하여 말했습니다 언제 당
신께서 나를 위로하시겠습니까
83 내가 서리 맞은 가죽부대처럼
되었으나 당신의 율례를 잊지 않
았습니다
84 당신의 종의 날이 얼마나 됩니
까 당신께서는 나를 박해하는 자
들에게서 언제 나의 재판을 행하
시겠습니까
85 무법자들이 내게 헛소리를 늘어
놓았으나 당신의 율법과는 같지
않았습니다 주여
86 당신의 모든 계명은 진리입니다
저들이 불의하게 나를 박해하였
습니다 나를 도와주소서
87 저들이 땅에서 나를 거의 끝낼
뻔하였습니다 그러나 나는 당신
의 계명을 버리지 않았습니다
88 당신의 인애를 따라 나를 살리
소서 그러면 내가 당신의 입의 증
거를 지키겠습니다
89 12 랍드
영원토록 주여 당신의 말씀은 하

주의 말씀을 바라나이다
82 나의 말이 주께서 언제나 나를
안위하시겠나이까 하면서 내 눈
이 주의 말씀을 바라기에 피곤하
니이다
83 내가 연기 중의 가죽병같이 되
었으나 오히려 주의 율례를 잊지
아니하나이다
84 주의 종의 날이 얼마나 되나이
까 나를 핍박하는 자를 주께서 언
제나 국문하시리이까
85 주의 법을 좇지 아니하는 교만
한 자가 나를 해하려고 웅덩이를
팠나이다
86 주의 모든 계명은 신실하니이다
저희가 무고히 나를 핍박하오니
나를 도우소서
87 저희가 나를 세상에서 거의 멸
하였으나 나는 주의 법도를 버리
지 아니하였사오니
88 주의 인자하심을 따라 나로 소
성케 하소서 그리하시면 주의 입
의 증거를 내가 지키리이다

89 여호와여 주의 말씀이 영원히
하늘에 굳게 섰사오며

늘에 있습니다
90 당신의 진리는 세세토록 있습니
다 당신께서 땅을 기초 놓으셨으
니 그것이 항상 있습니다
91 당신의 질서대로 날도 항상 있
습니다 만물이 모두 당신의 종이
기 때문입니다
92 만약 당신의 율법이 나의 묵상
이 아니었다면 그때 나의 비천함
가운데서 내가 멸망하였을 것입
니다
93 영원히 결코 나는 당신의 율례
를 잊지 않겠습니다 당신께서 그
것들로 나를 살리셨기 때문입니
다 주여
94 나는 당신의 것이니 나를 구원
하소서 내가 당신의 율례를 추구
하였기 때문입니다
95 죄인들이 나를 멸하려고 나를
기다렸으나 나는 당신의 증거를
깨달았습니다
96 내가 모든 완성의 끝을 보았으
나 당신의 계명은 심히 넓습니다
97 13 밈
내가 당신의 율법을 얼마나 사랑
했는지요 주여 온종일 그것은 나

90 주의 성실하심은 대대에 이르나
이다 주께서 땅을 세우셨으므로
땅이 항상 있사오니
91 천지가 주의 규례대로 오늘까지
있음은 만물이 주의 종이 된 연고
니이다
92 주의 법이 나의 즐거움이 되지
아니하였더면 내가 내 고난 중에
멸망하였으리이다
93 내가 주의 법도를 영원히 잊지
아니하오니 주께서 이것들로 나
를 살게 하심이니이다
94 나는 주의 것이오니 나를 구원
하소서 내가 주의 법도를 찾았나
이다
95 악인이 나를 멸하려고 엿보오
나 나는 주의 증거를 생각하겠나
이다
96 내가 보니 모든 완전한 것이 다
끝이 있어도 주의 계명은 심히 넓
으니이다
97 내가 주의 법을 어찌 그리 사랑
하는지요 내가 그것을 종일 묵상
하나이다

의 묵상입니다
98 당신께서 당신의 계명으로 나의
원수들보다 나를 지혜롭게 하셨
습니다 그것은 영원토록 나의 것
이기 때문입니다
99 나를 가르치는 모든 이보다 내
가 잘 깨달았습니다 당신의 증거
가 나의 묵상이기 때문입니다
100 노인들보다 내가 잘 깨달았습
니다 내가 당신의 계명을 추구했
기 때문입니다
101 온갖 악한 길에서 내 발을 삼갔
습니다 당신의 말씀을 지키기 위
함입니다
102 내가 당신의 판결에서 벗어나
지 않았습니다 당신께서 내게 율
법을 제정하셨기 때문입니다
103 당신의 말씀이 나의 목구멍에
얼마나 단지요 나의 입에 꿀과 꿀
송이보다
104 당신의 계명으로 인하여 내가
깨달았습니다 그러므로 온갖 불
의한 길을 미워하였습니다 [당신
께서 내게 율법을 제정하셨기 때
문입니다]•
105 14 눈

98 주의 계명이 항상 나와 함께 하
므로 그것이 나로 원수보다 지혜
롭게 하나이다
99 내가 주의 증거를 묵상하므로
나의 명철함이 나의 모든 스승보
다 승하며
100 주의 법도를 지키므로 나의 명
철함이 노인보다 승하니이다
101 내가 주의 말씀을 지키려고 발
을 금하여 모든 악한 길로 가지
아니하였사오며
102 주께서 나를 가르치셨으므로
내가 주의 규례에서 떠나지 아니
하였나이다
103 주의 말씀의 맛이 내게 어찌 그
리 단지요 내 입에 꿀보다 더하니
이다
104 주의 법도로 인하여 내가 명철
케 되었으므로 모든 거짓 행위를
미워하나이다
105 주의 말씀은 내 발에 등이요 내

칠십인역

당신의 말씀은 나의 발에 등불 또
나의 길에 빛
106 내가 맹세하였고 확정하였습니
다 당신의 의의 판결을 지키기로
107 내가 심히 낮아졌으니 주여 당
신의 말씀을 따라 나를 살리소서
108 이제 내 입의 자원제를 열납하
소서 주여 그리고 당신의 판결로
나를 가르치소서
109 내 영혼은 항상 내 손안에 있었
으나 나는 당신의 율법을 잊지 않
았습니다
110 죄인들이 나에게 덫을 놓았으
나 당신의 계명에서 나는 방황하
지 않았습니다
111 나는 당신의 증거를 영원히 유
업으로 받았습니다 그것들이 내
마음의 즐거움이기 때문입니다
112 당신의 율례를 행하기 위하여
내 마음을 기울였습니다 영원히
보상을 위하여
113 15 삼크
무법자들을 내가 미워하였고 당
신의 율법을 사랑하였습니다

개역한글

길에 빛이니이다
106 주의 의로운 규례를 지키기로
맹세하고 굳게 정하였나이다
107 나의 고난이 막심하오니 여호
와여 주의 말씀대로 나를 소성케
하소서
108 여호와여 구하오니 내 입의 낙
헌제를 받으시고 주의 규례로 나
를 가르치소서
109 나의 생명이 항상 위경에 있사
오나 주의 법은 잊지 아니하나이
다
110 악인이 나를 해하려고 올무를
놓았사오나 나는 주의 법도에서
떠나지 아니하였나이다
111 주의 증거로 내가 영원히 기업
을 삼았사오니 이는 내 마음의 즐
거움이 됨이니이다
112 내가 주의 율례를 길이 끝까지
행하려고 내 마음을 기울였나이
다
113 내가 두 마음 품는 자를 미워하
고 주의 법을 사랑하나이다

• B S에는 없음

114 당신은 나의 돕는 자이시며 나
의 보호자이십니다 내가 당신의
말씀에 소망을 걸었습니다
115 내게서 물러가라 행악자들아
그러나 나는 내 하나님의 계명을
탐구하리라
116 당신의 말씀을 따라 나를 지지
해 주소서 그러면 내가 살 것입니
다 또 나의 기대에서 나를 부끄럽
게 하지 마소서
117 나를 도우소서 그러면 내가 구
원받고 항상 당신의 율례를 묵상
하겠습니다
118 당신께서는 당신의 율례에서
떠난 모든 자를 멸시하셨습니다
저들의 의도는 불의하기 때문입
니다
119 나는 땅의 모든 죄인을 범법
자로 여겼습니다 이 때문에 내가
당신의 증거를 항상 사랑하였습
니다
120 당신의 두려움으로부터 나의
육체를 고정해주소서 당신의 판
결로 인하여 나는 두려웠기 때문
입니다
121 16 엔

114 주는 나의 은신처요 방패시라
내가 주의 말씀을 바라나이다
115 너희 행악자여 나를 떠날지어
다 나는 내 하나님의 계명을 지키
리로다
116 주의 말씀대로 나를 붙들어 살
게 하시고 내 소망이 부끄럽지 말
게 하소서
117 나를 붙드소서 그리하시면 내
가 구원을 얻고 주의 율례에 항상
주의하리이다
118 주의 율례에서 떠나는 자는 주
께서 다 멸시하셨으니 저희 궤사
는 허무함이니이다
119 주께서 세상의 모든 악인을 찌
끼같이 버리시니 그러므로 내가
주의 증거를 사랑하나이다
120 내 육체가 주를 두려워함으로
떨며 내가 또 주의 판단을 두려워
하나이다
121 내가 공과 의를 행하였사오니

칠십인역

내가 정의와 의를 행하였으니 나
를 불의하게 대하는 자들에게 나
를 넘기지 마소서
122 당신의 종을 선함으로 영접하
소서 오만한 자들이 나를 거짓 고
소하지 못하게 하소서
123 내 눈이 당신의 구원을 향하여
쇠잔하였습니다 당신의 의의 말
씀을 향하여도
124 당신의 인애를 따라 당신의 종
에게 행하소서 또 당신의 율례로
나를 가르치소서
125 나는 당신의 종입니다 나를 깨
우치소서 그러면 내가 당신의 증
거를 알겠습니다
126 주께서 행하실 때입니다 저들
은 당신의 율법을 내던져 버렸습
니다
127 이 때문에 내가 당신의 계명을
사랑하였습니다 금과 황옥보다
더
128 이 때문에 내가 당신의 모든 계
명을 향하여 바로 나아가곤 했습
니다 온갖 불의한 길을 내가 미워
하였습니다
129 17 피

개역한글

나를 압박자에게 붙이지 마옵소
서
122 주의 종을 보증하사 복을 얻게
하시고 교만한 자가 나를 압박하
지 못하게 하소서
123 내 눈이 주의 구원과 주의 의로
운 말씀을 사모하기에 피곤하니
이다
124 주의 인자하신 대로 주의 종에
게 행하사 주의 율례로 내게 가르
치소서
125 나는 주의 종이오니 깨닫게 하
사 주의 증거를 알게 하소서
126 저희가 주의 법을 폐하였사오
니 지금은 여호와의 일하실 때니
이다
127 그러므로 내가 주의 계명을 금
곧 정금보다 더 사랑하나이다
128 그러므로 내가 범사에 주의 법
도를 바르게 여기고 모든 거짓 행
위를 미워하나이다
129 주의 증거가 기이하므로 내 영

경이롭습니다 당신의 증거가 이
때문에 내 영혼이 그것을 탐구하
였습니다
130 당신의 말씀의 해석이 빛을 비
추고 어린아이들을 깨우칠 것입
니다
131 내 입을 열고 숨을 들이마셨습
니다 당신의 계명을 내가 늘 갈망
하였기 때문입니다
132 나를 주목하시고 나를 긍휼히
여기소서 당신의 이름을 사랑하
는 이들의 판결을 따라
133 당신의 말씀을 따라 나의 발걸
음을 인도하소서 또 어떤 불법도
나를 주관하지 못하게 하소서
134 사람들의 거짓 고소에서 나를
속량하소서 그러면 내가 당신의
계명을 지키겠습니다
135 당신의 얼굴을 당신의 종에게
비추시고 당신의 율례로 나를 가
르치소서
136 내 눈이 시냇물을 흘렸습니다
저들이 당신의 율법을 지키지 않
았기 때문입니다
137 18 사디
당신은 의로우십니다 주여 또 당

혼이 이를 지키나이다
130 주의 말씀을 열므로 우둔한 자
에게 비취어 깨닫게 하나이다
131 내가 주의 계명을 사모하므로
입을 열고 헐떡였나이다
132 주의 이름을 사랑하는 자에게
베푸시던 대로 내게 돌이키사 나
를 긍휼히 여기소서
133 나의 행보를 주의 말씀에 굳게
세우시고 아무 죄악이 나를 주장
치 못하게 하소서
134 사람의 압박에서 나를 구속하
소서 그리하시면 내가 주의 법도
를 지키리이다
135 주의 얼굴로 주의 종에게 비취
시고 주의 율례로 나를 가르치소
서
136 저희가 주의 법을 지키지 아니
하므로 내 눈물이 시냇물같이 흐
르나이다
137 여호와여 주는 의로우시고 주
의 판단은 정직하시니이다

칠십인역

신의 재판은 올곧습니다

138 당신께서 의와 진리를 당신의 증거로 엄히 명령하셨습니다

139 당신의 집에 대한 열심이 나를 탈진시켰습니다 내 원수들이 당신의 말씀을 잊었기 때문입니다

140 당신의 말씀은 철저히 제련되었습니다 그래서 당신의 종이 그것을 사랑하였습니다

141 나는 어리고 멸시당하였으나 당신의 율례를 잊지 않았습니다

142 당신의 의는 영원히 의입니다 그리고 당신의 율법은 진리입니다

143 환난과 곤경이 나를 덮쳤으나 당신의 계명은 나의 묵상입니다

144 당신의 증거는 영원히 의입니다 나를 깨우치소서 그러면 내가 살 것입니다

145

19 코프

나의 온 마음으로 부르짖었으니 나를 경청하소서 주여 내가 당신의 율례를 추구하겠습니다

146 당신을 부르짖었으니 나를 구원하소서 그러면 당신의 증거를 내가 지키겠습니다

개역한글

138 주의 명하신 증거는 의롭고 지극히 성실하도소이다

139 내 대적이 주의 말씀을 잊어버렸으므로 내 열성이 나를 소멸하였나이다

140 주의 말씀이 심히 정미하므로 주의 종이 이를 사랑하나이다

141 내가 미천하여 멸시를 당하나 주의 법도를 잊지 아니하였나이다

142 주의 의는 영원한 의요 주의 법은 진리로소이다

143 환난과 우환이 내게 미쳤으나 주의 계명은 나의 즐거움이니이다

144 주의 증거는 영원히 의로우시니 나로 깨닫게 하사 살게 하소서

145 여호와여 내가 전심으로 부르짖었사오니 내게 응답하소서 내가 주의 율례를 지키리이다

146 내가 주께 부르짖었사오니 나를 구원하소서 내가 주의 증거를 지키리이다

147 내가 한밤중에 일찍이 나아가
부르짖었습니다 당신의 말씀에
소망을 걸었습니다
148 내 눈이 새벽에 일찍이 나아갔
습니다 당신의 말씀을 묵상하기
위함입니다
149 나의 음성을 들어주소서 주여
당신의 인애를 따라 당신의 판결
을 따라 나를 살리소서
150 불법으로 나를 박해하는 자들
이 가까이 다가왔습니다 그러나
저들은 당신의 율법에서 멀어졌
습니다
151 당신은 가까이 계십니다 주여
또 당신의 모든 계명은 진리입니
다
152 처음부터 당신의 증거에서 나
는 알았습니다 당신께서 영원히
그것들의 기초를 놓으셨음을
153 20 리스
나의 비천함을 보시고 나를 건져
주소서 내가 당신의 율법을 잊지
않았기 때문입니다
154 나의 재판을 심판하시고 나를
속량하소서 당신의 말씀으로 나
를 살리소서

147 내가 새벽 전에 부르짖으며 주
의 말씀을 바랐사오며
148 주의 말씀을 묵상하려고 내 눈
이 야경이 깊기 전에 깨었나이다
149 주의 인자하심을 따라 내 소리
를 들으소서 여호와여 주의 규례
를 따라 나를 살리소서
150 악을 좇는 자가 가까이 왔사오
니 저희는 주의 법에서 머니이다
151 여호와여 주께서 가까이 계시
오니 주의 모든 계명은 진리니이
다
152 내가 전부터 주의 증거를 궁구
하므로 주께서 영원히 세우신 것
인 줄을 알았나이다
153 나의 고난을 보시고 나를 건지
소서 내가 주의 법을 잊지 아니함
이니이다
154 주는 나의 원한을 펴시고 나를
구속하사 주의 말씀대로 나를 소
성케 하소서

155 구원은 죄인들에게서 멉니다 저들은 당신의 율례를 추구하지 않았기 때문입니다

156 당신의 긍휼이 풍성하니 주여 당신의 판결을 따라 나를 살리소서

157 나를 박해하고 압제하는 자들이 많았으나 나는 당신의 증거에서 벗어나지 않았습니다

158 내가 배신자들을 보고 탈진했으니 저들이 당신의 말씀을 지키지 않았기 때문입니다

159 당신의 계명을 내가 사랑했음을 보소서 주여 당신의 인애로 나를 살리소서

160 당신의 말씀의 근본은 진리입니다 당신의 모든 의의 판결은 영원합니다

161 21 센

관원들이 이유 없이 나를 박해하였으나 내 마음은 당신의 말씀을 두려워하였습니다

162 내가 당신의 말씀을 즐거워할 것입니다 마치 많은 전리품을 발견한 사람처럼

163 나는 불의를 미워하고 혐오하

155 구원이 악인에게서 멀어짐은 저희가 주의 율례를 구하지 아니함이니이다

156 여호와여 주의 긍휼이 크오니 주의 규례를 따라 나를 소성케 하소서

157 나를 핍박하는 자와 나의 대적이 많으나 나는 주의 증거에서 떠나지 아니하였나이다

158 주의 말씀을 지키지 아니하는 궤사한 자를 내가 보고 슬퍼하였나이다

159 내가 주의 법도 사랑함을 보옵소서 여호와여 주의 인자하신 대로 나를 소성케 하소서

160 주의 말씀의 강령은 진리오니 주의 의로운 모든 규례가 영원하리이다

161 방백들이 무고히 나를 핍박하오나 나의 마음은 주의 말씀만 경외하나이다

162 사람이 많은 탈취물을 얻은 것처럼 나는 주의 말씀을 즐거워하나이다

163 내가 거짓을 미워하며 싫어하고 주의 법을 사랑하나이다

였으나 당신의 율법은 사랑하였
습니다
164 하루에 일곱 번 내가 당신을 찬
양하였습니다 당신의 의의 판결
로 인하여
165 당신의 율법을 사랑하는 자들
에게는 크나큰 평강이 있고 그들
에게는 걸림돌이 없습니다
166 나는 당신의 구원을 줄곧 고대
하면서 주여 당신의 계명을 사랑
하였습니다
167 내 영혼이 당신의 증거를 지켰
으며 그것들을 심히 사랑하였습
니다
168 내가 당신의 계명과 당신의 증
거를 지켰습니다 주여 내 모든 길
이 당신 앞에 있기 때문입니다
169 22 타브
내 간구가 당신 앞에 다다르게 하
소서 주여 당신의 말씀을 따라 나
를 깨우치소서
170 나의 간청이 당신 앞에 이르기
를 원합니다 당신의 말씀을 따라
나를 구출하소서
171 내 입술이 찬송으로 넘쳐났습
니다 당신께서 당신의 율례로 나

164 주의 의로운 규례를 인하여 내
가 하루 일곱 번씩 주를 찬양하나
이다
165 주의 법을 사랑하는 자에게는
큰 평안이 있으니 저희에게 장애
물이 없으리이다
166 여호와여 내가 주의 구원을 바
라며 주의 계명을 행하였나이다
167 내 심령이 주의 증거를 지켰사
오며 내가 이를 지극히 사랑하나
이다
168 내가 주의 법도와 증거를 지켰
사오니 나의 모든 행위가 주의 앞
에 있음이니이다
169 여호와여 나의 부르짖음이 주
의 앞에 이르게 하시고 주의 말씀
대로 나를 깨닫게 하소서
170 나의 간구가 주의 앞에 달하게
하시고 주의 말씀대로 나를 건지
소서
171 주께서 율례를 내게 가르치시
므로 내 입술이 찬송을 발할지니
이다

를 가르치실 때
172 내 혀가 당신의 말씀을 말하게
되기를 원합니다 당신의 모든 계
명은 의이기 때문입니다
173 당신의 손이 나를 구원하게 하
소서 내가 당신의 계명을 택하였
기 때문입니다
174 내가 당신의 구원을 갈망하였
습니다 주여 그리고 당신의 율법
이 나의 묵상입니다
175 내 영혼이 살아서 당신을 찬양
할 것입니다 그리고 당신의 판결
이 나를 도울 것입니다
176 내가 잃은 양같이 방황하였으
니 당신의 종을 찾으소서 내가 당
신의 계명을 잊지 않았기 때문입
니다

172 주의 모든 계명이 의로우므로
내 혀가 주의 말씀을 노래할지니
이다
173 내가 주의 법도를 택하였사오
니 주의 손이 항상 나의 도움이
되게 하소서
174 여호와여 내가 주의 구원을 사
모하였사오며 주의 법을 즐거워
하나이다
175 내 혼을 살게 하소서 그리하시
면 주를 찬송하리이다 주의 규례
가 나를 돕게 하소서
176 잃은 양같이 내가 유리하오니
주의 종을 찾으소서 내가 주의 계
명을 잊지 아니함이니이다

119

올라감의 노래
내가 환난 당할 때 주를
향하여 부르짖었더니 그가 나를
들으셨다
2 주여 내 영혼을 불의한 입술들에
서 그리고 속이는 혀에서 건져주
소서

성전에 올라가는 노래

120

내가 환난 중에 여호와께
부르짖었더니 내게 응답
하셨도다
2 여호와여 거짓된 입술과 궤사한
혀에서 내 생명을 건지소서

3 무엇이 네게 주어질까 무엇이 네
게 더해질까 속이는 혀에게
4 용사의 예리한 화살들이 광야의
숯불과 함께
5 화로구나 나의 나그네살이가 길
었구나 내가 끼다르의 장막에 함
께 거주하였다
6 내 영혼이 오랫동안 나그네로 살
았다
7 화평을 미워하는 자들과 함께 내
가 화평하였다 내가 저들에게 말
할 때마다 저들은 이유 없이 나와
전쟁하였다

3 너 궤사한 혀여 무엇으로 네게 주
며 무엇으로 네게 더할꼬
4 장사의 날카로운 살과 로뎀나무
숯불이리로다
5 메섹에 유하며 게달의 장막 중에
거하는 것이 내게 화로다
6 내가 화평을 미워하는 자와 함께
오래 거하였도다
7 나는 화평을 원할지라도 내가 말
할 때에 저희는 싸우려 하는도다

120 올라감의 노래
산들을 향하여 내 눈을
들었다 어디에서 나의 도움이 올
까
2 나의 도움은 주에게서 하늘과 땅
을 지으신 분
3 너는 네 발을 흔들리지 않게 하
여라 너를 지키시는 이여 졸지
마소서
4 보라 졸지도 잠들지도 않으시리
라 이스라일을 지키시는 이는

성전에 올라가는 노래

121 내가 산을 향하여 눈을 들
리라 나의 도움이 어디서
올꼬
2 나의 도움이 천지를 지으신 여호
와에게서로다
3 여호와께서 너로 실족지 않게 하
시며 너를 지키시는 자가 졸지 아
니하시리로다
4 이스라엘을 지키시는 자는 졸지
도 아니하고 주무시지도 아니하

5 주께서 너를 지키시리라 주께서
는 네 오른편에 너의 그늘
6 낮에 해가 너를 태우지 않으리라
밤에 달도
7 주께서 너를 온갖 악에서 지키시
리라 네 영혼을 지키시리라
8 주께서 네 들어옴과 네 나감을 지
키시리라 지금부터 영원까지

시리로다
5 여호와는 너를 지키시는 자라 여
호와께서 네 우편에서 네 그늘이
되시나니
6 낮의 해가 너를 상치 아니하며 밤
의 달도 너를 해치 아니하리로다
7 여호와께서 너를 지켜 모든 환난
을 면케 하시며 또 네 영혼을 지
키시리로다
8 여호와께서 너의 출입을 지금부
터 영원까지 지키시리로다

121

올라감의 노래
주의 집으로 우리가 올라
가리라고 내게 말한 이들로 인하
여 내가 기뻐하였다
2 우리 발이 서 있었다 네 뜰에 예
루살림아
3 예루살림은 도성처럼 지어지는구
나 그 짜임새가 한결같구나
4 거기로 지파들이 올라갔음이라
주의 지파들이 이스라일에게 증
거로서 주의 이름에 감사찬양하
려 함이로다
5 거기에 심판을 위한 보좌들이 놓

다윗의 시 곧 성전에 올라가는 노래

122

사람이 내게 말하기를 여
호와의 집에 올라가자 할
때에 내가 기뻐하였도다
2 예루살렘아 우리 발이 네 성문 안
에 섰도다
3 예루살렘아 너는 조밀한 성읍과
같이 건설되었도다
4 지파들 곧 여호와의 지파들이 여
호와의 이름에 감사하려고 이스
라엘의 전례대로 그리로 올라가
는도다
5 거기 판단의 보좌를 두셨으니 곧

였으니 다비드 집의 보좌들이로다
6 진정 너희는 예루살림을 위하여
평강에 속한 것들을 구하여라 그
리고 너를 사랑하는 이들에게 형
통이 있을지어다
7 진정 너의 군대에 평강이 있을지
어다 또 너의 요새들에는 형통이
8 내 형제들과 내 이웃들을 위하여
참으로 내가 너에 관한 평강을 말
하곤 하였노라
9 주 우리 하나님의 집을 위하여
내가 너의 좋은 것들을 추구하였
노라

다윗 집의 보좌로다
6 예루살렘을 위하여 평안을 구하
라 예루살렘을 사랑하는 자는 형
통하리로다
7 네 성 안에는 평강이 있고 네 궁
중에는 형통이 있을지어다
8 내가 내 형제와 붕우를 위하여 이
제 말하리니 네 가운데 평강이 있
을지어다
9 여호와 우리 하나님의 집을 위하
여 내가 네 복을 구하리로다

122

올라감의 노래
하늘에 계시는 당신을 향
하여 내 눈을 들었습니다
2 보소서 자기 주인들의 손을 향하
는 종들의 눈처럼 자기 여주인의
손을 향하는 여종의 눈처럼 이처
럼 우리의 눈이 주 우리 하나님을
향합니다 우리를 불쌍히 여겨주
실 때까지
3 우리를 긍휼히 여겨주소서 주여
우리를 긍휼히 여겨주소서 우리

성전에 올라가는 노래

123

하늘에 계신 주여 내가 눈
을 들어 주께 향하나이다
2 종의 눈이 그 상전의 손을 여종의
눈이 그 주모의 손을 바람같이 우
리 눈이 여호와 우리 하나님을 바
라며 우리를 긍휼히 여기시기를
기다리나이다
3 여호와여 우리를 긍휼히 여기시
고 긍휼히 여기소서 심한 멸시가
우리에게 넘치나이다

가 멸시로 심히 가득 찼기 때문입
니다
4 우리의 영혼이 완전히 가득 찼습
니다 형통한 자들에게 수치가 오
만한 자들에게 멸시가

4 평안한 자의 조소와 교만한 자의
멸시가 우리 심령에 넘치나이다

123 올라감의 노래
주께서 우리 가운데 계시
지 않았더라면 이제 이스라일은
말할지어다
2 주께서 우리 가운데 계시지 않았
더라면 사람들이 우리를 대항하
여 일어났을 때
3 그러면 저들이 우리를 산 채로 삼
켰으리라 우리를 대항하여 저들
의 분노가 격발되었을 때
4 그러면 물이 우리를 덮쳤고 우리
영혼이 급류를 통과했으리라
5 그러면 우리 영혼이 감당 못 할
물을 통과했으리라
6 송축 받으소서 주님 그는 우리를
저들의 이빨에 먹이로 주지 않으
셨다
7 우리 영혼이 사냥하는 자들의 덫
에서 참새처럼 구출되었다 덫은

다윗의 시 곧 성전에 올라가는 노래

124 이스라엘은 이제 말하기
를 여호와께서 우리 편에
계시지 아니하고
2 사람들이 우리를 치러 일어날 때
에 여호와께서 우리 편에 계시지
아니하셨더면
3 그 때에 저희의 노가 우리를 대하
여 맹렬하여 우리를 산 채로 삼켰
을 것이며
4 그 때에 물이 우리를 엄몰하며 시
내가 우리 영혼을 잠갔을 것이며
5 그 때에 넘치는 물이 우리 영혼을
잠갔을 것이라 할 것이로다
6 우리를 저희 이에 주어 씹히지 않
게 하신 여호와를 찬송할지로다
7 우리 혼이 새가 사냥꾼의 올무에
서 벗어남같이 되었나니 올무가
끊어지므로 우리가 벗어났도다

부서지고 우리는 구출되었다
8 우리의 도움은 하늘과 땅을 지으
신 주의 이름 안에 있도다

124 올라감의 노래
주를 신뢰하는 이들은 시
온 산과 같다 예루살림에 거하는
이는 영원히 흔들리지 않으리라
2 그 주위에는 산 그의 백성 주위에
는 주께서 계신다 지금부터 영원
까지
3 그가 의인들의 분깃에 죄인들의
홀을 허락하지 않으시리니 의인
들이 자신들의 손을 불법에 뻗지
못하게 하시기 위함이다
4 선을 베푸소서 주여 선한 이들과
마음이 올곧은 이들에게
5 그러나 삐뚤어진 길로 치우치는
자들을 불법을 행하는 자들과 함
께 주께서 끌어내시리라 이스라
일 위에 평강이

8 우리의 도움은 천지를 지으신 여
호와의 이름에 있도다

성전에 올라가는 노래

125 여호와를 의뢰하는 자는
시온 산이 요동치 아니하
고 영원히 있음 같도다
2 산들이 예루살렘을 두름과 같이
여호와께서 그 백성을 지금부터
영원까지 두르시리로다
3 악인의 권세가 의인의 업에 미치
지 못하리니 이는 의인으로 죄악
에 손을 대지 않게 함이로다
4 여호와여 선인에게와 마음이 정
직한 자에게 선을 행하소서
5 자기의 굽은 길로 치우치는 자를
여호와께서 죄악을 짓는 자와 함
께 다니게 하시리로다 이스라엘
에게는 평강이 있을지어다

125 올라감의 노래
주께서 시온의 포로를 돌
이키실 때 우리는 위로받은 자들
처럼 되었다
2 그때 우리 입은 기쁨으로 우리 혀
는 즐거움으로 가득하였다 그때
열방 가운데서 저들은 말하리라
주께서 그들 가운데 위대한 일을
행하셨다
3 주께서 우리 가운데 위대한 일을
행하셨으니 우리는 기뻤다
4 돌이키소서 주여 우리의 포로를
남방의 시내들처럼
5 눈물로 씨 뿌리는 이들은 즐거움
으로 추수하리라
6 갈 때는 울면서 갔다 그들의 씨들
을 가지고 그러나 올 때는 즐거움
으로 오리라 그들의 곡식단들을
가지고

성전에 올라가는 노래

126 여호와께서 시온의 포로
를 돌리실 때에 우리가 꿈
꾸는 것 같았도다
2 그 때에 우리 입에는 웃음이 가득
하고 우리 혀에는 찬양이 찼었도
다 열방 중에서 말하기를 여호와
께서 저희를 위하여 대사를 행하
셨다 하였도다
3 여호와께서 우리를 위하여 대사
를 행하셨으니 우리는 기쁘도다
4 여호와여 우리의 포로를 남방 시
내들같이 돌리소서
5 눈물을 흘리며 씨를 뿌리는 자는
기쁨으로 거두리로다
6 울며 씨를 뿌리러 나가는 자는 정
녕 기쁨으로 그 단을 가지고 돌아
오리로다

126 올라감의 노래 살로몬에
게 속한
주께서 집을 건축하지 않으시면
그것을 건축하는 자들은 헛되이
수고하였다 주께서 도성을 지키

솔로몬의 시 곧 성전에 올라가는 노래

127 여호와께서 집을 세우지
아니하시면 세우는 자의
수고가 헛되며 여호와께서 성을
지키지 아니하시면 파수꾼의 경

지 않으시면 지키는 자는 헛되이
깨어있었다
2 너희가 일찍 기상하고 앉았다가
일어나는 것도 헛되다 너희는 고
통의 양식을 먹는 자들이다 그가
자신의 사랑하는 이들에게 잠을
주실 때
3 보라 주의 유업은 아들들 상급인
태의 열매
4 용사의 손에 있는 화살들같이 쫓
겨난 자들의 아들들이 그렇다
5 복되도다 그들에게서 자신의 갈
망을 충족할 사람은 그들은 부끄
러움 당하지 않으리라 성문에서
자신들의 원수들과 말할 때

127 올라감의 노래
복되도다 주를 경외하는
이 모두 그의 길들을 가는 이들
2 네가 네 수고의 열매를 먹을 것이
다 너는 복되다 그리고 그것이 네
게 좋을 것이다
3 네 아내는 네 집 곁에서 번성하는
포도나무 같고 네 아들들은 네 상
을 둘러선 어린 올리브나무 같다

성함이 허사로다

2 너희가 일찌기 일어나고 늦게
누우며 수고의 떡을 먹음이 헛되
도다 그러므로 여호와께서 그 사
랑하시는 자에게는 잠을 주시는
도다
3 자식은 여호와의 주신 기업이요
태의 열매는 그의 상급이로다
4 젊은 자의 자식은 장사의 수중의
화살 같으니
5 이것이 그 전통에 가득한 자는 복
되도다 저희가 성문에서 그 원수
와 말할 때에 수치를 당치 아니하
리로다

성전에 올라가는 노래

128 여호와를 경외하며 그 도
에 행하는 자마다 복이 있
도다
2 네가 네 손이 수고한 대로 먹을 것
이라 네가 복되고 형통하리로다
3 네 집 내실에 있는 네 아내는 결
실한 포도나무 같으며 네 상에 둘
린 자식은 어린 감람나무 같으리

칠십인역

4 보라 주를 경외하는 사람은 이렇
게 복을 받으리라
5 주께서 시온에서 너를 복 주시기
를 원하노라 그리고 네가 예루살
림의 좋은 것들을 보기 원하노라
네 생애 모든 날에
6 또 네가 네 자손의 자손을 보기
원하노라 이스라일 위에 평강이

개역한글

로다
4 여호와를 경외하는 자는 이같이
복을 얻으리로다
5 여호와께서 시온에서 네게 복을
주실지어다 너는 평생에 예루살
렘의 복을 보며
6 네 자식의 자식을 볼지어다 이스
라엘에게 평강이 있을지로다

128 올라감의 노래
내 젊은 시절부터 저들이
자주 나와 싸웠다 이제 이스라일
은 말할지어다
2 내 젊은 시절부터 저들이 자주 나
와 싸웠다 그러나 나를 이길 수
없었다
3 죄인들이 내 등 뒤에서 음모를 꾸
몄다 저들의 불법을 연장하였다
4 의로우신 주께서 죄인들의 목을
꺾으셨다
5 창피당하고 뒤로 물러날지어다
시온을 미워하는 자들은 모두
6 저들은 지붕의 풀같이 될지어다
그것은 뽑히기도 전에 말라버려서
7 그것으로는 거두는 자가 자기의

성전에 올라가는 노래

129 이스라엘은 이제 말하기
를 저희가 나의 소시부터
여러 번 나를 괴롭게 하였도다
2 저희가 나의 소시부터 여러 번 나
를 괴롭게 하였으나 나를 이기지
못하였도다
3 밭 가는 자가 내 등에 갈아 그 고
랑을 길게 지었도다
4 여호와께서는 의로우사 악인의
줄을 끊으셨도다
5 무릇 시온을 미워하는 자는 수치
를 당하여 물러갈지어다
6 저희는 지붕의 풀과 같을지어다
그것은 자라기 전에 마르는 것이
라

손을 다발을 모으는 자도 자기의
품을 채우지 못하였다
8 그래서 지나가는 자들이 이렇게
말하지 않았다 주의 복이 너희 위
에 우리가 너희를 주의 이름으로
축복한다고

129

올라감의 노래
내가 깊은 곳에서 당신을
부르짖었습니다 주여
2 주여 내 음성을 들으소서 당신의
귀가 유념하게 하소서 내 탄원의
소리에
3 당신께서 불법들을 주목하신다
면 주여 주여 누가 설 수 있겠습
니까
4 용서하심이 당신 곁에 있기 때문
입니다
5 내가 당신의 율법으로 인하여 당
신을 기다렸습니다 주여 내 영혼
이 당신의 말씀을 기다렸습니다
6 내 영혼이 주를 소망하였습니다
아침 파수부터 밤까지 아침 파수
부터 이스라일은 주를 소망할지
어다

7 이런 것은 베는 자의 줌과 묶는
자의 품에 차지 아니하나니
8 지나가는 자도 여호와의 복이 너
희에게 있을지어다 하거나 우리
가 여호와의 이름으로 너희에게
축복한다 하지 아니하느니라

성전에 올라가는 노래

130

여호와여 내가 깊은 데서
주께 부르짖었나이다
2 주여 내 소리를 들으시며 나의 간
구하는 소리에 귀를 기울이소서
3 여호와여 주께서 죄악을 감찰하
실진대 주여 누가 서리이까
4 그러나 사유하심이 주께 있음은
주를 경외케 하심이니이다
5 나 곧 내 영혼이 여호와를 기다리
며 내가 그 말씀을 바라는도다
6 파수꾼이 아침을 기다림보다 내
영혼이 주를 더 기다리나니 참으
로 파수꾼의 아침을 기다림보다
더하도다

칠십인역

7 인애가 주의 곁에 풍성한 속량도
그의 곁에 있기에
8 그가 이스라일을 속량하시리라
그 모든 불법에서

130 올라감의 노래 다비드에게 속한

주여 내 마음이 교만하지 않았고
내 눈이 높아지지 않았습니다 내
가 거대한 것들이나 나를 넘어서
는 기이한 것들 가운데 걷지 않았
습니다
2 만약 내가 겸비하지 않고 오히려
내 영혼을 높였더라면 그것은 마
치 젖뗀 것이 자기 어머니를 대항
하는 것처럼 내 영혼을 대항하는
응보
3 이스라일은 주를 소망할지어다
지금부터 영원까지

131 올라감의 노래

기억하소서 주여 다비드
를 그의 모든 온유함도

개역한글

7 이스라엘아 여호와를 바랄지어
다 여호와께는 인자하심과 풍성
한 구속이 있음이라
8 저가 이스라엘을 그 모든 죄악에
서 구속하시리로다

다윗의 시 곧 성전에 올라가는 노래

131 여호와여 내 마음이 교만
치 아니하고 내 눈이 높지
아니하오며 내가 큰 일과 미치지
못할 기이한 일을 힘쓰지 아니하
나이다
2 실로 내가 내 심령으로 고요하고
평온케 하기를 젖 뗀 아이가 그
어미 품에 있음 같게 하였나니 내
중심이 젖 뗀 아이와 같도다
3 이스라엘아 지금부터 영원까지
여호와를 바랄지어다

성전에 올라가는 노래

132 여호와여 다윗을 위하여
그의 모든 근심한 것을 기

칠십인역

2 그가 주께 맹세했던 대로 야곱의
하나님께 서원하였습니다
3 내가 내 집의 장막으로 들어간다
면 내 요 깔린 침상에 올라간다면
4 내 눈에 잠을 내 눈꺼풀에 졸음을
그리고 내 관자놀이에 안식을 준
다면
5 주를 위한 장소 야곱의 하나님을
위한 장막을 내가 발견할 때까지
6 보라 우리가 그것을 에프라타에
서 들었다 넓은 숲속에서 우리가
그것을 발견하였다
7 우리가 그의 장막들로 들어가서
그의 발이 서신 곳을 향하여 절할
것이다
8 당신의 안식을 위하여 일어나소
서 주여 당신과 당신의 거룩함의
궤여
9 당신의 제사장들이 의를 입고 당
신의 경건한 자들이 즐거워할 것
입니다
10 당신의 종 다비드를 위하여 당신
의 크리스또의 얼굴을 거절하지
마소서
11 주께서 다비드에게 진리를 맹세
하셨으니 결코 그것을 취소하지

개역한글

억하소서
2 저가 여호와께 맹세하며 야곱의
전능자에게 서원하기를
3 내가 실로 나의 거하는 장막에 들
어가지 아니하며 내 침상에 오르
지 아니하며
4 내 눈으로 잠들게 아니하며 내 눈
꺼풀로 졸게 아니하기를
5 여호와의 처소 곧 야곱의 전능자
의 성막을 발견하기까지 하리라
하였나이다
6 우리가 그것이 에브라다에 있다
함을 들었더니 나무 밭에서 찾았
도다
7 우리가 그의 성막에 들어가서 그
발등상 앞에서 경배하리로다
8 여호와여 일어나사 주의 권능의
궤와 함께 평안한 곳으로 들어가
소서
9 주의 제사장들은 의를 입고 주의
성도들은 즐거이 외칠지어다
10 주의 종 다윗을 위하여 주의 기
름받은 자의 얼굴을 물리치지 마
옵소서
11 여호와께서 다윗에게 성실히 맹
세하셨으니 변치 아니하실지라

칠십인역

않으실 것이다 내가 네 배의 열매
로 네 왕좌에 세우리라
12 네 자손이 나의 언약과 내가 그
들에게 가르칠 나의 이 증거들을
지킨다면 그들의 자손이 영원토
록 네 왕좌에 앉으리라
13 이는 주께서 시온을 택하셨고
그것을 자신을 위한 처소로 선택
하셨기 때문이다
14 이것은 영원 무궁히 나의 안식
처 내가 이것을 선택하였기에 여
기 내가 거하리라
15 내가 이곳의 필요를 복 주고 복
주리라 이곳의 가난한 자들을 양
식으로 배부르게 하리라
16 이곳의 제사장들을 내가 구원으
로 입히리니 이곳의 경건한 자들
은 즐거워하고 즐거워하리라
17 거기서 내가 다비드를 위하여 뿔
이 나게 하리니 내가 나의 크리스
또를 위하여 등을 예비하였노라
18 내가 그의 원수들을 수치로 입
히겠으나 그에게는 나의 거룩함
이 번성하리라

개역한글

이르시기를 네 몸의 소생을 네 위
에 둘지라
12 네 자손이 내 언약과 저희에게
교훈하는 내 증거를 지킬진대 저
희 후손도 영원히 네 위에 앉으리
라 하셨도다
13 여호와께서 시온을 택하시고 자
기 거처를 삼고자 하여 이르시기
를
14 이는 나의 영원히 쉴 곳이라 내
가 여기 거할 것은 이를 원하였음
이로다
15 내가 이 성의 식료품에 풍족히
복을 주고 양식으로 그 빈민을 만
족케 하리로다
16 내가 그 제사장들에게 구원으로
입히리니 그 성도들은 즐거움으
로 외치리로다
17 내가 거기서 다윗에게 뿔이 나
게 할 것이라 내가 내 기름 부은
자를 위하여 등을 예비하였도다
18 내가 저의 원수에게는 수치로
입히고 저에게는 면류관이 빛나
게 하리라 하셨도다

132 올라감의 노래 다비드에
게 속한
보라 도대체 무엇이 좋고 무엇이
즐거운가 형제들이 함께 거하는
것 말고
2 머리 위에서 수염으로 흘러내리
는 곧 아론의 수염 그의 옷깃으로
흘러내리는 향유 같구나
3 시온의 산들 위로 흘러내리는 아
에르몬의 이슬 같구나 거기서 주
께서 복을 명하셨으니 곧 영원한
생명이로다

다윗의 시 곧 성전에 올라가는 노래

133 형제가 연합하여 동거함
이 어찌 그리 선하고 아름
다운고
2 머리에 있는 보배로운 기름이 수
염 곧 아론의 수염에 흘러서 그
옷깃까지 내림 같고
3 헐몬의 이슬이 시온의 산들에 내
림 같도다 거기서 여호와께서 복
을 명하셨나니 곧 영생이로다

133 올라감의 노래
보라 이제 주를 송축하
여라 주의 모든 종들아 주의 집에
서 있는 자들아 우리 하나님의 집
뜰에
2 밤마다 성소를 향하여 너희 손을
들고 주를 송축하여라
3 주께서 시온에서 너를 복 주시리
라 하늘과 땅을 지으신 분께서

성전에 올라가는 노래

134 밤에 여호와의 집에 섰는
여호와의 모든 종들아 여
호와를 송축하라
2 성소를 향하여 너희 손을 들고 여
호와를 송축하라
3 천지를 지으신 여호와께서 시온
에서 네게 복을 주실지어다

134

알릴루야
주의 이름을 찬양하여라
종들아 주를 찬양하여라
2 주의 집에 서 있는 자들아 우리
하나님의 집 뜰에
3 주를 찬양하여라 주께서는 선하
심이라 그의 이름을 찬송하여라
그것이 좋음이라
4 주께서 자신을 위하여 야곱을 이
스라일을 그의 보물로 택하셨음
이라
5 주께서 위대하심을 내가 알았음
이로다 곧 우리 주께서 모든 신
보다
6 주께서 원하신 모든 것을 그가 행
하셨다 하늘과 땅에서 바다들과
모든 심연에서
7 그는 땅끝에서 구름들을 끌어오
셔서 비를 위하여 번개들을 만드
시고 자신의 창고에서 바람을 이
끌어 내시는 분
8 그는 에깁뜨의 초태생들을 치신
분 사람에서 짐승에 이르기까지
9 에깁뜨야 네 가운데로 그가 표징
들과 기적들을 보내셨다 파라오
와 그의 모든 종 가운데로

135

할렐루야 여호와의 이름
을 찬송하라 여호와의 종
들아 찬송하라
2 여호와의 집 우리 하나님의 전 정
에 섰는 너희여
3 여호와를 찬송하라 여호와는 선
하시며 그 이름이 아름다우니 그
이름을 찬양하라
4 여호와께서 자기를 위하여 야곱
곧 이스라엘을 자기의 특별한 소
유로 택하셨음이로다
5 내가 알거니와 여호와께서는 광
대하시며 우리 주는 모든 신보다
높으시도다
6 여호와께서 무릇 기뻐하시는 일
을 천지와 바다와 모든 깊은 데서
행하셨도다
7 안개를 땅끝에서 일으키시며 비
를 위하여 번개를 만드시며 바람
을 그 곳간에서 내시는도다
8 저가 애굽의 처음 난 자를 사람부
터 짐승까지 치셨도다
9 애굽이여 여호와께서 너의 중에
징조와 기사를 보내사 바로와 그
모든 신복에게 임하게 하셨도다

10 그는 많은 열방을 치시고 강한
왕들을 죽이셨다
11 아모레인들의 왕 시온과 바산 왕
옥과 카나안 모든 왕국을
12 그리고 그가 저들의 땅을 유업
으로 주셨다 그의 백성 이스라일
의 유업으로
13 주여 당신의 이름이 영원히 주
여 당신의 기억은 세세토록
14 이는 주께서 자기 백성을 심판
하시고 그의 종들로 인하여 위로
를 받으실 것이기 때문이라
15 열방의 우상들은 은과 금 사람
의 손으로 만든 것들
16 그것들은 입은 있으나 말하지
못하며 눈은 있으나 보지 못할 것
이다
17 귀는 있으나 듣지 못하며 [코는
있으나 냄새 맡지 못할 것이다 손
은 있으나 만지지 못하며 발은 있
으나 걷지 못할 것이다 그것들의
목구멍으로 소리 내지 못할 것이
다]• 그것들의 입 속에는 숨이 없
기 때문이다

10 저가 많은 나라를 치시고 강한
왕들을 죽이셨나니
11 곧 아모리인의 왕 시혼과 바산
왕 옥과 가나안의 모든 국왕이로
다
12 저희의 땅을 기업으로 주시되
자기 백성 이스라엘에게 기업으
로 주셨도다
13 여호와여 주의 이름이 영원하시
니이다 여호와여 주의 기념이 대
대에 이르리이다
14 여호와께서 자기 백성을 판단하
시며 그 종들을 긍휼히 여기시리
로다
15 열방의 우상은 은금이요 사람의
수공물이라
16 입이 있어도 말하지 못하며 눈
이 있어도 보지 못하며
17 귀가 있어도 듣지 못하며 그 입
에는 아무 기식도 없나니

• S에는 없음. 비교. 113:14–15.

칠십인역

18 그것들과 같게 되기를 원한다
그것들을 만들고 그것들을 신뢰
하는 모든 자가
19 이스라일 가문아 주를 송축하여
라 아론 가문아 주를 송축하여라
20 레비 가문아 주를 송축하여라
주를 경외하는 자들아 주를 송축
하여라
21 주께서는 시온에서 송축 받으소
서 예루살림에 거하시는 분

개역한글

18 그것을 만든 자와 그것을 의지
하는 자가 다 그것과 같으리로다
19 이스라엘 족속아 여호와를 송축
하라 아론의 족속아 여호와를 송
축하라
20 레위 족속아 여호와를 송축하라
여호와를 경외하는 너희들아 여
호와를 송축하라
21 예루살렘에 거하신 여호와는 시
온에서 찬송을 받으실지어다 할
렐루야

칠십인역

135 알릴루야
너희는 주께 감사찬양하
여라 그는 선하심이라 그의 인애
가 영원함이라
2 신들의 하나님께 감사찬양하여
라 그의 인애가 영원함이라
3 주들의 주께 감사찬양하여라 그
의 인애가 영원함이라
4 홀로 위대하고 기이한 일들을 행
하시는 이에게 그의 인애가 영원
함이라
5 지혜로 하늘들을 지으신 이에게
그의 인애가 영원함이라

개역한글

136 여호와께 감사하라 그는
선하시며 그 인자하심이
영원함이로다
2 모든 신에 뛰어나신 하나님께 감
사하라 그 인자하심이 영원함이
로다
3 모든 주에 뛰어나신 주께 감사하
라 그 인자하심이 영원함이로다
4 홀로 큰 기사를 행하시는 이에게
감사하라 그 인자하심이 영원함
이로다
5 지혜로 하늘을 지으신 이에게 감
사하라 그 인자하심이 영원함이

6 땅을 물들 위에 견고하게 하신 이
에게 그의 인애가 영원함이라
7 홀로 거대한 빛을 지으신 이에게
그의 인애가 영원함이라
8 낮의 권세로 해를 그의 인애가 영
원함이라
9 밤의 권세로 달과 별들을 그의 인
애가 영원함이라
10 에깁뜨를 저들의 초태생들과 함
께 치신 이에게 그의 인애가 영원
함이라
11 또 이스라일을 저들 중에서 이끌
어 내신 이에게 그의 인애가 영원
함이라
12 강한 손과 올린 팔로 그의 인애
가 영원함이라
13 홍해를 갈라서 나누신 이에게
그의 인애가 영원함이라
14 또 이스라일을 그 가운데로 지나
가게 하신 이에게 그의 인애가 영
원함이라
15 또 파라오와 그의 군대를 홍해에
털어내신 이에게 그의 인애가 영
원함이라
16 자신의 백성으로 광야를 지나
가게 하신 이에게 그의 인애가

로다
6 땅을 물 위에 펴신 이에게 감사하
라 그 인자하심이 영원함이로다
7 큰 빛들을 지으신 이에게 감사하
라 그 인자하심이 영원함이로다
8 해로 낮을 주관케 하신 이에게 감
사하라 그 인자하심이 영원함이
로다
9 달과 별들로 밤을 주관케 하신 이
에게 감사하라 그 인자하심이 영
원함이로다
10 애굽의 장자를 치신 이에게 감
사하라 그 인자하심이 영원함이
로다
11 이스라엘을 저희 중에서 인도하
여 내신 이에게 감사하라 그 인자
하심이 영원함이로다
12 강한 손과 펴신 팔로 인도하여
내신 이에게 감사하라 그 인자하
심이 영원함이로다
13 홍해를 가르신 이에게 감사하라
그 인자하심이 영원함이로다
14 이스라엘로 그 가운데로 통과케
하신 이에게 감사하라 그 인자하
심이 영원함이로다
15 바로와 그 군대를 홍해에 엎드

영원함이라 암벽에서 물들을 길
어내신 이에게 그의 인애가 영원
함이라
17 큰 왕들을 치신 이에게 그의 인
애가 영원함이라
18 또 강한 왕들을 죽이신 이에게
그의 인애가 영원함이라
19 아모레인들의 왕 시온을 그의 인
애가 영원함이라
20 또 바산 왕 옥을 그의 인애가 영
원함이라
21 그리고 저들의 땅을 유업으로
주신 이에게 그의 인애가 영원함
이라
22 자신의 종 이스라일에게 유업으
로 그의 인애가 영원함이라
23 우리가 비천할 때 주께서 우리
를 기억하셨기에 그의 인애가 영
원함이라
24 우리의 원수들에게서 우리를
속량하셨다 그의 인애가 영원함
이라
25 모든 육체에게 먹을 것을 주시
는 이 그의 인애가 영원함이라
26 하늘의 하나님께 감사찬양하여
라 그의 인애가 영원함이라 주들

러뜨리신 이에게 감사하라 그 인
자하심이 영원함이로다
16 그 백성을 인도하여 광야로 통
과케 하신 이에게 감사하라 그 인
자하심이 영원함이로다
17 큰 왕들을 치신 이에게 감사하
라 그 인자하심이 영원함이로다
18 유명한 왕들을 죽이신 이에게
감사하라 그 인자하심이 영원함
이로다
19 아모리인의 왕 시혼을 죽이신
이에게 감사하라 그 인자하심이
영원함이로다
20 바산 왕 옥을 죽이신 이에게 감
사하라 그 인자하심이 영원함이
로다
21 저희의 땅을 기업으로 주신 이
에게 감사하라 그 인자하심이 영
원함이로다
22 곧 그 종 이스라엘에게 기업으
로 주신 이에게 감사하라 그 인자
하심이 영원함이로다
23 우리를 비천한 데서 기념하신
이에게 감사하라 그 인자하심이
영원함이로다
24 우리를 우리 대적에게서 건지신

의 주께 감사찬양하여라 그의 인
애가 영원함이라

이에게 감사하라 그 인자하심이
영원함이로다
25 모든 육체에게 식물을 주신 이
에게 감사하라 그 인자하심이 영
원함이로다
26 하늘의 하나님께 감사하라 그
인자하심이 영원함이로다

136 다비드에게 속한 (시)
바빌론의 강들 가에서 거
기 앉아서 울었다 우리가 시온을
기억할 때
2 그 가운데 버드나무들 위에 우리
의 악기를 걸어놓았다
3 거기서 우리를 사로잡아 간 자들
이 우리에게 노랫말을 곧 우리를
끌고 간 자들이 찬송을 요청했기
때문이다 시온 노래들 중에서 우
리에게 노래하여라
4 어찌 외국 땅에서 우리가 주의 노
래를 노래할까
5 예루살림아 내가 너를 잊는다면
나의 오른손이 잊히기를 원하노
라
6 내 혀가 내 목구멍에 붙어버리기

137 우리가 바벨론의 여러 강
변 거기 앉아서 시온을
기억하며 울었도다
2 그 중의 버드나무에 우리가 우리
의 수금을 걸었나니
3 이는 우리를 사로잡은 자가 거기
서 우리에게 노래를 청하며 우리
를 황폐케 한 자가 기쁨을 청하고
자기들을 위하여 시온 노래 중 하
나를 노래하라 함이로다
4 우리가 이방에 있어서 어찌 여호
와의 노래를 부를꼬
5 예루살렘아 내가 너를 잊을진대
내 오른손이 그 재주를 잊을지로
다
6 내가 예루살렘을 기억지 아니하
거나 내가 너를 나의 제일 즐거

를 원하노라 내가 너를 기억하지
않는다면 예루살림을 내 기쁨의
으뜸으로 앞세우지 않는다면
7 기억하소서 주여 예루살림의 그
날에 에돔 자손을 저들이 말했습
니다 황폐하게 하여라 황폐하게
하여라 그 기초까지
8 바빌론의 딸 참혹한 자여 복되도
다 네가 우리에게 갚은 것대로 네
보응을 네게 갚을 자
9 복되도다 네 어린 것들을 붙잡아
바위에 메어칠 자

137 다비드에게 속한 (시)•
당신께 감사찬양하겠습
니다 주여 내 온 마음으로 당신께
서 내 입의 말들을 들으셨기에 나
는 천사들 앞에서 당신께 찬송하
겠습니다
2 당신의 성전을 향하여 경배하고
당신의 이름을 감사찬양하겠습
니다 당신의 인애와 당신의 진리
를 당신의 말씀을 어떤 이름보다

워하는 것보다 지나치게 아니할
진대 내 혀가 내 입천장에 붙을
지로다
7 여호와여 예루살렘이 해받던 날
을 기억하시고 에돔 자손을 치소
서 저희 말이 훼파하라 훼파하라
그 기초까지 훼파하라 하였나이다
8 여자 같은 멸망할 바벨론아 네가
우리에게 행한 대로 네게 갚는 자
가 유복하리로다
9 네 어린것들을 반석에 메어치는
자는 유복하리로다

다윗의 시

138 내가 전심으로 주께 감사
하며 신들 앞에서 주께
찬양하리이다
2 내가 주의 성전을 향하여 경배하
며 주의 인자하심과 성실하심을
인하여 주의 이름에 감사하오리
니 이는 주께서 주의 말씀을 주의
모든 이름 위에 높게 하셨음이라

• A에는 "자카리아의"가 첨가됨.

위대하게 하셨기 때문입니다
3 내가 당신을 부르는 날에 속히 나
를 경청하소서 당신께서 내 영혼
속에서 능력으로 나를 보살피실
것입니다
4 당신께 감사찬양하게 하소서 주
여 땅의 모든 왕이 그들이 당신의
입의 모든 말씀을 들었기 때문입
니다
5 또 그들이 주의 길에서 노래하게
하소서 주의 영광이 위대하기 때
문입니다
6 주께서는 높으시나 낮은 것들을
바라보시고 멀리서도 높은 것들
을 아시기 때문입니다
7 내가 환난 가운데 걷는다면 당신
께서 나를 살게 하실 것입니다 당
신의 손을 내 원수들의 분노 위에
뻗으셨고 당신의 오른손이 나를
구원하였습니다
8 주께서 나를 위하여 갚아주실 것
입니다 주여 당신의 인애가 영원
히 당신의 손으로 만드신 것들을
버리지 마소서

3 내가 간구하는 날에 주께서 응답
하시고 내 영혼을 장려하여 강하
게 하셨나이다
4 여호와여 땅의 열왕이 주께 감사
할 것은 저희가 주의 입의 말씀을
들음이오며
5 저희가 여호와의 도를 노래할 것
은 여호와의 영광이 크심이니이다
6 여호와께서 높이 계셔도 낮은 자
를 하감하시며 멀리서도 교만한
자를 아시나이다
7 내가 환난 중에 다닐지라도 주께
서 나를 소성케 하시고 주의 손을
펴사 내 원수들의 노를 막으시며
주의 오른손이 나를 구원하시리
이다
8 여호와께서 내게 관계된 것을 완
전케 하실지라 여호와여 주의 인
자하심이 영원하오니 주의 손으
로 지으신 것을 버리지 마옵소서

칠십인역

138 완성을 향하여 다비드에게 속한 시•

주여 당신께서 나를 시험하셨고
나를 아셨습니다
2 당신께서는 나의 앉음과 나의 일
어섬을 아셨습니다 당신께서는
멀리서도 나의 생각들을 꿰뚫어
보셨습니다
3 나의 길과 나의 보폭을 당신께서
는 추적하셨고 내 모든 길을 미리
아셨습니다
4 내 혀에 말이 없기 때문입니다
5 보소서 주여 당신은 모든 것 마지
막 것들과 처음 것들을 아셨습니
다 당신께서 나를 조성하셨고 당
신의 손을 내 위에 두셨습니다
6 당신의 지식이 내게 기이하고 강
하여 나는 결코 그것에 다다를 수
없습니다
7 내가 당신의 영으로부터 어디로
가며 당신의 얼굴로부터 어디로
도망가리이까
8 내가 하늘로 올라간다면 당신께
서 거기 계시고 내가 아디스로 내

• A에는 "디아스포라 중의 자카리아의 시"가 첨가됨.

개역한글

다윗의 시 영장으로 한 노래

139 여호와여 주께서 나를 감찰하시고 아셨나이다

2 주께서 나의 앉고 일어섬을 아시
며 멀리서도 나의 생각을 통촉하
시오며
3 나의 길과 눕는 것을 감찰하시며
나의 모든 행위를 익히 아시오니
4 여호와여 내 혀의 말을 알지 못하
시는 것이 하나도 없으시니이다
5 주께서 나의 전후를 두르시며 내
게 안수하셨나이다
6 이 지식이 내게 너무 기이하니
높아서 내가 능히 미치지 못하나
이다
7 내가 주의 신을 떠나 어디로 가며
주의 앞에서 어디로 피하리이까
8 내가 하늘에 올라갈지라도 거기
계시며 음부에 내 자리를 펼지라
도 거기 계시니이다

려간다면 당신께서 계십니다
9 만약 내가 미명에 내 날개를 달고
바다 끝에 거한다 한들
10 참으로 거기서도 당신의 손이
나를 인도하고 당신의 오른손이
나를 붙들 것입니다
11 그래서 내가 말했습니다 이제
어둠이 나를 짓밟을 것이나 밤조
차 나의 즐거움 중에 빛이리라
12 당신으로 인해 어둠이 어둡지
않고 밤도 낮처럼 빛날 것이기 때
문입니다 그 어둠처럼 그 빛도 똑
같습니다
13 당신께서 나의 콩팥을 취하셨으
니 주여 내 어머니의 태에서 나를
지지하셨습니다
14 내가 경외스럽고 경이롭게 만들
어졌기에 당신께 감사찬양할 것
입니다 당신의 일하심이 경이로
워서 나의 영혼이 익히 압니다
15 내 뼈가 당신께 숨겨지지 않았
습니다 당신께서 그것을 은밀하
게 만드셨습니다 그리고 나의 본
체는 땅의 가장 깊은 곳들에서
16 형체 없는 나를 당신의 눈이 보
셨고 당신의 책에 모두 기록되었

9 내가 새벽 날개를 치며 바다 끝에
가서 거할지라도
10 곧 거기서도 주의 손이 나를 인
도하시며 주의 오른손이 나를 붙
드시리이다
11 내가 혹시 말하기를 흑암이 정
녕 나를 덮고 나를 두른 빛은 밤
이 되리라 할지라도
12 주에게서는 흑암이 숨기지 못하
며 밤이 낮과 같이 비취나니 주에
게는 흑암과 빛이 일반이니이다
13 주께서 내 장부를 지으시며 나의
모태에서 나를 조직하셨나이다
14 내가 주께 감사하옴은 나를 지
으심이 신묘막측하심이라 주의
행사가 기이함을 내 영혼이 잘 아
나이다
15 내가 은밀한 데서 지음을 받고
땅의 깊은 곳에서 기이하게 지음
을 받은 때에 나의 형체가 주의
앞에 숨기우지 못하였나이다
16 내 형질이 이루기 전에 주의 눈
이 보셨으며 나를 위하여 정한 날
이 하나도 되기 전에 주의 책에
다 기록이 되었나이다

을 것입니다 어느 날 그들은 조
성되고 그들 가운데 아무도 없겠
으나
17 내게는 당신의 친구들이 매우
존귀해졌습니다 하나님 그들의
권세가 매우 강력해졌습니다
18 내가 그들을 세어보겠지만 그들
은 모래보다 많을 것입니다 내가
깨어났어도 나는 여전히 당신과
함께 있습니다
19 하나님 당신께서 죄인들을 죽이
신다면 피 흘리는 자들아 내게서
떠나가라
20 당신께서 획책을 말씀하실 것이
기에 저들은 당신의 도성들을 허
망하게 취할 것입니다
21 주여 당신께서 미워하는 자들을
내가 미워하지 않았으며 당신의
원수들로 인하여 내가 쇠잔하곤
하지 않았습니까
22 나는 저들을 완전한 미움으로
미워하곤 하였습니다 저들은 나
에게 원수들이 되었습니다
23 하나님 나를 시험하사 나의 마
음을 아시고 나를 살펴보사 나의
길들을 아소서

17 하나님이여 주의 생각이 내게
어찌 그리 보배로우신지요 그 수
가 어찌 그리 많은지요
18 내가 세려고 할지라도 그 수가
모래보다 많도소이다 내가 깰 때
에도 오히려 주와 함께 있나이다
19 하나님이여 주께서 정녕히 악인
을 죽이시리이다 피 흘리기를 즐
기는 자들아 나를 떠날지어다
20 저희가 주를 대하여 악하게 말
하며 주의 원수들이 헛되이 주의
이름을 칭하나이다
21 여호와여 내가 주를 미워하는
자를 미워하지 아니하오며 주를
치러 일어나는 자를 한하지 아니
하나이까
22 내가 저희를 심히 미워하니 저
희는 나의 원수니이다
23 하나님이여 나를 살피사 내 마
음을 아시며 나를 시험하사 내 뜻
을 아옵소서

24 또 내 안에 불법의 길이 있나
보시고 나를 영원한 길로 인도하
소서

139 완성을 향하여 다비드에
게 속한 시
2 나를 건져주소서 주여 악한 인간
에게서 불의한 자에게서 나를 구
출하소서
3 저들은 마음속으로 불의를 모의
하고 온종일 전쟁을 일삼곤 합
니다
4 저들은 뱀같이 자신들의 혀를 날
카롭게 하고 저들의 입술 아래에
는 독사의 독이 있습니다
(간주)
5 죄인의 손에서 나를 지키소서 주
여 불의한 인간들에게서 나를 건
지소서 저들은 내 발걸음을 넘어
트리려 모의하였습니다
6 오만한 자들이 내게 덫을 숨겼습
니다 또 줄을 늘어트려 내 발에
덫을 길가에서 나에게 걸림돌을
놓았습니다
(간주)

24 내게 무슨 악한 행위가 있나 보
시고 나를 영원한 길로 인도하소
서

다윗의 시 영장으로 한 노래

140 여호와여 악인에게서 나
를 건지시며 강포한 자에
게서 나를 보전하소서
2 저희가 중심에 해하기를 꾀하고
싸우기 위하여 매일 모이오며
3 뱀같이 그 혀를 날카롭게 하니 그
입술 아래는 독사의 독이 있나이
다 (셀라)
4 여호와여 나를 지키사 악인의 손
에 빠지지 않게 하시며 나를 보전
하사 강포한 자에게서 벗어나게
하소서 저희는 나의 걸음을 밀치
려 하나이다
5 교만한 자가 나를 해하려고 올무
와 줄을 놓으며 길 곁에 그물을
치며 함정을 두었나이다 (셀라)

칠십인역

7 내가 주께 말하였습니다 당신은
나의 하나님이십니다 귀 기울이
소서 주여 나의 간구의 소리에
8 주여 주여 나의 구원의 능력이시
여 당신께서 전쟁의 날에 나의 머
리 위에 그늘을 두셨습니다
9 넘기지 마소서 주여 내 욕망으로
인해 나를 죄인에게 저들이 나를
대적하여 획책하였으니 저들이
높아지지 못하게 나를 버리지 마
소서

(간주)

10 저들 무리의 대장 저들 입술의
악행이 저들을 덮을 것입니다
11 저들 위에 숯불이 떨어지리니
당신께서 저들을 불 속에 던지실
것입니다 저들은 결코 비참함을
견디지 못할 것입니다
12 말 많은 자는 땅에서 형통하지
못하며 악한 것들이 멸망에 이르
도록 불의한 자를 사냥할 것입니
다
13 나는 알았습니다 주께서 가난한
자의 재판과 핍절한 자들의 소송
을 행하실 것을
14 진정 의로운 자들이 당신의 이름

개역한글

6 내가 여호와께 말하기를 주는 나
의 하나님이시니 여호와여 나의
간구하는 소리에 귀를 기울이소
서 하였나이다
7 내 구원의 능력이신 주 여호와여
전쟁의 날에 주께서 내 머리를 가
리우셨나이다
8 여호와여 악인의 소원을 허락지
마시며 그 악한 꾀를 이루지 못하
게 하소서 저희가 자고할까 하나
이다 (셀라)

9 나를 에우는 자가 그 머리를 들
때에 저희 입술의 해가 저희를 덮
게 하소서
10 뜨거운 숯불이 저희에게 떨어지
게 하시며 불 가운데와 깊은 웅덩
이에 저희로 빠져 다시 일어나지
못하게 하소서
11 악담하는 자는 세상에서 굳게
서지 못하며 강포한 자에게는 재
앙이 따라서 패망케 하리이다
12 내가 알거니와 여호와는 고난당
하는 자를 신원하시며 궁핍한 자
에게 공의를 베푸시리이다
13 진실로 의인이 주의 이름에 감

을 감사찬양하고 올곧은 자들이
당신의 얼굴과 함께 거하리이다

140 다비드에게 속한 시
주여 내가 당신을 향하여
부르짖으니 나를 들어주소서 내
가 당신을 향하여 부르짖을 때 내
탄원의 소리에 유념하소서
2 내 기도가 당신 앞의 향처럼 상달
되게 하소서 나의 손을 들어올림
이 저녁 제사가 되게 하소서
3 세우소서 주여 내 입에 파수를 내
입술 둘레에 요새화된 문도
4 내 마음이 악한 말들로 기울게 마
소서 불법을 지어내는 인간들과
함께 죄 가운데서 변명을 변명하
지 못하게 그러면 나는 결코 저들
의 선택된 자들과 함께 연합하지
않을 것입니다
5 의인이 인애로 나를 훈육하고 나
를 책망할 것입니다 그러나 죄인
의 기름이 내 머리를 적시지 못하
게 하소서 내 기도는 저들의 즐거
움에 끊임없이 대항하기 때문입
니다

사하며 정직한 자가 주의 앞에 거
하리이다

다윗의 시

141 여호와여 내가 주를 불렀
사오니 속히 내게 임하소
서 내가 주께 부르짖을 때에 내
음성에 귀를 기울이소서
2 나의 기도가 주의 앞에 분향함과
같이 되며 나의 손 드는 것이 저
녁 제사같이 되게 하소서
3 여호와여 내 입 앞에 파수꾼을 세
우시고 내 입술의 문을 지키소서
4 내 마음이 악한 일에 기울어 죄
악을 행하는 자와 함께 악을 행치
말게 하시며 저희 진수를 먹지 말
게 하소서
5 의인이 나를 칠지라도 은혜로 여
기며 책망할지라도 머리의 기름
같이 여겨서 내 머리가 이를 거절
치 아니할지라 저희의 재난 중에
라도 내가 항상 기도하리로다

칠십인역

6 저들의 재판관들은 바위 곁에 삼
켜졌습니다 저들이 달콤해진 내
말을 들을 것입니다
7 흙더미같이 땅 위에 부서졌습니
다 우리의 뼈들이 아디스 주위에
흩어졌습니다
8 당신을 향하였으니 주여 주여 내
눈이 당신을 소망하였습니다 내
영혼을 거두지 마소서
9 저들이 내게 놓은 덫에서 나를 지
켜주소서 불법을 지어내는 자들
의 걸림돌들에서도
10 죄인들이 스스로 자기 그물에
걸릴 것이나 내가 지나가기까지
나는 홀로 따로 있습니다

개역한글

6 저희의 관장들이 바위 곁에 내려
던지웠도다 내 말이 달므로 무리
가 들으리로다
7 사람이 밭 갈아 흙을 부스러뜨림
같이 우리의 해골이 음부 문에 흩
어졌도다
8 주 여호와여 내 눈이 주께 향하며
내가 주께 피하오니 내 영혼을 빈
궁한 대로 버려 두지 마옵소서
9 나를 지키사 저희가 나를 잡으려
고 놓은 올무와 행악자의 함정에
서 벗어나게 하옵소서
10 악인은 자기 그물에 걸리게 하
시고 나는 온전히 면하게 하소서

141 다비드에게 속한 깨우침
의 그가 동굴에 있을 때
기도
2 내 목소리로 주를 향하여 부르짖
었다 내 목소리로 주를 향하여 간
구하였다
3 내 간구를 그의 앞에 쏟을 것이다
내 환난을 그의 앞에 알릴 것이다
4 내 영이 내게서 쇠잔할 때 당신

다윗이 굴에 있을 때에 지은 마스길 곧 기도

142 내가 소리 내어 여호와께
부르짖으며 소리 내어 여
호와께 간구하는도다
2 내가 내 원통함을 그 앞에 토하며
내 우환을 그 앞에 진술하는도다
3 내 심령이 속에서 상할 때에도

께서 내 길들을 아셨습니다 내가
다니던 이 길에 저들이 내게 덫을
숨겼습니다
5 내가 오른편을 보고 살펴보곤
했지만 나를 알아보는 이가 없었
습니다 탈출구가 내게서 사라졌
고 내 영혼을 찾아보는 이도 없
습니다
6 내가 당신을 향하여 부르짖었습
니다 주여 내가 말했습니다 당신
은 나의 소망 산 자들의 땅에서
나의 분깃이십니다
7 나의 간구에 유념하소서 내가 심
히 비천해졌기 때문입니다 나를
박해하는 자들에게서 나를 구출
하소서 저들이 나보다 강해졌기
때문입니다
8 내 영혼을 감옥에서 이끌어 내소
서 당신의 이름에 감사찬양하도
록 주여 당신께서 내게 되갚아주
실 때까지 의인들이 나를 기다릴
것입니다

주께서 내 길을 아셨나이다 나의
행하는 길에 저희가 나를 잡으려
고 올무를 숨겼나이다
4 내 우편을 살펴보소서 나를 아는
자도 없고 피난처도 없고 내 영혼
을 돌아보는 자도 없나이다
5 여호와여 내가 주께 부르짖어 말
하기를 주는 나의 피난처시요 생
존 세계에서 나의 분깃이시라 하
였나이다
6 나의 부르짖음을 들으소서 나는
심히 비천하니이다 나를 핍박하
는 자에게서 건지소서 저희는 나
보다 강하니이다
7 내 영혼을 옥에서 이끌어 내사 주
의 이름을 감사케 하소서 주께서
나를 후대하시리니 의인이 나를
두르리이다

142 다비드에게 속한 시 그 아
들이 그를 추격할 때
주여 나의 기도를 들어주소서 당
신의 진리로 나의 탄원에 귀 기
울이소서 당신의 의로 나를 경청
하소서
2 당신의 종과 함께 심판으로 들어
가지 마소서 살아있는 자마다 당
신 앞에서 의롭다고 인정받지 못
할 것이기 때문입니다
3 원수가 내 영혼을 추격하였고 내
생명을 땅으로 낮추었으며 나를
오래전 죽은 자들같이 어두운 곳
에 두었기 때문입니다
4 또 내 영이 내게서 지쳤고 내 마
음이 내 안에서 불안하였습니다
5 내가 옛 날들을 기억하고 당신의
모든 행사를 묵상하였습니다 당
신의 손의 행하신 일들을 늘 묵상
하였습니다
6 당신을 향하여 내 손을 펼쳤습니
다 내 영혼이 물 없는 땅같이 당
신께

(간주)

7 속히 나를 들어 주소서 주여 내
영이 쇠잔하였습니다 당신의 얼

다윗의 시

143 여호와여 내 기도를 들으
시며 내 간구에 귀를 기
울이시고 주의 진실과 의로 내게
응답하소서
2 주의 종에게 심판을 행치 마소서
주의 목전에는 의로운 인생이 하
나도 없나이다
3 원수가 내 영혼을 핍박하며 내 생
명을 땅에 엎어서 나로 죽은 지
오랜 자같이 흑암한 곳에 거하게
하였나이다
4 그러므로 내 심령이 속에서 상
하며 내 마음이 속에서 참담하니
이다
5 내가 옛날을 기억하고 주의 모든
행하신 것을 묵상하며 주의 손의
행사를 생각하고
6 주를 향하여 손을 펴고 내 영혼이
마른 땅같이 주를 사모하나이다
(셀라)
7 여호와여 속히 내게 응답하소서
내 영혼이 피곤하니이다 주의 얼
굴을 내게서 숨기지 마소서 내가
무덤에 내려가는 자 같을까 두려
워하나이다

굴을 내게서 돌리지 마소서 그러
면 나는 구덩이로 내려가는 자들
과 같아질 것입니다
8 아침에 나로 하여금 당신의 인애
를 듣게 하소서 내가 당신을 소망
하였기 때문입니다 내게 알려주
소서 주여 내가 갈 길을 당신을
향하여 내 영혼을 들어 올렸기 때
문입니다
9 나를 구출해 주소서 주여 내 원수
들에게서 내가 당신께 피하였기
때문입니다
10 당신의 뜻을 행하도록 나를 가
르치소서 당신은 나의 하나님이
시기 때문입니다 당신의 선하신
영이 나를 평평한 땅으로 인도하
실 것입니다
11 당신의 이름을 위하여 주여 나
를 살리실 것입니다 당신의 의로
내 영혼을 환난에서 끌어내실 것
입니다
12 또 당신의 인애로 내 원수들을
진멸하시고 내 영혼을 괴롭히는
자들을 모두 멸하실 것입니다 나
는 당신의 종이기 때문입니다

8 아침에 나로 주의 인자한 말씀을
듣게 하소서 내가 주를 의뢰함이
니이다 나의 다닐 길을 알게 하소
서 내가 내 영혼을 주께 받듦이니
이다
9 여호와여 나를 내 원수들에게서
건지소서 내가 주께 피하여 숨었
나이다
10 주는 나의 하나님이시니 나를
가르쳐 주의 뜻을 행케 하소서 주
의 신이 선하시니 나를 공평한 땅
에 인도하소서
11 여호와여 주의 이름을 인하여
나를 살리시고 주의 의로 내 영혼
을 환난에서 끌어내소서
12 주의 인자하심으로 나의 원수
들을 끊으시고 내 영혼을 괴롭게
하는 자를 다 멸하소서 나는 주의
종이니이다

143 다비드에게 속한 (시) 골리
아드에게•
송축 받으소서 주 나의 하나님 전
투를 위하여 나의 손을 전쟁을 위
하여 나의 손가락을 가르치시는
분
2 나의 인애와 나의 피난처 나의 지
지자와 나의 구출자 나의 보호자
이시니 내가 그를 소망하였다 내
백성을 내게 복종하게 하시는 분
3 주여 당신께서 그에게 알려지셨
다니 사람이 무엇입니까 혹 당신
께서 그를 감안해 주시다니 인자
가 무엇입니까
4 사람은 헛것과 같으며 그의 날들
은 그림자처럼 지나갑니다
5 주여 당신의 하늘들을 기울이시
고 내려오소서 산들을 만지소서
그러면 그것들이 연기를 낼 것입
니다
6 번개를 번쩍이소서 그러면 당신
께서 저들을 흩으실 것입니다 당
신의 화살들을 보내소서 그러면
당신께서 저들을 혼비백산하게

• S에는 없음.

다윗의 시

144 나의 반석 여호와를 찬송
하리로다 저가 내 손을
가르쳐 싸우게 하시며 손가락을
가르쳐 치게 하시도다
2 여호와는 나의 인자시요 나의 요
새시요 나의 산성이시요 나를 건
지는 자시요 나의 방패시요 나의
피난처시요 내 백성을 내게 복종
케 하시는 자시로다
3 여호와여 사람이 무엇이관대 주
께서 저를 알아 주시며 인생이 무
엇이관대 저를 생각하시나이까
4 사람은 헛것 같고 그의 날은 지나
가는 그림자 같으니이다
5 여호와여 주의 하늘을 드리우고
강림하시며 산들에 접촉하사 연
기가 발하게 하소서
6 번개를 번득이사 대적을 흩으시
며 주의 살을 발하사 저희를 파하
소서

하실 것입니다
7 높은 곳에서 당신의 손을 보내소
서 나를 건져주시고 나를 구출하
소서 많은 물에서 이방 자손의 손
에서
8 저들의 입은 헛것들을 말하였고
저들의 오른손은 불의한 오른손
입니다
9 하나님 당신께 내가 새 노래로 노
래하겠습니다 당신께 열 줄 하프
로 찬송하겠습니다
10 왕들에게 구원을 주시는 분께
그의 종 다비드를 악한 칼들에서
속량하시는 분께
11 이방 자손의 손에서 나를 구출
하시고 나를 건져주소서 저들의
입은 헛것들을 말하였고 저들의
오른손은 불의한 오른손입니다
12 저들의 아들들은 새로 심은 것들
처럼 그들의 젊은 날에 성숙했고
저들의 딸들은 아름답게 단장되
어 성전의 모양처럼 치장되었다
13 저들의 저장고는 가득 찼고 이
곳에서 저곳으로 흘러넘친다 저
들의 양떼는 다산하여 그 출산 때
에 번성하였다

7 위에서부터 주의 손을 펴사 나를
큰 물과 이방인의 손에서 구하여
건지소서
8 저희 입은 궤사를 말하며 그 오른
손은 거짓의 오른손이니이다
9 하나님이여 내가 주께 새 노래로
노래하며 열 줄 비파로 주를 찬양
하리이다
10 주는 왕들에게 구원을 베푸시는
자시요 종 다윗을 그 해하는 칼에
서 구하시는 자시니이다
11 이방인의 손에서 나를 구하여
건지소서 저희 입은 궤사를 말하
며 그 오른손은 거짓의 오른손이
니이다
12 우리 아들들은 어리다가 장성한
나무 같으며 우리 딸들은 궁전의
식양대로 아름답게 다듬은 모퉁
이 돌과 같으며
13 우리의 곳간에는 백곡이 가득하
며 우리의 양은 들에서 천천과 만
만으로 번성하며

14 저들의 황소들은 살이 찌고 울타
리에 무너짐이 없고 틈도 없으며
그 길거리에서 울부짖음도 없다
15 이것들이 있는 백성을 저들은
복되다고 한다 복되도다 그의 주
께서 자기 하나님인 백성

144 다비드에게 속한 찬양
내가 당신을 높이겠습니
다 나의 하나님 나의 왕 또 당신
의 이름을 영원히 영원무궁토록
송축하겠습니다
2 매일 당신을 송축하고 당신의 이
름을 영원히 영원무궁토록 찬양
하겠습니다
3 주께서는 위대하시고 지극히 찬
양받으실 분이시며 그의 위대하
심은 끝이 없습니다
4 세대와 세대가 당신의 행적을 칭
송하고 당신의 강력을 선포할 것
입니다
5 그들이 당신의 거룩하심의 영광
의 장엄함을 말하고 당신의 경이

14 우리 수소는 무겁게 실었으며
또 우리를 침로하는 일이나 우리
가 나아가 막는 일이 없으며 우리
거리에는 슬피 부르짖음이 없을
진대
15 이러한 백성은 복이 있나니 여
호와를 자기 하나님으로 삼는 백
성은 복이 있도다

다윗의 찬송 시

145 왕이신 나의 하나님이여
내가 주를 높이고 영원히
주의 이름을 송축하리이다
2 내가 날마다 주를 송축하며 영영
히 주의 이름을 송축하리이다
3 여호와는 광대하시니 크게 찬양
할 것이라 그의 광대하심을 측량
치 못하리로다
4 대대로 주의 행사를 크게 칭송하
며 주의 능한 일을 선포하리로다
5 주의 존귀하고 영광스러운 위엄
과 주의 기사를 나는 묵상하리이
다

로운 일들을 이야기할 것입니다
6 또 그들이 당신의 경외로운 일들
의 능력을 말하고 당신의 위대하
심을 이야기할 것입니다
7 당신의 수많은 선하심에 대한 기
억을 그들이 분출하며 당신의 의
를 즐거워할 것입니다
8 주께서는 긍휼히 여기시고 자비
로우시며 오래 참으시고 인애가
풍성하십니다
9 주께서는 모두에게 선하시며 그
의 긍휼하심은 그가 만드신 모든
것 위에 미칩니다
10 당신께 감사찬양하게 하소서 주
여 당신께서 만드신 모든 것이 그
리고 당신의 경건한 자들이 당신
을 송축하게 하소서
11 그들이 당신의 왕국의 영광을
말하고 당신의 주권을 말할 것입
니다
12 이는 인생들에게 당신의 주권과
당신의 왕국의 엄위의 영광을 알
게 하려 함입니다
13 당신의 왕국은 모든 시대의 왕
국 당신의 다스리심은 모든 세대
와 세대 가운데

6 사람들은 주의 두려운 일의 세력
을 말할 것이요 나도 주의 광대하
심을 선포하리이다
7 저희가 주의 크신 은혜를 기념
하여 말하며 주의 의를 노래하리
이다
8 여호와는 은혜로우시며 자비하
시며 노하기를 더디하시며 인자
하심이 크시도다
9 여호와께서는 만유를 선대하시
며 그 지으신 모든 것에 긍휼을
베푸시는도다
10 여호와여 주의 지으신 모든 것
이 주께 감사하며 주의 성도가 주
를 송축하리이다
11 저희가 주의 나라의 영광을 말
하며 주의 능을 일러서
12 주의 능하신 일과 주의 나라의
위엄의 영광을 인생에게 알게 하
리이다
13 주의 나라는 영원한 나라이니
주의 통치는 대대에 이르리이다

칠십인역

13+ 주께서는 그의 말씀들에 신실하시며 그의 모든 행하심에 거룩하십니다

14 주께서는 넘어지는 자를 모두 지지하시며 내동댕이쳐진 자들을 모두 바로 세우십니다

15 모두의 눈이 당신을 소망합니다 그러자 당신께서 그들의 음식을 제 때에 주십니다

16 당신은 당신의 손을 펴사 기뻐하심으로 모든 생물을 만족하게 하십니다

17 주께서는 그의 모든 길에 의로우시며 그의 모든 행하심에 거룩하십니다

18 주께서는 그를 부르는 모든 자에게 가까이 계십니다 그를 진실하게 부르는 모든 자에게

19 그를 경외하는 자들의 소원을 그가 행하시며 그들의 간구를 경청하시고 그들을 구원하실 것입니다

20 주께서는 그를 사랑하는 모든 자를 지키시며 모든 죄인을 진멸하실 것입니다

21 주의 찬양을 나의 입이 말할 것

개역한글

14 여호와께서는 모든 넘어지는 자를 붙드시며 비굴한 자를 일으키시는도다

15 중생의 눈이 주를 앙망하오니 주는 때를 따라 저희에게 식물을 주시며

16 손을 펴사 모든 생물의 소원을 만족케 하시나이다

17 여호와께서는 그 모든 행위에 의로우시며 그 모든 행사에 은혜로우시도다

18 여호와께서는 자기에게 간구하는 모든 자 곧 진실하게 간구하는 모든 자에게 가까이 하시는도다

19 저는 자기를 경외하는 자의 소원을 이루시며 또 저희 부르짖음을 들으사 구원하시리로다

20 여호와께서 자기를 사랑하는 자는 다 보호하시고 악인은 다 멸하시리로다

21 내 입이 여호와의 영예를 말하며 모든 육체가 그의 성호를 영영히 송축할지로다

입니다 모든 육체도 그의 거룩한
이름을 송축할지어다 영원히 영
원무궁토록

145

알릴루야
앙게와 자카리아의 (시)
내 영혼아 주를 찬양하여라
2 내 생애 동안 주를 찬양하리라 내
가 살아있는 한 내 하나님께 찬송
하리라
3 너희는 통치자들을 신뢰하지 말
아라 인생들도 저들에게는 구원
이 없다
4 그의 영이 떠나면 그는 자기의 땅
으로 갈 것이다 그 당일에 그들의
모든 계획이 망할 것이다
5 복되도다 야곱의 하나님이 그의
돕는 자인 사람 그의 소망은 그의
주 하나님께 있다
6 하늘과 땅과 바다와 그 가운데 있
는 모든 것을 지으신 분 진리를
영원히 지키시는 분
7 불의를 당한 자들을 위해 정의를
행하시는 분 굶주린 자들에게 음
식을 주시는 분 주께서 묶인 자들

146

할렐루야 내 영혼아 여호
와를 찬양하라
2 나의 생전에 여호와를 찬양하며
나의 평생에 내 하나님을 찬송하
리로다
3 방백들을 의지하지 말며 도울 힘
이 없는 인생도 의지하지 말지니
4 그 호흡이 끊어지면 흙으로 돌아
가서 당일에 그 도모가 소멸하리
로다
5 야곱의 하나님으로 자기 도움을
삼으며 여호와 자기 하나님에게
그 소망을 두는 자는 복이 있도다
6 여호와는 천지와 바다와 그 중의
만물을 지으시며 영원히 진실함
을 지키시며
7 압박당하는 자를 위하여 공의로
판단하시며 주린 자에게 식물을
주시는 자시로다 여호와께서 갇
힌 자를 해방하시며

을 풀어주신다
8 주께서 무너진 자들을 회복시키
신다 주께서 눈먼 자들을 지혜롭
게 하신다 주께서 의인들을 사랑
하신다
9 주께서 나그네들을 지키신다 고
아와 과부를 지원하시고 죄인들
의 길을 쓸어버리시리라
10 주께서 영원히 통치하시리라 시
온아 네 하나님께서 세세토록

8 여호와께서 소경의 눈을 여시며
여호와께서 비굴한 자를 일으키
시며 여호와께서 의인을 사랑하
시며
9 여호와께서 객을 보호하시며 고
아와 과부를 붙드시고 악인의 길
은 굽게 하시는도다
10 시온아 여호와 네 하나님은 영
원히 대대에 통치하시리로다 할
렐루야

146 알릴루야 앙게와 자카리아의 (시)

너희는 주를 찬양하여라 시는 좋
은 것이기 때문이라 찬양이 우리
하나님을 기쁘시게 하기를 원하
노라
2 주께서 예루살림을 건축하시고
이스라일의 흩어진 자들을 모으
시리라
3 마음이 부서진 자들을 고치시고
그들의 상처를 싸매시는 분
4 수많은 별들을 세시고 그것들 모
두에게 이름을 불러주시는 분

147 할렐루야 우리 하나님께 찬양함이 선함이여 찬송

함이 아름답고 마땅하도다
2 여호와께서 예루살렘을 세우시
며 이스라엘의 흩어진 자를 모으
시며
3 상심한 자를 고치시며 저희 상처
를 싸매시는도다
4 저가 별의 수효를 계수하시고 저
희를 다 이름대로 부르시는도다

5 우리 주는 위대하시고 그의 강력
도 위대하며 그의 지혜는 헤아릴
수 없다
6 주는 온유한 자들을 받으시나 죄
인들을 땅에까지 낮추신다
7 주께 감사찬양으로 나아가라 우
리 하나님께 키타라로 찬송하여
라
8 하늘을 구름으로 입히시는 분께
땅에 비를 예비하시는 분께 산들
에 풀이 돋아나게 하시는 분께
[사람들의 노고를 위하여 푸성귀
도]•
9 동물에게 그들의 먹이를 주시는
분께 그를 부르는 까마귀의 새끼
들에게도
10 그는 말의 힘도 원하지 않으시
고 장정의 종아리도 기뻐하지 않
으신다
11 주는 그를 경외하는 자들과 그
의 인애를 소망하는 자들을 기뻐
하신다

5 우리 주는 광대하시며 능력이 많
으시며 그 지혜가 무궁하시도다
6 여호와께서 겸손한 자는 붙드시
고 악인은 땅에 엎드러뜨리시는
도다
7 감사함으로 여호와께 노래하며
수금으로 하나님께 찬양할지어다
8 저가 구름으로 하늘을 덮으시며
땅을 위하여 비를 예비하시며 산
에 풀이 자라게 하시며
9 들짐승과 우는 까마귀 새끼에게
먹을 것을 주시는도다
10 여호와는 말의 힘을 즐거워 아
니하시며 사람의 다리도 기뻐 아
니하시고
11 자기를 경외하는 자와 그 인자
하심을 바라는 자들을 기뻐하시
는도다

• A에는 없음.

147 알릴루야 앙게와 자카리아
의 (시)
예루살림아 주를 칭송하여라 네
하나님을 찬양하여라 시온아
2 그가 네 문들의 빗장을 강하게 하
시고 네 안의 네 자손을 복 주셨
기 때문이다
3 그는 네 경계에 평강을 두시고 밀
의 기름진 것으로 너를 만족하게
하시는 분
4 그의 말씀을 땅에 보내시는 분 그
의 말씀이 빨리 달릴 것이다
5 눈을 양털같이 주시며 안개를 재
처럼 흩날리시는 분
6 그의 얼음을 부스러기로 던지시
면 누가 그의 추위 앞에 견디겠
는가
7 그가 그의 말씀을 보내셔서 그것
들을 녹이시리라 그가 그의 바람
을 부시면 물이 흐르리라
8 그의 말씀을 야곱에게 그의 율례
와 판결을 이스라일에게 선포하
셨으니
9 그는 어떤 열방에게도 이렇게 행
하지 않으셨고 그의 판결을 저들
에게 알려주지 않으셨다

12 예루살렘아 여호와를 찬송할지
어다 시온아 네 하나님을 찬양할
지어다
13 저가 네 문빗장을 견고히 하시
고 너의 가운데 자녀에게 복을 주
셨으며
14 네 경내를 평안케 하시고 아름
다운 밀로 너를 배불리시며
15 그 명을 땅에 보내시니 그 말씀
이 속히 달리는도다
16 눈을 양털같이 내리시며 서리를
재같이 흩으시며
17 우박을 떡 부스러기같이 뿌리시
나니 누가 능히 그 추위를 감당하
리요
18 그 말씀을 보내사 그것들을 녹
이시고 바람을 불게 하신즉 물이
흐르는도다
19 저가 그 말씀을 야곱에게 보이
시며 그 율례와 규례를 이스라엘
에게 보이시는도다
20 아무 나라에게도 이같이 행치
아니하셨나니 저희는 그 규례를
알지 못하였도다 할렐루야

148 알릴루야 앙게와 자카리아
의 (시)
하늘들에서 주를 찬양하여라 가
장 높은 곳들에서 그를 찬양하여
라
2 그를 찬양하여라 그의 모든 천사
들아 그를 찬양하여라 그의 모든
군대들아
3 그를 찬양하여라 해와 달아 그를
찬양하여라 빛과 모든 별들아
4 그를 찬양하여라 하늘들의 하늘
들과 하늘들 위의 물아
5 그것들은 주의 이름을 찬양할지
어다 그가 말씀하시니 그것들이
있게 되었고 그가 명령하시니 그
것들이 창조되었다
6 그가 그것들을 영원히 영원무궁
토록 세우셨도다 그가 칙령을 정
하셨으니 그것이 사라지지 않을
것이다
7 땅에서 주를 찬양하여라 용들과
모든 심연아
8 불 우박 눈 얼음 폭풍의 바람 그
의 말씀을 실행하는 것들아
9 산들과 모든 언덕아 열매 맺는 나
무들과 모든 백향목아

148 할렐루야 하늘에서 여호
와를 찬양하며 높은 데서
찬양할지어다
2 그의 모든 사자여 찬양하며 모든
군대여 찬양할지어다
3 해와 달아 찬양하며 광명한 별들
아 찬양할지어다
4 하늘의 하늘도 찬양하며 하늘 위
에 있는 물들도 찬양할지어다
5 그것들이 여호와의 이름을 찬양
할 것은 저가 명하시매 지음을 받
았음이로다
6 저가 또 그것들을 영영히 세우시
고 폐치 못할 명을 정하셨도다
7 너희 용들과 바다여 땅에서 여호
와를 찬양하라
8 불과 우박과 눈과 안개와 그 말씀
을 좇는 광풍이며
9 산들과 모든 작은 산과 과목과 모
든 백향목이며

칠십인역

10 들짐승과 모든 가축아 기는 것
들과 날개 달린 새들아
11 땅의 왕들과 모든 백성아 통치
자들과 땅의 모든 재판관들아
12 젊은 남자들과 처녀들아 어린이
들과 함께 노인들아
13 그들이 주의 이름을 찬양할지어
다 그의 이름이 홀로 높여졌으니
그의 감사찬양이 땅과 하늘 위에
있도다
14 또 그가 자기 백성의 뿔을 높이
시리라 찬송은 그의 모든 경건한
자에게 이스라일 자손에게 그에
게 가까이 하는 백성에게 속한다

개역한글

10 짐승과 모든 가축과 기는 것과
나는 새며
11 세상의 왕들과 모든 백성과 방
백과 땅의 모든 사사며
12 청년 남자와 처녀와 노인과 아
이들아
13 다 여호와의 이름을 찬양할지
어다 그 이름이 홀로 높으시며 그
영광이 천지에 뛰어나심이로다
14 저가 그 백성의 뿔을 높이셨으
니 저는 모든 성도 곧 저를 친근
히 하는 이스라엘 자손의 찬양거
리로다 할렐루야

149

알릴루야
새 노래로 주께 노래하
여라 그의 찬양이 경건한 자들
의 회중 가운데 있도다
2 이스라일은 자기를 지으신 분으
로 인하여 기뻐하여라 또 시온의
아들들은 자신들의 왕으로 인하
여 즐거워하여라
3 춤으로 그의 이름을 찬양하여라
드럼과 하프로 그에게 찬송하여

149

할렐루야 새 노래로 여호
와께 노래하며 성도의 회
중에서 찬양할지어다
2 이스라엘은 자기를 지으신 자로
인하여 즐거워하며 시온의 자민
은 저희의 왕으로 인하여 즐거워
할지어다
3 춤추며 그의 이름을 찬양하며
소고와 수금으로 그를 찬양할지
어다

라
4 주께서 그의 백성을 기뻐하시고
온유한 자들을 구원으로 높이 드
실 것이기 때문이라
5 경건한 자들이 영광 중에 자랑하
고 자신들의 침상에서 즐거워하
리라
6 그들의 목구멍에는 하나님을 높
여드림이 또 그들의 손에는 양날
검들이 있도다
7 이는 열방 가운데 응징을 백성들
가운데 책망을 행하시고
8 저들의 왕들을 사슬로 저들의 귀
족들을 쇠고랑으로 묶으시며
9 저들에게 판결문을 시행하시기
위함이라 이 영광은 그의 모든 경
건한 자를 위한 것이라

4 여호와께서는 자기 백성을 기뻐
하시며 겸손한 자를 구원으로 아
름답게 하심이로다
5 성도들은 영광 중에 즐거워하며
저희 침상에서 기쁨으로 노래할
지어다
6 그 입에는 하나님의 존영이요 그
수중에는 두 날 가진 칼이로다
7 이것으로 열방에 보수하며 민족
들을 벌하며
8 저희 왕들은 사슬로 저희 귀인은
철고랑으로 결박하고
9 기록한 판단대로 저희에게 시행
할지로다 이런 영광은 그 모든 성
도에게 있도다 할렐루야

150 알릴루야
그의 거룩한 자들 가운데
서 하나님을 찬양하여라 그의 능
력의 창공에서 그를 찬양하여라
2 그의 주권으로 인하여 그를 찬양
하여라 그의 충만한 위대하심을
따라 그를 찬양하여라

150 할렐루야 그 성소에서 하
나님을 찬양하며 그 권능
의 궁창에서 그를 찬양할지어다
2 그의 능하신 행동을 인하여 찬양
하며 그의 지극히 광대하심을 좇
아 찬양할지어다

칠십인역

3 나팔 소리로 그를 찬양하여라 하
프와 키타라로 그를 찬양하여라
4 드럼과 춤으로 그를 찬양하여라
현과 악기로 그를 찬양하여라
5 소리 좋은 심벌즈로 그를 찬양하
여라 소리 큰 심벌즈로 그를 찬양
하여라
6 호흡 있는 자마다 주를 찬양할지
어다
알릴루야

개역한글

3 나팔 소리로 찬양하며 비파와 수
금으로 찬양할지어다
4 소고 치며 춤추어 찬양하며 현악
과 퉁소로 찬양할지어다
5 큰 소리 나는 제금으로 찬양하며
높은 소리 나는 제금으로 찬양할
지어다
6 호흡이 있는 자마다 여호와를 찬
양할지어다 할렐루야

151

이것은 다비드가 골리아드
와 단독으로 일전을 벌일
때 그에 관하여 자필로 쓴 시이나
그 수에는 들지 않는다
나는 내 형제들 가운데 가장 작고
내 아버지 집에서 가장 어렸다 나
는 내 아버지의 양떼를 목양하고
있었다
2 나의 손은 악기를 만들었고 나의
손가락은 하프를 조율하였다
3 그런데 누가 내 주께 알려드리겠
는가 주님 자신 그가 손수 들으
신다
4 그가 그의 천사를 보내시어 내 아

버지의 양떼에서 나를 빼내시고
그의 기름 붓는 기름으로 내게 부
으셨다
5 내 형제들은 잘생기고 큰 자들이
었으나 주께서는 그들을 기뻐하
지 않으셨다
6 나는 이방인과 맞대결을 위하여
나갔다 그러자 그는 자기 우상들
로 나를 저주하였다
7 그러나 나는 그의 곁의 칼을 뽑아
그를 참수하고 이스라일 자손에
게서 수치를 제거하였다

칠십인역 시편

초판 발행일 2026년 2월 1일

펴낸이 김성은
펴낸곳 문광서원
주소 서울 용산구 한남대로 41-6
출판등록 제 2010-000074호
대표전화 02)797-8846
홈페이지 www.munkwang.com
E-mail munkwangbooks@gmail.com

ISBN 978-89-98232-72-6 03230